全国教育科学"十三五"规划 2020 年度教育部重点课题"1 — 3 岁婴幼儿早期教养家校共同体建构的实践研究"(课题批准号:DHA200375)研究成果

方　玥　许敏霞◎编著

双向奔赴
相伴成长

早期教养中
家校共同体实践的
创新和思考

华东师范大学出版社
·上海·

图书在版编目(CIP)数据

双向奔赴　相伴成长:早期教养中家校共同体实践的创新和思考/方玥,许敏霞编著.—上海:华东师范大学出版社,2024

ISBN 978 - 7 - 5760 - 4911 - 4

Ⅰ.①双⋯　Ⅱ.①方⋯②许⋯　Ⅲ.①婴幼儿-早期教育-研究　Ⅳ.①G61

中国国家版本馆 CIP 数据核字(2024)第 083432 号

双向奔赴 相伴成长

早期教养中家校共同体实践的创新和思考

编　著　方　玥　许敏霞
责任编辑　彭呈军
责任校对　时东明
装帧设计　卢晓红

出版发行　华东师范大学出版社
社　　址　上海市中山北路 3663 号　邮编 200062
网　　址　www.ecnupress.com.cn
电　　话　021 - 60821666　行政传真 021 - 62572105
客服电话　021 - 62865537　门市(邮购)电话 021 - 62869887
地　　址　上海市中山北路 3663 号华东师范大学校内先锋路口
网　　店　http://hdsdcbs.tmall.com

印 刷 者　浙江临安曙光印务有限公司
开　　本　787 毫米×1092 毫米　1/16
印　　张　22
字　　数　392 千字
版　　次　2024 年 5 月第 1 版
印　　次　2024 年 5 月第 1 次
书　　号　ISBN 978 - 7 - 5760 - 4911 - 4
定　　价　118.00 元

出 版 人　王　焰

婴幼儿早期教养中家园联手形成合力，孩子的发展才会更得力。这本书为我们展现了家园协商、合作共育、家长参与等多方位的推动家园教养合力形成的实践框架与实用建议，理论分析深入、案例呈现精彩，值得研读。

华东师范大学学前教育学系主任、副教授　左志宏

几乎是一气呵成地阅读了《双向奔赴 相伴成长》，因为对于长期从事 3—6 岁幼教实践的我来说，中福会托儿所呈现的 1—3 岁婴幼儿保教成果，为我打开了早期教育的另一道门，引人入胜，受益匪浅。正值托幼一体化推进之际，本书将为一线的幼儿教师提供托育实践的方法与策略、家园共育的模式与机制，是一本操作性较强的"工具"书，值得阅读借鉴。

全国教书育人楷模、上海市特级教师、正高级教师　应彩云

我作为一名家长，深感《双向奔赴 相伴成长》这本书的价值。书中不仅展示了中福会托儿所在早期教养领域的创新实践，还通过丰富的案例和理论支持，让我们更深入地理解家校共同体的重要性。我特别认同书中的观点，让家长能更直接地参与孩子的成长过程，形成家庭和托儿所之间的互补和支持。

此外，书中还深入探讨了家庭参与机制，让我意识到作为家长，我们的角色远不止于物质提供，更要在情感和教育上给予孩子全面的支持。

这本书对于我们家长来说是一份宝贵的"早育"资源，它促进了家庭与托儿所之间的有效沟通和合作，为家校携手共促孩子的成长提供了指导。我向大家推荐这本书，让我们携手为孩子的未来共同努力！

中国女子跳水运动员、跳水奥运冠军　吴敏霞

真正的生活，是在与世界的深度融合中发生的。

一切美好的事物，都是深度关系的产物。在中托 8 年的时光，我们不只是把孩子送去上学，而是一段双向奔赴、彼此成就的美好深度关系。我们总是坦诚相待、都愿意为对方的成长与发展全身心付出，如今这些经年累月的家校共育经验经过老师们的系统思考梳理集结成书，期待你们读完之后收获一份共育的从容笃定。

东方卫视新闻主播　何　卿

孩子的日常生活，无论是在学校，还是在家庭，都需要细心地呵护。家校共育不仅仅是信息的交流，更是教育观念的碰撞与融合。《双向奔赴 相伴成长》一书，对家校共同体的思考、实践和成效进行了充分的研究，并给予了许多有益的建议，不仅能有效缓解家庭育儿焦虑与矛盾，也能够让广大家长在家庭教育、亲子沟通等方面，通过家校共育而不断提升育儿质量和家庭幸福感。充满爱的陪伴才是有效陪伴，本书可以提升广大幼教工作者有效指导的能力、让陪伴者学习科学育儿的理念和方法，相辅相成、相伴成长。

新民晚报评论部主编　方　翔

序

20 世纪末,随着脑科学的发展,婴幼儿早期教育得到政府和社会的重视和关注,促进了我国在婴幼儿早期教育研究方面的进一步深化。2002 年,我曾参与国家哲学社会科学"十五"规划重点课题"0—3岁婴幼儿早期关心与发展的研究"的研究工作。上海也出台了一批相关的文件,大力推动婴幼儿的早期教育,如:《上海市 0—3 岁婴幼儿教养方案(试行)》(2003 年)、《上海市关于推进 0—3 岁散居儿童早期教养工作的意见》(2004 年)等。

进入 21 世纪,国家出台了一些重要文件:如《国家中长期教育改革和发展规划纲要(2010—2020年)》,明确提出要重视 0—3 岁的婴幼儿教育。

中国福利会托儿所(以下简称"中托"),是由国家名誉主席宋庆龄先生在 1950 年亲手创办的新中国第一家寄宿制托儿所(收托 1 岁半至 3 岁的孩子),在低龄婴幼儿教育方面起步最早,在教育界和社会上有良好的声誉。

面对国家和社会对婴幼儿早期教育的重视和推动,中托敢为改革先,承担了全国教育科学"十三五"规划 2020 年度教育部重点课题"1—3 岁婴幼儿早期教养家校共同体建构的实践研究"(DHA200375),本书就是这一课题研究的成果报告。

课题组在研究的开始阶段做了三项基础工作:

一是通过调查问卷普遍了解了目前国内在婴幼

儿早期教养家校共同体构建实践方面的现状，如家校共同体存在家庭缺位或虚位的不平衡态势；家校共同体双方在早期教养目标上定位不准。无论是家长还是托育机构，比较多地关注婴幼儿即时的、外显的发展表现，对于孩子长期的、内隐的品质则相对忽视；家校共同体双方的互动还不到位，存在"非必要沟通少"，以及多以传统的面谈和微信对家长进行单向信息传输的状况；家校共同体双方的共育实践有待体系化，目前较多的是家委会或者部分家长参与托育机构管理和教育活动，以及家长单向提供服务和支持。

二是调研了当前已有的研究。一般将家庭早期教养对婴幼儿发展的影响总结为三个方面：社会情绪、语言和认知以及身体发育。大多数研究都认为正确及高质量的家庭早期教养能够促进婴幼儿的社会情绪、语言和认知方面的发展。在婴幼儿的身体发育方面，婴幼儿在早年如果没有得到良好的生活照料，成年之后就容易体弱多病。此外，通过神经生物学实验发现，丰富的家庭环境刺激，为大脑高级功能的发展创造了前提条件。

三是进行了相关的政策调研。从颁发的文件可以清晰地看到，我国近年明确提出要重视 0—3 岁的婴幼儿早期教养，要全方位促进婴幼儿照护服务发展。托幼机构（注重集体生活下的保教并重，强调独立、自主能力的培养）和家庭教育（注重与生活相融合的养育，强调品德教育和做人教育），二者有着共同的目标和不同的任务，需要相互融合。探索双方合作模式和运作机制，是有待推进的迫切问题。

上述调研非常到位，由此，现状与存在问题、目标与研究途径就十分明晰了。课题组基于已有的丰富的积淀，把研究聚焦在家校共同体的建构（体制）与运行（机制）上。课题组把家校共同体界定为由托育机构和家庭组成的责任共同体、学习共同体和实践共同体，共同体双方遵守平等参与、责任共担、成果共享的基本原则。同时建设两大机制——沟通协商机制和家庭参与机制，以保证家校共同体的良性运作。

中托的婴幼儿早期教养，面向 1—2 岁婴幼儿及其家庭设立了早教中心，采用亲子共同在中心参与活动的教养形式；面向 2—3 岁婴幼儿，转变为全日制托班的教养形式。据此，课题组在研究和实践中又作了细致的分类。

课题研究现已结题，成果丰硕，本书即结题报告，此外还有正式出版的论文、书籍和教师培训课程。但我觉得特别有价值的不仅是理论上的创见，更有适合学习、推广的案例和做法，我想这也是第一线搞研究的优势。

2020 年 6 月 14 日，国家卫健委授予中国福利会托儿所全国首家"婴幼儿照护服务研修基地"荣誉称号，这是对中托全体教职员工的肯定，我们衷心地祝贺和感谢他们！

国家教育咨询委员

目录

第一编

家校共同体
实践的思考

对于早期教养家校共同体实践的研究，我们以理论模型为突破口，首先通过归纳推动3岁以下婴幼儿早期教养研究的相关理论观点，分析 1—3 岁婴幼儿早期教养家校共同体实践的合理性和必然性；其次以基础理论和应用实践研究为根本，了解家校共同体的内涵、家校共同体要素与婴幼儿早期教养的实证研究现状，探索婴幼儿早期教养家校共同体实践的要素、国内外不同实践项目的框架和运作要点；最后以国内 1—3 岁婴幼儿早期教养家校共同体实践的现状为依据，形成家校共同体实践的理论框架和创新思考。*

---

* 参与第一编撰写的老师有：程丹、张幼文、卞静杰。

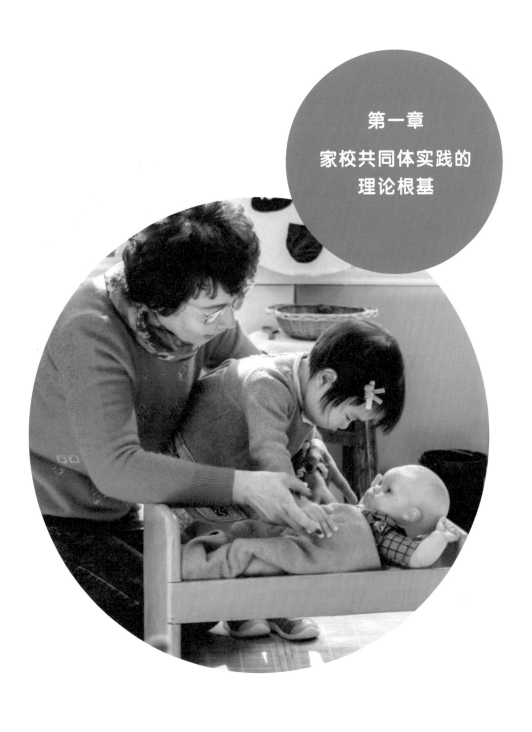

第一章

家校共同体实践的
理论根基

第一节

终身教育理论

 一 理论主张

终身教育（Live Long Education）这种国际教育思潮最初形成于20世纪50年代末和60年代初的欧洲，社会需要、人的需要及传统教育制度的缺陷推动了终身教育的萌芽与发展。

1965年，法国著名终身教育思想家、现代终身教育的首创者保罗·朗格朗（Paul Lengrand）正式提出"终身教育"的概念，1970年，他在出版的《终身教育引论》一书中更为系统地论述了终身教育理论，指出教育的意义不在于获得一堆知识，而在于个人的发展。终身教育并不是传统教育的简单延伸，倘若教育要延伸到人的整个一生，那么，学校教育与整个教育过程相比，将只占一个较短的时期，该理念提倡学校教育、家庭教育和社会教育三者结合。自此以后，国内外相关学者在此基础上，对终身教育理念进行了不断深入的思考和探索。

联合国教科文组织原教育研究所专任研究员戴维（R. H. Dave）提出"终身教育应该是个人或集体为了提高自身生活水准，使个体一生所经历的一种人性的、社会的、职业的发展过程"。日本终身教育学家森隆夫认为，终身教育是人一生中接受教育的全过程，包括横向和纵向，横向主要包括家庭、学校和社会教育，纵向包括婴幼儿期、青少年期、成人期和老年期四个层面的教育。终身教育概念表现为三个方面：教育权的终身保障，即教育并不随学校学习的结束而终结；对现代学问的追求，即学习内容不应受个人职业或专业的限制，广泛的教养教育、德育、体育及一切现代学问等都应包括在内；不成为未来的文盲，即掌握自我学习的方法，面对新的事态能正确判断，迅速思考。

我国学者厉以贤（2007）指出终身教育是着眼于教育客体，着眼于建立各种教育机构，提供各种教育的场所和机会，构建一个保障人们的各种学习需求、使学习者能够终身受到教育的体系。终身教育体系并非各种教育形式的简单拼凑，是正规教育、非正规教育和非正式教育的整合、协调和互动。刘晖、汤晓蒙（2013）认为完备的终身教育体系是指由学校、社会和家庭等组织机构在终身教育理念指导下，通过整合形成的一种能为社会成员提供终身学习机会的教育制度。吴遵民等（2021）指出未来我国基础教育的发展要置于服务全民终身学习教育体系的框架之下展开，构建开放共享的基础教育系统，实现家校社的资源共享，发挥合力育人的价值。李国强（2017）认为不论是构建终身教育体系还是学校教育教学改革，根本目的是人的全面发展。终身教育思想强调教育的"终身化"和"一体化"，即在时间上，教育应贯穿人的一生；在空间上，实现家庭教育、学校教育、社会教育，不应该局限于学校教育阶段，应该是个体的终身化的过程，是面向全体成员的。

 ## 二　对本研究的启示

终身教育自产生以来对世界乃至整个人类社会都产生了深远的影响，它所倡导的把教育贯穿于人的一生之中的思想，加强了人们对婴幼儿早期教育的认可和重视，0—3岁婴幼儿早期教育作为早期教育的开端，其在构建终身教育体系中占有关键的地位，发挥起始性的作用。0—3岁婴幼儿的科学养育视角下的研究不断提升了社会对婴幼儿生理健康的重视程度，而"早期教养"的提出，则与脑科学研究的迅速发展有着密切的联系，大量有关0—3岁婴幼儿脑科学的研究，为0—3岁婴幼儿早期教育提供了生物前提。心理学方面的研究，相继提出人的认知能力、对生活的态度、个人兴趣、素质修养的形成都是从婴幼儿时期开始萌芽与发展的。由此，0—3岁婴幼儿早期教养社会化日益凸显，促使更多的教育资源和人力调动到了早期教养的实践中，婴幼儿早期教养不再只是家庭的"事"，同时也成为托育机构、社会相关部门关注的对象。

终身教育观提倡学校教育、家庭教育和社会教育三者的结合,也就是说,在研究0—3岁婴幼儿早期教养时,我们需要认识到,教育不是学校的"专利",早期教养的成效是多场景教育共同作用的成果,我们有必要促进多场景间教育的一体化。

第二节

生态系统理论

一 理论主张

生态系统理论（ecological systems theory）也被称为社会生态系统理论，由美国著名心理学家布朗芬布伦纳（Urie Bronfenbrenner）在 20 世纪 70 年代提出，该理论认为个体嵌套于相互影响的环境系统中，环境系统影响个体心理发展，个体反过来也会反作用于外部环境，并进一步将个体所处的环境划分为微系统（microsystem）、中间系统（mesosystem）、外系统（exosystem）和宏系统（macrosystem）。其中微系统是指儿童直接接触到的、更为亲密和熟悉的环境，是环境层次的最内层，该系统中所有关系都是双向的，包含家庭（父母及儿童同胞组成）、学校环境（教师和同伴组成）等。中间系统是指儿童和家长之间、家庭和学校这些微系统之间的相互关系，布朗芬布伦纳认为，若想要最大限度地促进儿童的发展，各微系统之间应存在较强的积极的联系，微系统间的非积极的联系会产生消极的后果。外系统指儿童未能直接接触，但是对儿童发展产生一定影响的环境，如父母职业、社会机构等。宏系统包括养育价值、社会习俗及文化价值观、法律和资源等，是儿童成长的大环境，会间接影响儿童的微观系统，进而影响儿童的发展。布朗芬布伦纳的生态系统理论模型中还纳入了时间纬度，也称历时系统。他强调，在考察儿童发展的动态过程时，应将儿童所处的时间环境也纳入考虑。由于人具有主观能动性，可以自由地选择环境，随着时间推移，个体知识经验在不断积累，能够主动对环境作出选择。布朗芬布伦纳将这种环境的变化称为"生态转变"，每次生态转变，个体都会步入人生发展的一个新阶段。这些转变常常成为发展的动力，同时转变也会通过影响家庭进程对个体发展产生间接影响。

除了布朗芬布伦纳，生态系统理论研究中另一位领军代表人物查理斯（Charles）把个体所成长和发展于其中的社会生态系统，按照层次高低划分成微观层面、中观层面和宏观层面。他所说的微观层面主要是指个体；中观层面指家庭、学校等组织群体；宏观层面主要包括国家政策、社区、文化等。

生态系统理论中对于"环境"的界定相较于心理学中所指的"环境"的定义更具层次性和宽泛性，并依据个体与系统的交互程度以及系统对个体发展的影响程度，对环境进行了分类，各环境子系统相互联系、彼此制约。

 ## 二　　对本研究的启示

从生态系统理论的观点，我们可以看出，对婴幼儿来说，影响其发展的最直接的因素是婴幼儿所处的微系统环境，伴随0—3岁婴幼儿早期教养的社会化，对于0—3岁的婴幼儿来说，他们与家庭和托育机构的联系最为紧密，家庭和托育机构对0—3岁的婴幼儿影响是最直接的。

同时生态系统理论指出，对婴幼儿影响最大的是微系统中各方之间的互动和关系。微系统之间形成的有效联结越多，其稳定性越高，对个体的发展就越有利；如果没有形成有效的联结，将不利于婴幼儿的发展。如此看来，家庭和托育机构不是孤立地对婴幼儿的发展产生影响，两者之间若能保持稳定、有效的联系，形成教育合力，则有益于其发展。

这些理论都给予我们相应启示，在进行早期教养时，首先应重视家庭和托育机构对婴幼儿的影响，提高家庭、托育机构中每个影响因素的正向作用。其次，关注家庭与托育机构间的支持性联结，提高两者的互动质量。

第三节

重叠影响阈理论

一 理论主张

重叠影响阈理论（Overlapping Spheres of Influence）是由美国教育社会学家爱普斯坦（Epstein. J. L）等人研究家庭、社区和学校关系时提出的一种理论。这一理论认为，学校、家庭以及其他的社会组织各有其独特之处，且它们对儿童发展的影响是彼此重叠的。即家、校、社都会对儿童的发展产生影响，三者发挥各自的资源优势，彼此间加强联系与沟通，发挥合成的影响力，不仅能促进儿童健康成长，同时能促进自身教育水平的提高。

重叠影响阈理论的理论模型由外部结构和内部结构两部分构成。外部结构主要是系统层面的合作，即家庭、学校、社区三个系统之间的合作关系；内部结构主要指的是个体层面，包括家庭中的家长、学校中的老师以及社区中的相关工作人员。当影响儿童发展的学校、家庭和社区形成良好的联系网络时，重叠影响阈增大，对儿童的发展就会产生持续性的、同向积极的影响。

重叠影响阈理论改变了先前人们对于家庭、学校、社区影响儿童发展次序的理解，指出三者重叠的影响是没有先后次序的，并且会持续作用于人的一生，只是其影响会随个体年龄与行为特征而改变，在重叠的量与质上有所不同而已，而且因人而异，也就是说,在任何一种情形之下,学校都应主动将家庭对个体的影响力纳入学校教育过程之中。因此,爱普斯坦提出必须在学校、家庭与社区之间发展一种新型的伙伴关系。他指出,建立伙伴关系的核心理由在于它能够有助于所有的学生在学校里和未来的生活中取得成功。不同于传统家校合作关系中家庭和学校的分工是相互分离的,重叠影响阈理论倡导建立一种新型的家校合作关系,这种新型的家校合作关系认为家庭、学校和社区都应对儿童抱有相同的目标,承担相同的责任,经常进行高质量的沟通与互动,使儿童在不同的环境下也能接受相同且重要的影响,促进儿童的健康发展。该理论的核心概念是"关爱",即家庭、学校、社区一切的运作都是以"爱"儿童为出发点,让"儿童"处于中心位置,以满足儿童教育所需为最终目的。

为了更好地呈现家校合作的方式,爱普斯坦归纳了关怀儿童的六种途径与实践模式:加强亲子教育、拓展沟通渠道、组织家长自愿服务、协助家庭辅导、参与学校决策、加强与社区的合作。这六种家庭与学校伙伴关系的参与模式都包含了学校与家庭的双向联结,家校间必须互相了解与支持。

 ## 二 对本研究的启示

重叠影响阈理论启示我们,家庭、托育机构的影响力是没有先后次序的,家校运作应把儿童置于中心位置,这意味着,在婴幼儿的早期教养中,家庭教育和托育机构教育都一样重要,双方需经常进行高质量的沟通和互动,实现家校合作的双向互动,发挥教育合力的作用。

该理论也提醒我们教育主体不应是单方面的,托育机构也应让父母认识到他们对孩子的成长有着同样的重要性和责任,需要积极为孩子在托育机构的学习创造更好的机会,家庭和托育机构双主体应以婴幼儿的发展为共同目标,积极探索合作方式,建立教育伙伴关系,相互配合,形成教育合力,构建家校共同体,共同为孩子创造一个充满关爱的环境,促进其健康成长。

第四节

协同教育理论

一　理论主张

协同教育理论源于协同理论（Synergetics）。20 世纪 70 年代，斯图加特大学的理论物理学家赫尔曼·哈肯（Hermann Haken）最早提出"协同理论"，他认为协同是"两者或两者以上寻找多方主体之间的平衡方案，使多方主体从无序到有序，达到系统统筹最优"。协同理论强调子系统的合作关系，对系统内部的各个子系统之间所存在的非线性作用而形成的互补、合作以及协调关系进行研究，通过建立有效的协同机制，推动事物的发展。哈肯的协同理论的内涵主要体现为协同效应、支配原理、自组织原理三个方面。协同效应指复杂开放系统中大量子系统相互作用而产生的整体效应或集体效应。在一个大整体系统中，每个子系统之间通过相互作用、相互制约、相互融通，形成协同合作效应，提高效率。支配原理又称伺服原理，支配原理在协同学中起着核心作用，其中序参数起着支配的作用，序参数是能使一切事物有条不紊地组织起来的无形之手，它由各部分的协作而产生，反过来，又支配各部分的行为。自组织原理是系统在一定的条件下，内部各子系统通过自发性，进行有效默契的协同工作，使得系统内各子系统变得更加有序。

协同理论的主要特征体现在以下几方面：

多主体性：唐纳森(Donaldson)与科佐尔(Kozoll)认为协同就是"所有形式的组织一起共事以达成各种目标"。协同理论强调同一组织或系统内部要实现同一工作目标需要多主体通过发挥自身优势共同参与。

能动性：汤姆森(Thomson)与派瑞(Perry)认为协同是"一种自主或半自主行动者通过正式或非正式协调所进行的互动过程"。在跨界领域中主要是"主体各方'自愿'参加的行动策略","是一种动态、相互影响与演化的过程,这一过程中包括了配合与协调,各组织在一个持续的过程中不断进行沟通"。

协调性：协同理论强调各主体为同一目标而进行互动的过程,强调主体间在相互信任的基础上协调互动,在相互信任的过程中完成相互之间的合作任务。

有序性：协同理论强调各主体间从无序到有序的过程,就是要为实践中多个无序主体通过优化组织方式转变为有序主体提供指导。

协同教育是协同理论在教育领域的实际运用。苏联学者凯洛夫通过三因素论分析了协同教育的重要性。他认为影响人身心发展的因素有遗传、环境与教育三个因素,环境对人的发展起决定作用,家庭对人的发展起主导作用,而学校教育是否对人的发展起主导作用,既取决于它本身的水平,还取决于学校与其他环境、活动影响之间的协调。家庭和学校这两个重要的因素只有积极合作,形成育人合力,才能使教育效果实现最大化。

 ## 二　对本研究启示

协同教育理论在上述三个理论的基础上,进一步追求的是让影响婴幼儿早期教养的各子系统在实现共同的发展目标中,能发挥最大的功效。该理论注重让包含多个主体的开放系统实现从无序状态向有序状态的转化,这是一个动态的过程,需要多方进行互动,最终通过各子系统的相互作用(或有序合作)而产生协同效应。

协同教育理论为我们建构家校共同体提供了更为经济、实用的视角,要注重家校共同体内部结构的有序化,突出其整体性特征,采取策略有效地协同家庭、托育机构各个参与主体,促进家校共同体这一整体的发展,通过家校共同体的发展再进一步推动家庭、学校的发展,从而取得协同共赢、共同成长的整体效果。

综上所述,借由对上述相关理论观点的归纳,可以看出,不同的理论从不同的角度分析了0—3岁婴幼儿早期教养的实践思路，由意识到早期教养主体的多元性，到重视多元主体之间的联系，再到明确多元主体之间的合作关系，并进一步探索了如何进行不同主体间的高效合作，让我们进一步明晰了0—3岁婴幼儿早期教养家校共同体实践的必要性和合理性。

第二章

家校共同体的
实践现状

第一节

有关家校共同体的
基础理论研究

 家校共同体的内涵和组成要素

"共同体"一词最初来源于德国学者滕尼斯(Ferdinand Tonnies)的"共同的生活"。当下意义即一个群体在相处得完全可以形成一种公共的价值取向,彼此合作、相互支持、协同达成一些目标时,便成为了共同体。共同体以平等参与、责任共担、异质互补、同质共进、成果共享为原则,以协作、对话为主要方式,旨在成为实现学生全面发展的有效的、规范的团体。

在1—3岁婴幼儿早期教养阶段,家校共同体主要是由家庭和托育机构组成,二者既相互关联,又相对独立,既有共同的目标,也有不同的任务,相互协作共同促进婴幼儿的全面发展。

家校共同体实质是一个责任共同体、学习共同体、实践共同体:

首先,婴幼儿进入集体机构后,托育机构作为提供早期教养服务的专业和专门机构,负责为3岁以内婴幼儿提供早期教养服务,为家长提供早期教养指导,承担着托育的社会责任;婴幼儿早期教养是家庭当仁不让的责任,家长要认识到家庭成员参与早期教养对婴幼儿发展的重要价值,并通过多种途径科学、有效地参与到婴幼儿的早期教养中。

其次,作为平等的双方,家庭和托育机构在婴幼儿早期教养上各具优势,托育机构掌握了系统的婴幼儿成长特点和教养知识,而家庭则更了解如何有效地实施个性化教养。家庭要多向托育机构学习科学育儿理念和方法,托育机构也要尊重和了解家长多样的教养方式,在多样化的家庭教养中学习个性化教养的一般规律。

最后,托育机构和家庭在落实婴幼儿早期教养中,是以"整合"为标志的,保证托育机构教养与家庭教养的协同性和一致性,充分整合各类教育资源,发挥自身的优势,为婴幼儿的全面健康成长创设机会和条件。

 二 **家校共同体要素与婴幼儿早期发展的密切关系**

(一)婴幼儿早期发展需要专业、科学的早期教育支持

20 世纪 90 年代以来,随着脑科学的发展,人们日益意识到 0—3 岁早期教育的重要性,婴幼儿"早期教育"这一概念在很多西方国家已经被提出,并且得到了很大发展。这个时期出现了很多早期教育专业人才,比较有代表性的有杜威、蒙台梭利等,他们认为,婴幼儿时期如果能合理地对其智力和其他方面进行开发,将促进其未来发展。1971 年被定为"国际儿童年",更多的教育者开始致力于儿童教育问题,并呼吁全世界教育学家都应该知道儿童发展与教育的重要性(王玲,2016)。

我国关注早期教育起步于 20 世纪中叶,那时,0—3 岁婴幼儿保育工作主要由当地的卫生部门承担,所以研究重点一般是婴幼儿健康问题,几乎没有对婴幼儿教育方面的研究。20 世纪 80 年代起,一些学者开始关注到 0—3 岁婴幼儿的教育问题,王振宇(1983)在《早期教育宣传中的几个心理学问题》中提出早期教育中存在大脑潜能开发、智力开发及开发测试等方面的误区。进入 21 世纪后,我国在婴幼儿早期教育研究方面有了进一步的发展,大量学者认识到婴幼儿发展的重要性并进行研究,如鲍秀兰(2001)发表的《促进智力发育预防智力低下重在早期教育》和《0—3 岁儿童教育的重要性》,张民生(2007)有关 0—3 岁婴幼儿早期关心与发展的研究等,早期教育理论及研究基础也逐渐形成。近几年我国出台的文件也都大力提倡对婴幼儿实行科学的早期教育,如《国家中长期教育改革和发展规划纲要(2010—2020 年)》明确提出要重视

0—3 岁的婴幼儿教育;《国务院办公厅关于促进 3 岁以下婴幼儿照护服务发展的指导意见》(国办发〔2019〕15 号)指出要坚持"家庭为主、托育补充"的基本原则,以需求和问题为导向,推进供给侧结构性改革,全方位促进婴幼儿照护服务发展。相关实证研究也指出早期教育对婴幼儿生理、心理、社会适应能力等各方面能力发展有积极促进作用(裴菊英等,2004;王宝珠等,2007;兰岚,2015)。

(二)婴幼儿早期发展受到家庭早期教养质量的影响

当前已有的研究,一般从三个方面总结家庭早期教养对婴幼儿发展的影响:社会情绪、语言和认知、身体发育。

首先,在社会情绪方面,大多数研究都认为正确的家庭早期教养能够促进婴幼儿的社会情绪发展。如,托·古德曼(Towe-Goodman)等人在研究中观察了父母对婴幼儿回应的敏感性以及频率,发现父母对婴幼儿的敏感性越高、互动越频繁,婴幼儿的社会性发展就越好,并且发现父亲对婴幼儿的影响较母亲更显著。赵茂矩等人(2005)的研究证明,接受良好家庭教育指导的母亲,能够通过母亲自己的情绪变化以及母亲和婴幼儿之间的良好亲子关系来影响婴幼儿社会情绪方面的发展,同时,经过家庭教育指导的母亲,能够更好地促进婴幼儿认知、语言等方面的发展。

其次,高质量的早期家庭教育能够促进婴幼儿语言和认知方面的发展。比如弗农·费根斯(Vernon Feagans)等人在研究中发现良好的家庭环境会通过教养人的育儿方式,间接影响婴幼儿入园后的认知以及行为发展。

第三,在身体发育方面,婴幼儿在早年如果没有得到良好的生活照料,成年之后就容易体弱多病。比如,詹姆斯·J·赫克曼(James J. Heckman)关于儿童早期投入与健康的研究表明,那些早期没有享受到来自家庭和社会关于健康、营养和保健等方面照料的婴幼儿,在成年以后会比得到精心照顾和养育的婴幼儿患病的概率高。

除此之外,脑科学研究者通过神经生物学实验发现在丰富的家庭环境刺激下,婴幼儿脑部突触数量增多,为大脑高级功能的发展创造了前提条件,如果错过了这个关键期,大脑功能的建构和相关能力的发展就会受到阻碍。有研究证明,大脑发育的关键期是出生后第五个月到第十个月,但是这段时期家长对婴幼儿的身体发育关心得更多,很少关注到婴幼儿的智能发展,因此大多会错过这个关键期。

上述相关研究都印证了婴幼儿早期教养实践中需要多方参与的客观现实,共同体的建设就是为了促进早期教养双主体的相互有机融合,发挥协同育人的最大功效。

第二节

有关家校共同体的
应用实践研究

 一　家校共同体实践项目

　　家校共同体视角下,学校与家庭合作已经成为当前世界教育发展的趋势,国内外众多国家和地区的政策法规中都进行了明确的规定,如美国教育部于 1994 年在《2000年目标:美国教育法》(Goal 2000:Educate America Act)教育目标中明确提出"家长参与",并且成立父母协助中心,向父母传递育儿知识。1991 年,日本第三个幼稚园计划强调,幼稚园要促进幼儿园与家庭间的联系与合作,并需要不断向家长传递科学的育儿知识。2001 年我国教育部颁布的《幼儿园教育指导纲要(试行)》中指出,"家庭是幼儿园重要的合作伙伴,应本着尊重、平等、合作的原则,争取家长的理解、支持和主动参与,并积极支持、帮助家长提高教育能力";2012 年颁布的《3—6 岁儿童学习与发展指南》也着重强调了家园共育,"家庭、幼儿园和社会应共同努力,为幼儿创造温暖、关爱、平等的家庭和集体生活氛围";2016 年颁布的新版《幼儿园工作规程》第五十三条和第五十四条等都突出了家长参与幼儿园教育的重要性。

　　为了让家长参与早期教育,与托育机构的教育形成良好的合作关系,经济合作与发展组织(OECD)成员国在如何激发家长参与儿童早期教育的积极性、家长与托育机构缺乏联系、家长参与受资源和时间的限制、家长参与能力缺乏、教师开展家园合作能力不足等问题上进行了有益的探索，并在加大宣传路径、完善政策支持、丰富资料支持、提升家长参与能力和教师促进家长参与的能力、提供多元参与路径等方面积累了丰富的实践经验，并形成了一些系统完善、措施多样、实施范围广、持续时间长、成效好的实践研究项目。

（一）美国"父母即教师"项目

1. 项目简介

20 世纪中叶，美国社会面临着第三产业发展、社会结构调整、家庭分工改变等一系列变动，由此导致家庭系统所受的压力剧增，父母无暇照顾儿童、父母虐待忽视儿童、儿童缺乏入园准备等教育问题频发，并进一步演变成为各种社会不安定因素。其中，贫困家庭中儿童所面临的教育问题更是异常严峻。由于为困难家庭的儿童实施补偿教育已迫在眉睫，美国政府开始大力推行一系列教育计划与法案，并着手研究如何预防和缓解当下的儿童教育危机。

20 世纪 70 年代，密苏里州的教育工作者逐步意识到，家长参与度对刚入园儿童的表现和儿童的读写等能力具有极大的影响作用。基于该发现，研究者认为有必要建立一个服务以父母为首的家长的项目，并为这些家长提供养育技能与知识的培训，从而帮助他们的孩子为日后的学习和生活做好准备，以应对日益激烈的社会竞争。在各教育部门和基金会的支持协助下，"父母即教师"项目（Parents As Teachers Program，PAT）在美国密苏里州首次试点，由此出现在公众的视野中。

"父母即教师"作为一个具有公益性质的项目，旨在帮助父母认识自己在儿童的成长与发展中扮演着何等重要的角色，并为他们提供儿童教养方面知识和技能的支持。

该项目所奉行的宗旨是：所有孩子都具有发展的潜力，必须牢牢把握住儿童生命中的最初几年，才能为儿童日后的学习与生活奠定坚实的基础，使之能在不断成长的过程中充分发挥自己的潜力。因此，父母作为儿童成长道路上的第一任老师，必须肩负起孩子的"启蒙教师"的职责。

"父母即教师"项目的另一大优势在于，学区有义务向家庭提供这一项目，而父母是否参与则完全自愿。该项目无须考虑家庭所属的种族、文化背景和经济状况，尽可能使所有家庭从中受益。其具体的目标包括：（1）为家长提供早期育儿知识和育儿技巧方面的培训；（2）为儿童提供健康检查，及早排查发展滞后问题与健康问题；（3）杜绝父母忽视、虐待儿童的现象；（4）帮助儿童做好入学准备，以更好地适应学校并获得学业上的成功；（5）建立家庭—学校—社区三方合作的伙伴关系。

2. 项目开展模式

"父母即教师"项目的实施主要包括以下四个方面：方案设计、培训父母教育工作者、实施方案和评估质量。

首先，设计"父母即教师"的项目方案。其设计依据包括《模型实施指南》(*The Model Implementation Guide*)、《质量标准》(*The Quality Standards*)和《技术援助摘要》(*The Technological Assistance Briefs*)等文件，以及对家庭进行调查后所收集的数据和 PAT 国家中心的 20 条基本要求等，并对项目方案进行评价，以保证方案的科学性、系统性。

其次，培训家庭教育的指导教师。指导教师无论是全职或兼职，均需依次接受基础培训和专业培训。前者包括为期三日的课堂面授和为期两日的家庭访问观察，后者包括针对 0—3 岁儿童和针对 3—5 岁儿童的两套基础课程。在培训完成后，家庭教育指导教师还需通过 PAT 国家中心开设的各种专业考试，方能取得家庭教育指导的资格。

再次，实施"父母即教师"的项目方案。其中，家访是项目最基本、最核心的服务。家庭教育指导教师会从认知、动作、社会情感与语言等四个领域，为父母提供适宜各年龄阶段儿童发展的课程。除了提供课程资源上的支持，家庭教育指导教师还要给予父母在儿童观察方面的指导，以使他们根据孩子发展的阶段变化，对其提出合理的期望。在家访后，互联网等额外的资源还可以对"父母即教师"项目课程起到补充作用。父母可以在网站上申请加入该项目，查阅育儿方面的信息资料，还可以通过网站进行捐款、提出建议等。

最后，对"父母即教师"的项目质量进行评估。"父母即教师"项目在该项目组织和美国各界的支持下，建立了较为健全的质量检测和评估体系，评估途径包括委员会评价、父母问卷调查和联盟质量评估等，评估内容包括家庭教育方案、父母满意度、父母的育儿实践、儿童的健康问题等。

3. 项目实施成果

美国研究者和教育者针对"父母即教师"项目的有效性进行了大量的实证调查,结果表明,该项目对父母和儿童双方都产生了积极的影响。

(1) 对父母的影响

家长的育儿技巧和育儿知识有所提升。在参加"父母即教师"项目后,许多家长在育儿知识、育儿行为、育儿态度方面进步显著。大多数父母认为,该项目可以提高他们与孩子交流的效率,帮助他们更好地了解其发展状况,增长他们陪伴孩子的时间。

家长参与孩子学校教育的意愿有所提升。在参加"父母即教师"项目后,家长更乐意参与学校的特殊活动,担任学校或班级的志愿者,举行家长联谊会,协助和作业有关的家庭活动,并且在子女升入小学后仍然乐于参与孩子的教育活动。

父母对子女健康问题的关注度有所提升。在参加"父母即教师"项目后,家长更加重视孩子的食品安全和饮食摄入等,更有可能提高自己准备和烹饪食物的水平,同时调整家庭成员的营养结构。

父母忽视和虐待儿童的问题有所改善。贫困或移民等负担过重家庭在接受指导与帮助后,降低了虐童事件的发生率。

(2) 对儿童的影响

儿童健康水平有所提升,发育迟缓的情况得到缓解。参加"父母即教师"项目的3岁儿童免疫力水平更高,体魄也更为坚韧强健。项目会定期对参与儿童进行健康筛查,对儿童的发育问题"早发现、早干预"。

儿童入园准备度有所提升。参加"父母即教师"项目的儿童综合素质更高,在主动学习、问题解决、语言能力、社会发展和其他认知能力方面发展较好,显著高于没有参加该项目的同龄儿童。

贫穷家庭和少数族裔家庭的儿童生活状况有所改善。对于被纳入"父母即教师"项目时间较长的贫穷家庭儿童,其父母参与该项目时间越长,这些孩子和富裕家庭的孩子在幼儿园入学时的差距就越小。这一发现同样适用于部分少数族裔家庭的儿童。

1. 项目简介

"确保开端"（Sure Start）计划，又可译为稳固开端计划。确保开端计划诞生于20世纪90年代末，彼时英国社会正面临着经济结构巨变、阶层两极分化、贫困儿童数量增加等重重难题，不同地区的幼儿教育系统和家庭服务机制质量良莠不齐、难成体系。社会经济的高速发展对学前教育的质量保障提出了新的挑战，再加上大洋彼岸的美国"早期开端"计划在过去的二十年间取得了举世瞩目的实践经验，消除社会排斥、培养顺应时代发展的人才、建构全纳社会成为了新时代的国民教育诉求。

1998年前后，英国政府决定打破"代际循环"所造成的贫困儿童发展滞后现状，并采取系统性的政策措施，预防儿童成年后的低成就和普遍生活贫穷的状况，由此推出了"确保开端"计划。该计划主要面向4岁以下婴幼儿，以家庭为主要切入口，鼓励家长的广泛参与；以社区为依托，在低收入家庭集中程度较高的社区实施教育创新；通过为贫困家庭儿童及其父母提供医疗保健、免费学前教育、儿童保育、家庭支持等针对性、高质量的综合教育服务，实现幼儿及家庭的全面发展，提高学前教育的质量，为儿童的健康成长打下坚实的基础。

"确保开端"计划所追求的目标是贫困家庭儿童的综合协调发展。其开展的理论基础是：通过施加适当的教育影响，将有助于改变英国贫困的"代际循环"现象。政府认为贫困具有"代际循环"的特点，而对贫困家庭儿童实施良好的学前教育，就能够改善包括出生前在内的儿童及其家庭的健康和福利状况，使那些处于不利地位的弱势儿童群体也能做好入学准备，从而阻止贫困的"代际循环"，让贫困家庭及其儿童逐步走出贫困的灾难境地和恶性循环。

此外，全纳教育概念为英国的"一体化教育"提供了新的发展道路。全纳精神提出于1994年，其本质就是"人人享有接受教育的权利"的民主平等思想。全纳教育的起点越低，将越有助于弥补因环境、遗传等个体差异带来的缺陷。基于此，全纳教育体系的构建必须始于早期教育，才能够保障每个儿童都有接受教育的机会。

最后，科学儿童理论的发展也为"确保开端"计划奠定了良好的理论基础。弗洛伊德等心理学家多年的研究成果表明,学前教育是人的一生中最基础的教育,早期经验的质量关系到一个人终身的发展。美国著名心理学家班杜拉(Bandura)认为个体的心理功能是由个人、行为和环境三者交互作用决定的,同样强调了人的发展中社会环境所起的作用。

2. 项目开展模式

在"确保开端"计划中,政府投资、建立并协调各种社区服务中心和服务网设施,为儿童及其家庭提供更整合的服务。具体而言,这些服务可以分成四个核心领域:学前教育、儿童保育、家庭支持、医疗卫生。虽然其具体内容因地区而异,但通常而言,家庭支持这一领域主要包括以下几个部分:

一是与家长广泛合作。包括:(1)吸收家长参与管理和决策。由家长代表组成的基层"项目管理委员会"管理、实施及监督"确保开端"计划的地方项目。(2)组织家长座谈会。工作人员尤其应对残疾幼儿及其家长予以充分的尊重,交流抚育残疾儿童的经验教训。(3)男性公民参与计划。鼓励更多男性公民参与到子女的教育中,通过贴海报、做宣传等途径,让男性公民认识到参与"确保开端"项目和儿童早期教育的必要性。

二是实施家庭支持项目。包括:(1)帮助家长就业。为家长提供各种人才市场的就业信息,并推荐就业的机会;另外,通过雇佣家长为项目工作的方式帮助家长解决就业问题,从而增加家庭的收入。(2)实行"家庭访问计划"。在社区专门设立家庭联络员,负责对家庭进行访问,既能为家长答疑解惑,也可以联合其他社会力量对家庭暴力等问题进行干预。(3)开展"健康饮食计划"。定期开展烹调讨论会,让家长探讨幼儿营养科学问题,提高其烹调水平。(4)向家长提供工作税贷款。英国财政每年会向弱势儿童的家长提供250万英镑的工作税贷款,这笔费用会被严格监督,仅用于幼儿教育、保育以及家庭医疗等方面的开销。

3. 项目实施成果

自实施至今,英国"确保开端"计划常与美国"早期开端"计划相提并论,以持续时间长、影响范围广、受益人群多著称。

"确保开端"在开展之初就建立了完善的评估系统,并成立了独立的评估机构——

"确保开端"国家评估委员会(The National Evaluation of Sure Start,简称 NESS)。NESS 独立于项目组,且此评估系统与计划项目开展同时实施,以保证评估的客观性。据统计,"确保开端"计划在以下方面取得了一定成效:

促进父母就业。"确保开端"计划实施以来,拥有 4 岁以下婴幼儿的无人就业家庭所占的比重总体呈下降趋势。

促进家庭与社区联系。一项调查表明,"确保开端"计划项目中家庭联络员的家庭访问率总体上达到了 78%,健康员或助产员的家庭访问率更是高达 91%。

增加父亲的育儿时间。尽管父亲在育儿中参与程度通常低于母亲,但就总体趋势而言,父亲参与育儿的绝对程度仍呈上升趋势。自项目开启以来,以拥有 5 岁以下孩子的父亲为首,英国父亲在育儿方面的时间明显有所提升。

(三) 澳大利亚"亲子家庭互动"项目

1. 项目简介

澳大利亚"亲子家庭互动"项目是澳大利亚政府引入了学龄前儿童的家庭教育指导项目(Home Instruction for Parents of Preschool Youngsters Program,HIPPY)后的本土化实践。1969 年,HIPPY 家访项目由以色列希伯来大学教授伦巴第(Avima D. Lombard)和同事创立,主要面向弱势阶层和移民家庭的儿童,旨在为母亲提供科学的教养方式,提高家庭教育质量,促进家长的社区参与,从而解决移民子女的学业困难和入学准备等问题。

虽然该项目最初的宗旨是为来自北非和亚洲的以色列移民家庭儿童提供相应的学前教育支持,但随着项目的开展与研究的推进,其服务对象不再仅限于移民家庭,还包括任何缺乏养育经验的困难家庭。因此,HIPPY 家访项目由一项示范性项目发展为可推广的国际性家访项目。目前,HIPPY 家访项目已经在全球多个国家相继开展。2007 年,澳大利亚政府也引入了 HIPPY 计划,并将该项目形容为"家长和孩子的在家互动项目"。

HIPPY 项目基于生态学系统理论,认为幼儿的发展受到其所生活的家庭、社区、社会的强烈影响,从而提出项目自身的假设与原则。HIPPY 计划设立的初衷基于两个哲学理念:第一,家长总是想把自己最宝贵的东西给予孩子;第二,父母和儿童在教育上存在生物学上的联系,例如,子女对父母和周围环境的学习模仿与生俱来,而父母则会通过一些"连接"来教育他们的孩子。

澳大利亚将"家长参与"引入 HIPPY 项目的主要理论依据则是麦柯迪(McCurdy)和达罗(Daro)两位学者在 2001 年给出的"家长参与教育的概念模型"。该模型提出,家长参与儿童教育活动会出现三个阶段:第一阶段是"计划参与",第二阶段是"实际参与",第三阶段是"持续参与",而每个阶段都存在包括个体、服务方、项目、社区邻居这四个水平的系列反馈。"三个阶段"是在时间序列中开展并逐步推进的,不仅仅是家长单方面的想法问题,而是一个包含了"家长—项目"互动的复杂过程。

在此过程中还存在着许多影响因素。HIPPY 计划注重建立在正规机构(如学校、幼儿园)之外的家庭参与,形成了"以家庭为中心"的项目特点,尤其积极关注家长的意愿、动机和参与力度。HIPPY 能否得以执行的根本因素在于"家长",因此,需要全面分析家长在整个项目中可能面临的处境。该模型清晰直观地反映出家长参与儿童项目受到多种因素影响,为澳大利亚 HIPPY 项目有的放矢地开展工作提供了理论依据。

2. 项目开展模式

第一,开展以家庭为中心的学前教育两年介入支持。在两年的学习活动当中,儿童和父母将会获得包含 45 种教具的学习活动盒子,这些学习活动盒子会以游戏的方式出现,包括各种形状的玩具和短小的读本,还有用于指导学习的其他材料。项目中受雇的家庭导师则会直接住在社区当中,与家长们一起工作,并通过频繁的家访等方式来推进项目的开展。

第二,采用角色扮演的学习方式。家访导师和父母的交流学习将采用角色扮演的方式来开展教学。时间大约是每天 10—15 分钟。让家长和家访导师分别扮演"儿童"或"父母",然后在扮演的角色里面贯穿 HIPPY 理念,这样父母就能够借助换位思考理解儿童,从而更好地为儿童提供学习环境的支持。

第三,让家长和看护者成为最好的家庭教师。HIPPY 最终目的是希望家长或儿童的照顾者能够更有能力,更为自信地成为儿童的第一个好老师,而这种能力和自信的建设就应该来自家访导师。家访导师会为每一个父母展示如何在家里给孩子提供学习环境,发挥教育的能力。

第四,成立家访和父母小组。家访模式和父母交流小组的设计意图是让家长能够更多地参与到项目当中,通过给予支持和强化手段,确保家长们通过交流能够学到较为全面的帮助儿童学习的知识和技能,这个参与过程会伴随着儿童学习活动的开展而进行。学习活动首先会由家庭导师对家长或儿童看护者进行培训,然后由他们将活动带给儿童。

第五,无处不学习——在日常生活里寻找家庭环境中的学习机会。HIPPY 计划通过开展一些过渡学习项目让学习活动逐步迁移到每天的日常生活环境中,这样为期两年的项目介入不会因为两年后的撤离而中断,反而会因为提供了两年的支架式服务,逐步帮助父母建立起能力和自信,改善儿童的学习环境,为其进入学校教育做好准备。

3. 项目实施成果

澳大利亚并不是第一批加入 HIPPY 计划的国家,但在 2007 年之后却借助政府的推力让本国的学前教育获得了快速推广和发展,目前还在持续不断增扩项目社区。由于澳大利亚介入 HIPPY 计划的时间较短,其实施效果还没有得到充分的评估和论证,在这里列举的是 HIPPY 家访项目在美国 25 年来的实证研究成果。

大量研究结果表明,HIPPY 家访项目为处境不利学前儿童及其家庭带来了积极影响,有效提高了处境不利学前儿童的入学准备水平,帮助学前儿童更好地适应了小学阶段的学习生活,减少了留级现象。同时,HIPPY 家访项目的家长报告指出,有96%参与该项目的家长表示,他们会花更多的时间陪伴孩子阅读、写字、数数、去图书馆,也会合理规划孩子看电视的时间等,家长参与子女学习和生活的频率显著提高。

 ## 二 家校共同体实践的要素

从已有相关的家校共同体实践可以看出,家校共同体的形成需要提供一个共同投入与积极合作的机制和平台,让家庭和托育机构在这一平台和机制下积极合作、良性互动,充分发挥共同体的资源优势,更好地承担早期教养责任,为0—3岁婴幼儿发展创造良好的环境氛围。家校共同体的实践需要具备以下要素:

(1)共同体的目标。这是家庭和托育机构形成共同体的前提。家庭与托育机构拥有共同的目标,即促进幼儿身心全面发展,在家校共同体运作中,这一整体目标会被细化成大大小小的具体目标,大到"要把孩子培养成一个怎么样的人",小到"一个活动,希望孩子有哪些方面的成长",这些都需要在家校共同体实践的过程中时刻去评估和明晰。

（2）成员的交互作用。即家长与教师的交互过程，是多方向的、连续的、动态的相互影响过程。家校共同体的运作不是简单的"谁听谁的"，也不仅仅是教师对家长的单向输出，或家长对托育机构的建议和需求，而是托育机构和家庭、教师和家长在教育思想、教育行为、教育观念、教养方式等方面相互影响的过程。这是一个持续的、动态的过程，也是家校共同体运作的体现。

（3）合作共育实践活动。即多形式、多场景、多内容的活动体系。家校共同体是一个早期教养实践的共同体，因此需要以实践活动为抓手，家园共育实践活动的不断推进其实是各方力量汇聚、各方资源不断整合、教养效果不断生成的过程。

第三节

家校共同体实践的问题与挑战
——源于我们的调研

有关家校共同体实践的影响因素的研究,为发现和优化家校共同体实践过程中遇到的现实问题提供了一定的方向。林杰(2009)指出家校合作共同体通常会受到家庭背景、家长与教师关系的影响;王林(2015)也提到家长与教师的共育观念、沟通方式和效果等会影响家园共育共同体的实践。以往的研究启示我们,可以从家校共同体实践的要素着手,调查了解国内1—3岁婴幼儿早期教养家校共同体实践的现状,为后续研究寻找落脚点。

一 调查方法

(一)调查对象

在长三角、京津冀、珠三角、中西部四个区域随机选取6个城市(北京、上海、南京、深圳、成都、昆明),在每一座城市中随机抽取5—10所招收3岁以下婴幼儿的托育机构,共40所,对其中的婴幼儿家长和教师发放调查问卷,共回收家长问卷1145份,教师问卷 287 份。接受调查的 1 145 名家长中:(1) 办学性质分布:公办托育机构家长占 30.39%,私立托育机构家长占 65.51%;(2) 托育模式分布:全日制托育机构家长占 68.12%,半日制托育机构家长占 19.91%,计时制托育机构家长占 9.17%;(3) 活动形式分布:亲子共同来托育机构参加活动的家长占 23.14%,孩子和家长分别来托育机构参加活动的家长占比 13.71%,只有孩子单独参与托育机构活动的家长占 62.1%。接受调查的 287 名教师中:(1) 性别分布:女性占 95.47%,男性占 4.53%;(2) 年龄分布:20—31 岁占 67.94%,32—41 岁占 28.57%,42—51 岁占 3.14%,52—62 岁占 0.35%;(3) 学历分布:初中学历占 1.05%,高中或中专学历占 4.53%,大专学历占 40.77%,本科学历占 50.52%,硕士研究生学历占 3.14%。

(二)调查内容

通过相关文献研究,我们编制了调查问卷,分为教师卷和家长卷,调查内容由基本情况、家校共同体理念情况、家校共同体目标认识情况、家校互动情况、家校合作共育实践情况等几个方面组成,依调查对象的不同,项目内容略有差异。

(三)调查实施步骤及时间安排

问卷于 2021 年 11 月开始发放,历时近一个月,完成全部问卷的回收。

(四)调查结果统计与分析方法

根据研究目标的需要,采用 SPSS26.0 版统计软件对数据进行分析。通过单变量描述性统计进行现状分析;通过方差分析探索不同类别托育机构早期教养家校共同体实践的特点;通过相关分析了解与家校共同体实践情况相关的密切因素。

二 调查结果

（一）家校共同体实践现状

1. 家长和教师的早期教养理念现状

在我们的调查结果中,对于"3岁前的孩子的最佳教养场所",超过半数的家长(53.62%)和教师(56.1%)均认为婴幼儿早期教养应以家庭教养为主,托育机构则在其中扮演着辅助的角色,家长可以定期带孩子去托育机构接受学校教育,如图1-1、图1-2。

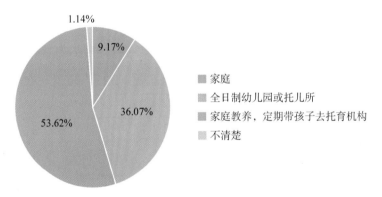

图1-1 3岁前孩子的最佳教养场所（家长）

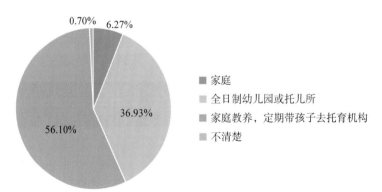

图1-2 3岁前孩子的最佳教养场所（教师）

关于"托育机构和家庭关系",83.97的家长和82.36%的教师认为家庭教养与托育机构教养在孩子成长中相互补充、相辅相成;74.22%的家长和62.01%的教师认为托育机构专业的教师资源和丰富的早期教养经验可以为家长的家庭教养提供支持和指导,如图1－3。

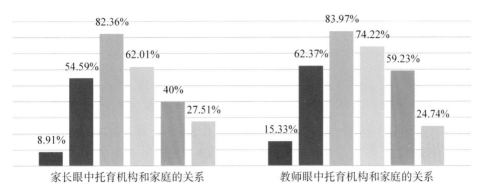

- ■ 托育机构是专业的部门承担主要教养责任
- ■ 家庭是孩子的第一课堂,对孩子的教育影响最大
- ■ 家庭教养与机构托育教养在孩子成长中相互补充,相辅相成
- ■ 托育机构可以为家长的家庭教养提供指导
- ■ 家庭与托育机构需要相互了解,协商育儿
- ■ 教师主要负责孩子在托育机构期间的教育,而家长主要负责家庭中的养育

图1－3 托育机构和家庭的关系(家长＆教师)

家长对托育机构的价值和功能定位,如图1－4所呈现,46.64%家长认可托育机构在婴幼儿早期教养上的专业性,认为孩子可以在托育机构接受科学的早期教育;有

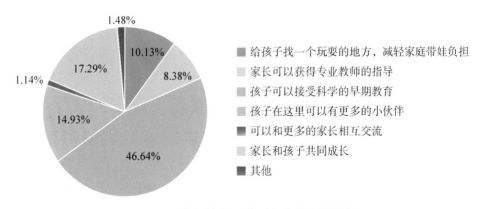

- ■ 给孩子找一个玩耍的地方,减轻家庭带娃负担
- ■ 家长可以获得专业教师的指导
- ■ 孩子可以接受科学的早期教育
- ■ 孩子在这里可以有更多的小伙伴
- ■ 可以和更多的家长相互交流
- ■ 家长和孩子共同成长
- ■ 其他

图1－4 家长送孩子到托育机构的主要目的

26.81%的家长还看到了托育机构教养对家庭教养的积极影响作用，认为送孩子到托育机构可以促进家长和孩子的共同成长，家长可以获得专业教师的指导，还可以和其他家长相互交流。

2. 家长和教师对婴幼儿早期教养目标的认识现状

关于家长和教师对"3岁前孩子的早期教养，您比较注重哪些方面"的回答，如图1-5所示，父母眼中的孩子早期教养重点依次为：身体健康发育（67.69%）、良好习惯的养成（60%）、培养积极向上的性格（56.59%）、培养社会交往能力（28.03%）、培养锻炼自理自立的能力（27.6%）、早期智力开发（26.81%）、与孩子建立良好的亲子关系（19.91%）；教师则将良好习惯的养成（71.08%）置于早期教养目标的第一位，其次是身体健康发育（69.69%）、培养积极向上的性格（49.13%）、培养锻炼自理自立的能力（41.46%）和培养社会交往能力（35.89%），最后是早期智力开发（18.12%）和建立良好的师幼关系（8.01%）。

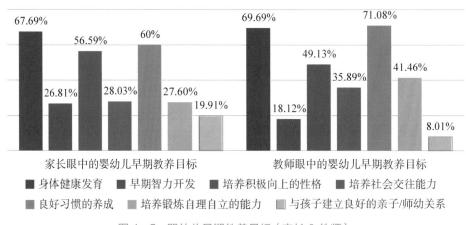

图1-5 婴幼儿早期教养目标（家长 & 教师）

3. 家长和教师相互沟通的现状

对于"家校沟通中的主要收获"这一问题，家长的回答如图1-6。排序前三的依次是：了解孩子在学校的表现、全方位地认识自己的孩子（70.74%），与老师的教育理念达成共识、更加有效地实施教养行为（69.26%），通过教师指导、帮助解决孩子在发展过程中的问题（66.2%）。

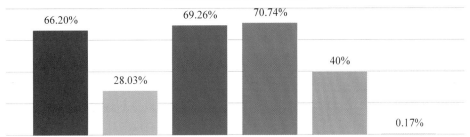

图1-6　家长与托育机构老师进行沟通的主要收获

教师对这一问题的看法，如图1-7。97.91％的教师认为家校沟通可以促进对孩子更全面的了解，73.87％的教师认为自己可以从家长的育儿经验中获得启发，72.13％的教师认为家校沟通可以促进家长和教师之间的伙伴关系。

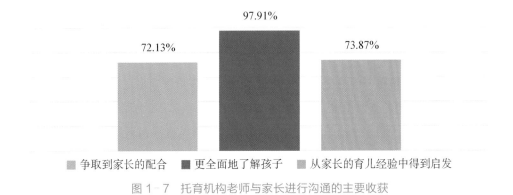

图1-7　托育机构老师与家长进行沟通的主要收获

在沟通频率方面，如图1-8、图1-9所示，有32.75％教师每天沟通，35.89％的教师的沟通频次为平均每周一次，而59.89％的家长在感觉有必要时才会与家长进行沟通。

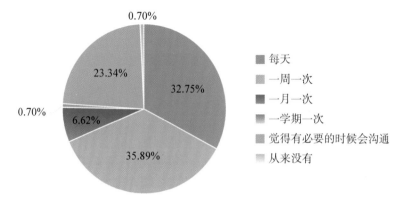

图 1-8 教师与家长主动进行沟通的频率

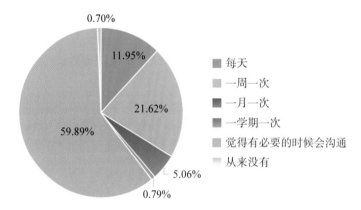

图 1-9 家长与教师主动进行沟通的频率

关于"在什么情况下会主动沟通","孩子在身心发展过程中出现问题或进步"是家长和教师主动沟通的首要原因,分别有 56.60% 的家长和 62.72% 教师选择。另外,有 34.93% 的家长出于想了解孩子在机构中的表现的原因与教师沟通,教师以推进家园共育活动和了解家长的育儿理念和做法为目的的家校沟通分别占 19.86% 和 16.72%,如图 1-10、图 1-11。

关于家长和教师对沟通渠道的偏好的调查结果,如图 1-12,显示,78.60% 的家长喜欢通过微信或微信群进行沟通,其次是来离园时直接沟通(60.52%)和电话联系(29.17%);教师则最喜欢在来离园时直接沟通(79.79%),其次是通过微信或微信群(74.91%)和电话(47.74%)联系。

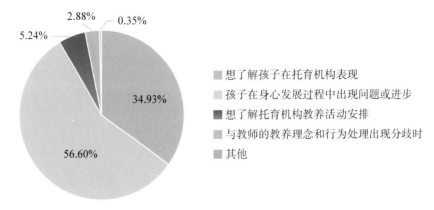

图 1‑10 家长与教师主动进行沟通的原因

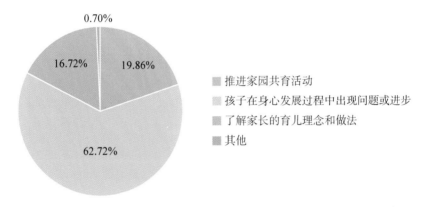

图 1‑11 教师与家长主动进行沟通的原因

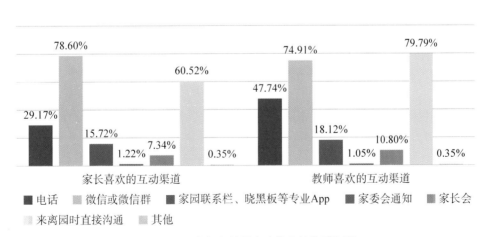

图 1‑12 家长和教师喜欢的家校沟通渠道

4. 合作共育实践现状

调查家长对于参与托育机构活动的态度,结果(如图 1－13)显示 66.37％的家长对于家校互动持非常积极的态度,他们非常乐意参加各项活动,觉得每次都有收获;33.28％的家长认为有时间,就会参与托育机构的活动;只有 0.35％的家长认为不参与也问题不大,孩子发展都很好。

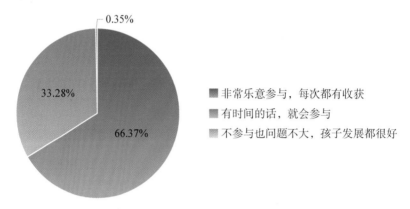

图 1－13　家长对参与托育机构的活动的态度

针对不同种类合作共育实践活动的开设比例、家长参与度及家长满意度,如表 1－1 所示。有 87.8％的机构开设了亲子活动,79.56％的家长参与过亲子活动,且他们之中的 98.35％表示对亲子活动的满意程度很高或较高。有 65.16％ 的教师所在的机构开设过生活照护共育活动,有 61.4％的家长参加过此类活动,且他们之中的 98.72％表示满意。

表 1－1　不同种类合作育儿活动的开设比例、家长参与度及家长满意度

活动种类	开设此类活动 的比例	家长参与此类 活动的比例	家长对此类活动 持满意态度的比例
生活照护	65.16％	61.4％	98.72％
安全照护	56.45％	56.16％	98.76％
家长进课堂	52.26％	62.45％	98.18％
亲子活动	87.8％	79.56％	98.35％
家长观摩开放	57.14％	66.72％	98.43％
家长育儿沙龙	50.87％	57.38％	97.42％

家长在合作共育活动中的收获方面,如图 1－14。58.6％的家长认为对学校的早

教理念和实践有了更深的了解;53.62%的家长能更好地和孩子进行互动,亲子关系更融洽;50.39%家长积累了有关婴幼儿教养方面的经验和知识;还有 40.09%的家长能更好地应对孩子在家中出现的状况;在参与合作育儿活动后家园理念产生变化的家长较少,仅占 17.12%。

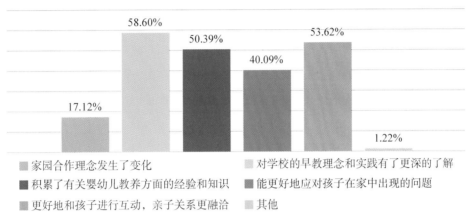

图 1-14　家长参与托育机构合作育儿活动的收获

教师在这个过程中的主要收获,如图 1-15。81.18%的教师表示对家庭育儿理念和做法有了更深的了解,能够更好地和孩子进行互动,师幼关系更融洽;62.37%和61.67%的教师能够更好地发现和挖掘家长和孩子的闪光点,与家长的合作伙伴关系变得更加紧密;还有 52.96%的教师家园合作理念发生了变化。

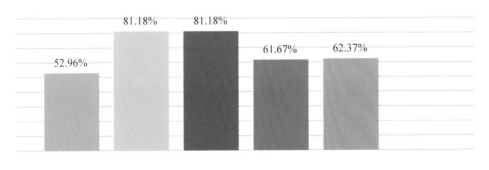

图 1-15　教师参与托育机构合作育儿活动的收获

（二）不同类别托育机构早期教养家校共同体实践的特点

为进一步研究家校共同体实践的地域差异、机构类型差异等，从以下几个维度对家校共同体实践情况展开评估：家长积极性（家长对于参与托育机构的活动的积极程度，根据积极程度由低到高，采用1—3分三点计分制）、家长沟通频率（家长与教师主动进行一对一交流和沟通的频率，根据频率由低到高，采用1—6分六点计分制）、家长参与度（家长所参与的托育机构中活动总数，根据数量由少到多，采用0—6分七点计分制）和家长满意度（家长参与托育机构活动后的满意程度，根据满意程度由低到高，采用1—5分五点计分制）。

1. 不同地区家校共同体实践情况的差异

通过方差分析探讨家校共同体实践情况的地域差异，其结果表明，我国不同地区家校共同体实践情况差异明显，家长积极性、家长沟通频率、家长参与度及家长满意度均存在显著差异，如表1-2。

表1-2 不同地区的家校共同体实践情况的方差分析

	长三角	京津冀	珠三角	中西部	F
家长积极性	1.72±0.46	1.65±0.48	1.59±0.49	1.59±0.51	4.17**
家长沟通频率	3.00±1.47	3.59±1.74	3.42±1.679	3.36±1.63	6.90***
家长参与度	3.98±2.02	3.11±2.11	3.65±1.95	4.18±2.02	7.29**
家长满意度	4.45±1.21	4.13±1.57	4.24±1.24	4.20±1.27	3.51**

注：* 表示 $P<0.05$，** 表示 $P<0.01$，*** 表示 $P<0.001$。

就家长积极性而言，长三角地区家长的积极性最高，中西部地区则最低。长三角地区家长的积极性显著高于珠三角地区和中西部地区；京津冀地区和珠三角地区的家长积极性无明显差距，但均高于中西部地区。

关于不同地区家长的沟通频率，则以京津冀地区家长的沟通频率最高，珠三角地区次之,这两个地区的家长沟通频次均显著高于长三角地区;中西部地区与其他地区的家长沟通频率无显著差异,但显著高于长三角地区。为探究长三角地区家长沟通频率最低的原因,进一步分析了不同地区家长的问卷选项,结果表明长三角地区的家长选择"觉得有必要的时候会沟通"的家长占到总数的 66.79%,显著高于京津冀地区的 50.74%、珠三角地区的 55.10% 及中西部地区的 55.41%。这意味着长三角地区的家长可能更倾向于被动交流,而不是主动向教师发起沟通。

不同地区家长的参与度同样存在显著差异,具体而言,中西部家长的参与度最高,显著高于京津冀地区和珠三角地区;京津冀地区家长的参与度最低,不仅显著低于中西部地区,也显著低于长三角和珠三角地区。对于为何京津冀地区家长参与度最低、中西部地区家长参与度最高的问题,考虑了其他因素的交互作用,结果发现京津冀多为全日制托育机构,占到总数的 88.24%,这意味着家长陪同婴幼儿参加活动的机会最少;而中西部地区的全日制机构仅仅刚过半数,比例为 50.96%,还有接近一半的家长选择的是家长陪伴式的半日制和计时制机构。基于这一猜想,以地域、机构种类为固定因子展开双因素方差分析,其结果表明地域与机构种类之间存在显著交互作用($F = 1.996$,$p < 0.05$),证实了上述猜测。

最后,不同地区家长的满意度存在显著差异,长三角地区家长的满意度最高,显著高于其余三个地区;而京津冀地区、中西部地区和珠三角地区的家长满意度无显著差异。

2. 不同托育模式下的家校共同体实践情况的差异

通过方差分析探讨全日制、半日制和计时制三种托育模式下的家校共同体实践差异,其结果表明,不同机构模式下的家长参与度存在显著差异;但他们主动对教师发起沟通的频率无显著差异,参与托育机构活动的积极性和参与活动后的满意度也不存在显著差异,如表 1-3。

表 1-3　不同托育模式下的家校共同体实践情况的方差分析

	全日制	半日制	计时制	F
家长积极性	1.65±0.49	1.70±0.48	1.65±0.48	0.89
家长沟通频率	3.28±1.63	3.07±1.50	3.22±1.53	1.56

	全日制	半日制	计时制	F
家长参与度	3.70±2.02	4.04±2.07	4.49±2.04	8.36***
家长满意度	4.32±1.26	4.32±1.35	4.23±1.28	0.233

注：* 表示 $P<0.05$，** 表示 $P<0.01$，*** 表示 $P<0.001$。

3. 不同抚养模式下的家校共同体实践情况的差异

通过方差分析探讨不同抚养模式下的家校共同体实践差异，其结果表明，不同抚养模式下的家庭，其家长的积极性、沟通频率、参与度和满意度均存在显著差异，如表1-4。

表1-4　不同抚养模式下的家校共同体实践情况的方差分析

	父辈抚养	祖辈抚养	保姆抚养	F
家长积极性	1.71±0.46	1.55±0.55	1.69±0.47	13.312***
家长沟通频率	3.31±1.64	3.10±1.54	2.82±1.29	3.91**
家长参与度	3.92±2.02	3.63±2.10	4.11±1.90	2.85*
家长满意度	4.35±1.22	4.17±1.46	4.56±1.00	3.40*

注：* 表示 $P<0.05$，** 表示 $P<0.01$，*** 表示 $P<0.001$。

不同抚养模式下的家庭中，家长的积极性存在显著差异，父辈抚养的家庭中家长的积极性显著高于祖辈抚养的家庭；由保姆抚养的家庭与父辈抚养的家庭中家长的积极性不存在显著差异，但也显著高于祖辈抚养的家庭。

在家长参与度、满意度方面的结果与家长积极性相似，即父辈抚养、保姆抚养的家庭中家长参与度及满意度无显著差异，但父辈抚养的家庭中家长参与度和满意度显著高于祖辈抚养的家庭。

在沟通频次方面，由父辈抚养为主的家庭，其家长的沟通频次最高，显著高于祖辈抚养、保姆抚养的家庭。

综合来看，由祖辈承担家庭中主要育儿责任的抚养模式最不利于家校共同体的实践。以祖辈抚养为主的家庭在家校合作的家长积极性、家长沟通频率、家长参与度及家长满意度共四个维度上的得分均显著低于以父辈抚养为主的家庭，在除家长沟通频率之外的三个维度上的得分也显著低于以保姆抚养为主的家庭。

（三）与家校共同体实践相关的因素

为探究有哪些因素与家校共同体实践情况密切相关,对家长教育程度、家长收入、家长育儿时间等因素进行了相关分析,结果如表1-5。

表1-5　家校共同体实践情况的相关分析

	家长积极性	家长沟通频率	家长参与度	家长满意度	家长受教育程度	家庭收入	家长育儿时间
家长积极性	1						
家长沟通频率	0.131**	1					
家长参与度	0.303**	0.158**	1				
家长满意度	0.307**	0.101**	0.418**	1			
家长受教育程度	0.031	0.019	−0.024	0.066*	1		
家长收入	0.063*	−0.010	−0.023	0.101**	0.442**	1	
家长育儿时间	0.111**	0.014	0.113**	0.101**	−0.054	−0.020	1

注:*表示P<0.05,**表示P<0.01,***表示P<0.001。

根据分析结果可知,家长受教育程度与家长满意度呈显著但微弱的正相关关系;家长收入与家长积极性及家长满意度呈显著但微弱的正相关关系;家长育儿时间与家长积极性、家长沟通频率及家长满意度均呈显著但微弱的正相关关系。

此外,家长参与家校合作的积极程度与其沟通频率、参与度、满意度四个因素之间均两两存在显著的正相关关系。这表明家长参与家校共同体建构的过程中存在良性循环的趋势,即家长越是乐意参与家校合作,就越可能从中有所收获;而家长在家校沟通、实践共育中获得了良好的体验后,在日后的家校合作中也可能表现得更为积极。

 三　结论与建议

由问卷调查结果可知,我国托育机构与家庭对于婴幼儿教养问题日益重视,家校双方对于家校合作育儿的理念在许多方面趋于吻合,家校合作水平的地域差异不再似过去一般泾渭分明。目前国内在家校共同体实践方面,存在以下挑战:

(一)家校共同体的构成:家庭的育儿主体地位有待强化

一方面,家庭参与合作共育的意识有待提高。我们在调查中发现,家长平均每天用于育儿的时间多少与其参与家校合作的积极性和满意度呈正相关。换言之,家长对于婴幼儿早期教养的重视程度越高、所承担的教养责任越大,就越有可能参与到家校共同体的构建之中。但调查结果也显示,部分家长认为孩子到了托育机构,教养责任就转移到了学校身上,忽视了自己才是孩子的第一任教师,更不会意识到家长需要与托育机构教师协作,合力促进婴幼儿的发展。当家长将教养责任全权托付给托育机构时,教师对婴幼儿家长的养育行为或多或少会带有一定支配性,使家长处在被动、游离的地位,制约早期协同教育中家长主动性的发挥,导致家庭教育缺位、学校教育越位,反映出合作育儿中家校双方对各自职能认识尚不到位。

另一方面,家庭参与合作共育的能力有待提升。问卷结果证明,家长受教育程度和收入水平越高,他们对于家校合作配合度也随之提高;然而,当家长受教育水平和收入偏低时,往往会由于经济压力而忙于生计,对婴幼儿教育的观念趋向于传统和保守,且对自己的教育能力缺乏信心。这部分家庭在开展合作育儿活动时,多是依据父辈传下来的教育理念和自己在日常生活中的"道听途说";家长在教养孩子的过程中,缺乏与孩子形成良好互动的能力,对婴幼儿早期发展规律缺乏了解。在教师工作的专业性和教师身份所形成的教师话语影响下,提供科学合理的教养方式依旧被认为是托育机构的专业领域,家长也很少对教师的意见提出任何异议或发表自己的见解。正如其他相关研究者的发现,在这种情况下,家长可能偏向于认同教育都是学校和教师的事情,对于家校合作的意识和参与程度会更低(邓林园,许睿,赵鑫钰等,2016)。

此外,我国在家校合作方面并没有出台明确的法律要求,多以提倡和鼓励为主,这也导致家长并不会从法律层面上意识到自己应当在家校合作中承担的责任,由此造成了家校合作中"托育机构为主导、家长为辅助"的现实局面。因此,为保障家校共同体构建中家庭的主体地位,不仅应摒弃以往"家庭在早期育儿方面不如学校'专家'和'权威'"的思维定势,更应为家庭提供教养知识和技能支持,满足和顺应婴幼儿的实际需要,提升家长参与合作共育的信心和能力,达成家庭和托育机构各司其职、相辅相成、优势互补的平衡态势。

(二)家校共同体的目标:家校对早期教养认识有待准确全面

调查结果显示,无论是家长还是托育机构,在早期教养目标的考量上都未能充分贴合 0—3 岁婴幼儿的年龄特点,也未考虑到早期教育对于个体终身学习发展的独特价值。

具体而言之,家校双方更倾向于关注孩子立竿见影、即时外显的发展表现,如婴幼儿身体健康、生活习惯、积极性格等;而对于孩子长期的、内隐的品质则相对忽视,如师幼关系、亲子关系、早期智力开发、社会交往能力等。以亲子关系为例,大量研究证明:婴幼儿时期是个体生命早期的情感联结形成、发展的关键期,具有特定的早期性,一旦错过就可能留下毕生遗憾。同样地,师幼关系是在婴幼儿早期阶段形成的另一种重要人际关系,能够促使孩子更好地适应托育机构生活,减少其问题行为,极大地影响着个体日后的社会适应和学业成绩。因此,婴幼儿早期亲密关系的建立在个体终其一生的发展和教育的效应发挥上都扮演着关键的角色,在家校合作育儿中理应得到更多关注。

此外,尽管家校双方对早期教养各目标的重视程度比较接近,但对同一教育目标的解读并不完全契合。以"促进孩子身体健康发育"这一教育目标为例,家长对此的认识可能仅限于确保孩子吃好睡好、无病无灾、不胖不瘦,全须全尾;而接受过专业学习和系统培训的教师则可能会考虑到婴幼儿粗大动作和精细动作的同步发展,并为孩子提供更多的环境刺激和冒险机会。再例如,一些家长通过家庭教育和课外教育教孩子认汉字、学英语、做算术,向婴幼儿施加不一样的教育影响,其产生的后果甚至会消解学校教育的效果。还有部分父母由于双职工家庭时间不充足、家庭经济压力等原因,将教养婴幼儿的责任转嫁到祖父母或外祖父母身上。祖辈普遍倾向于按照自己认为正确的方式抚养婴幼儿,以经验代替科学,导致"重养轻教""重养体而轻养心"的状况。长此以往,家庭与学校教师对婴幼儿早期教养目标的不同解读就会导致双方在教育实践中各行其是,无法通过合作促进婴幼儿的有效发展。

综上,在家校共同体的早期教养目标方面,家庭和托育机构有待准确全面地认识早期教养,进一步了解相关科学知识,尊重婴幼儿的身心发展规律;树立恰当的早期教养理念,深挖0—3岁婴幼儿早期教养的独特内涵及终身价值,建立对婴幼儿早期教养的合理期望。只有当家校双方形成共同的教育追求,采取一致的教育行动,方能通过符合婴幼儿学习特点的方式促进其健全成长。

(三)家校共同体的交互作用:家校的双向交互影响有待提升

家校之间良好的协商合作,有助于双方在婴幼儿早期教养中全面了解孩子需求,合理表达自身诉求,争取对方协同配合,互相分享有效经验;步调一致,形成合力,彼此接纳,达成共识,从而更高效地促进婴幼儿的发展。而在现实层面中,家校间的合作仍存在一定程度上的脱节。

在调查中,我们对于家校双方主动发起沟通的频次进行了分析,发觉教师和家长之间的互动较为频繁,但还是存在明显的"非必要不沟通"情况,即如果没有特殊情况发生,家校双方就很少积极地进行沟通,尤其是家长主动发起互动的情况较少,这一现象在我国长三角地区尤其突出。出于自身工作繁忙、担心打扰教师、避免"没事找事"等原因,很少有家长主动要求平等参与到家校合作中,即使有部分家长提出,也很难真正参与托育机构教育的决策及执行环节。

对于教师问卷结果的分析再度佐证了这一事实:超过六成的教师当孩子在身心发展过程中出现情况时才会与家长进行主动沟通,而以推进家园共育活动、了解家长育儿现状为目的的沟通则少之又少。在家校双方的沟通渠道上,家园联系栏、晓黑板等专业App备受冷落,多以来园离园时的面谈和微信聊天为主,由教师在家长接送孩子时"见缝插针"地给予回应,进行单向地传递通知,家长也多处于被动接受、查看信息的局面。

问卷分析结果还表明,由祖辈、保姆作为主要抚养人的家庭,其家校沟通频率远低于父辈抚养的家庭。婴幼儿祖辈与学校教师在教养理念、育儿方式、沟通习惯等方面均存在一定代沟和分歧;而教师对祖辈、保姆的声音往往也置之不顾,很少予以重视。

这可能与双方对各自需求的理解不到位、托育机构没有激发出家长在早期教养中同教师一样的"主人翁"意识，以及当前托育机构的家校沟通机制不健全有一定关系。

为了确保家园沟通程序的顺利展开，托育机构有必要尊重祖辈家长介入的事实，减少祖辈介入后婴幼儿未来发展出现问题的可能性（贺春梅，郭效琛，2021），同时鼓励和号召家长亲力亲为地参与孩子的教育。这就要求家长和教师以婴幼儿发展为本，超越个人的利益诉求，基于相互理解、相互尊重的视角开展沟通，提升家校双边的双向交互影响。

（四）家校共同体的共育实践：合作共育路径及内容有待丰富

在家长参与教育层次上，英国学者摩根等人将其分为三个层次：①低层次的参与：这个层次的家校合作方式有家长访问学校、参加家长会、开放日、孩子作业展览等活动，另外还有家长联系簿、家长小报、家庭通信等；②高层次的参与：这种层次的合作方式有经常性的家庭、家长参与课堂教学和课外活动，帮助制作教具，为学校募集资金等；③正式组织上的参与：如家长咨询委员会等（王艳玲，2004）。

根据问卷统计结果，目前我国家校合作育儿的实践模式中，以亲子活动为主要途径，其他活动内容多流于形式，家长参与共育活动的层次较低，开展频次也有待进一步提高。特别是在全日制的托育机构中，家校合作方式多局限于家长会、家长开放日等低层次参与，高层次和正式组织上的参与较为少见。

进一步分析原因，托育机构未能架构系统的家庭参与渠道、模式和途径，家校合作大多是靠"自觉"，零散开展。在开展游园会、观摩开放等家长参与层次较低的共育活动时，多以托育机构单方面的教育成果展示和呈现为主，虽然看似家长和教师齐聚一堂，花团锦簇、热闹非凡，但为了避免家长的"非专业性"影响活动顺利开展的秩序，主导权和决策权实则牢牢把握在教师手中。而涉及正式组织上的家长参与时，尽管学校考虑到家长参与共育实践的必要性，但在实际中，多元主体参与教育治理的机制尚待完善，学校缺乏对家长参与家校合作的引导，只有家委会或者部分家长才能参与到学校管理和教育教学活动中，或者家长只能象征性地参加部分工作。诸多因素的影响，导致校领导独揽重大活动事项的指导权利，家长更多地在提供服务和支持，并未能从共育实践中获得实质性的成长,这与家校共同体提倡的"双方平等的参与"尚存在较大差距。

为了促进家长更高层次的参与,亟需改变以往家校合作的状态,将家长参与共育转化为建立完善的婴幼儿成长支持体系的一部分。尤其是在全日制的托育机构中,有待进一步架构家庭参与体系,尊重家长的主体地位,不是将参与学校管理制度视作家委会独有的特权,而是为家长赋权增能,扩大参与共育的家庭数量和范围。一方面,托育机构可以对家长进行持续的指导和培训,以了解如何积极参与合作共育、领导小组乃至进行学校管理方面的决策;另一方面,教师可以与家长携手整合资源,为孩子发展提供更丰富和更健康的教育环境。

最后,虽然托育机构中的家校共同体构建的情况存在明显的地域差异,但并不符合传统的沿海地区领先、中西部地区落后的刻板印象。长三角地区在各个维度上综合得分较高,但家长沟通频率较低;中西部地区的家长积极性不足,但家长参与度较高。这表明各地区的家校共同体构建均有可取之处和不足之处,在日后的教育实践中应进一步提炼经验、扬长避短,依托自身办学特色和地域优势开设适宜的共育实践活动,充分保障家长参与家校共同体的构建。

第三章

家校共同体实践的
创新和思考

第一节

健全家校共同体
实践的要素

　　家校共同体实践的问题和挑战,反映出我国当前的家校共同体实践的要素还不是十分完善,比如托育机构和家庭在教养目标上的异化,托育机构和家庭之间的沟通互动呈现单向性、随机性等特点,合作共育实践家长被动参与等。要素的缺位引发的是共同体的良性运作受阻,家校共同体的成效就无法得到最大化的发挥。因此,在开展家校共同体实践中,我们要以健全家校共同体实践要素为导向,明确家校共同体实践的方向。

 促进教养目标的一致性

　　托育机构和家庭是两种教养环境,但在婴幼儿教养上都有着共同的目标,都秉持着"促进婴幼儿健康快乐成长"的期望,但这一目标是早期教育的长远目标,当这一目标落实到托育机构教养和家庭教养的实践层面,就需要进行目标的分解,这是由婴幼儿的陪伴者(家长和教师)在早期教养的过程中进行的。由于家长和教师的教养理念、教养知识、面临的教养情境等存在着广泛的差异,导致托育机构和家庭在教养目标上的差异是天然存在的。促进教养目标的一致化,是我们在家校共同体实践的过程中需要不断协调的,让家庭教养的目标和托育机构的目标保持一致,保证双方形成"同频共振"的节奏。

二　促进双方互动的有效性

托育机构和家庭是早期教养的两大主体，有不同的任务，因此在早期教养上是协同合作的关系，这就要求双方要开展持续、双向的互动。有效的互动能促进彼此的相互了解、相互信任、信息交换以及资源共享，让家校共同体的双方联结得更紧密，以发挥更大的叠加影响。但在实践中，双方的互动是包含了多层次、多对象的互动，既有家长与托育机构的互动，也包括家长与教师的互动、教师与家庭的互动等，这就导致双方的互动不是简单的两个人之间的交流，而是包含了很多交互场景、存在多样化交互主体、涉及丰富交互内容的互动网络。因此，我们在家校共同体实践的过程中，需要通过营造互动氛围、畅通互动路径、增强互动技巧等方式，促进双方互动的有效性。

三　促进共育实践的实效性

婴幼儿早期教养的成效是建立在行动实践基础上的，合作共育实践是促进家长参与到婴幼儿早期教养中的有益举措，但我们必须认识到家长在家庭开展合作共育实践并不等同于教师在托育机构开展教养活动。这就要求我们在了解家庭教养实践特点的基础上，谨慎地思考合作共育实践的内容、形式，同时，对活动中家长主体性的凸显、婴幼儿个性化发展需求的顺应也应该有一定的思考，以改善目前存在的家长协作意识不强、主动性不强、配合度不高等现状，让共育实践的实效性得以落实。

第二节

建立家校共同体
实践的机制

家校共同体实践的三要素不是相互独立的，而是相互融合、密切联系的一个整体，它们共同发挥作用，推进家庭教养和托育机构教养的协同一致。为了协调好各个要素之间的关系，以更好地发挥作用，我们建立了两大机制：沟通协商机制和家庭参与机制。

一　沟通协商机制

托育机构和家庭是婴幼儿早期教养中的两大主体，需要通过双方沟通协商来建立对婴幼儿的全面认识，积极寻找教养婴幼儿的最佳切入点，提供有效适宜的教养支架，从而促进婴幼儿全面、个性化发展，因此，促进双方沟通交流、平等协商对共同体的建构尤为重要，是家校共同体实践的基础。

（一）营造理解尊重、互相信任的沟通协商氛围

相互理解尊重是家园沟通协商能否顺利进行的前提。家长与婴幼儿的亲密关系

是建立在血缘基础上的,家长是婴幼儿最为亲近的人,也是婴幼儿重要的情感依恋。家长在与婴幼儿的朝夕互动中了解婴幼儿的个性特征、脾气秉性,并影响着婴幼儿的行为模式。而教师作为专业的教育工作者,了解普遍的教养规律及婴幼儿的年龄特征,积累了丰富的经验和措施以分析婴幼儿教养的问题,能更为理性客观地对待和评价婴幼儿的发展。因此,双方应当换位思考,理解对方的教育立场和教育角色,同时也要尊重对方的教养理念。

作为教师,应当学会理解不同家庭的教养方式,学会尊重家长,以平等的态度来对待家长,尊重他们的人格与观点,耐心、虚心、诚心地听取家长的一些合理有益的建议,对于双方存在分歧的地方,要注重通过沟通协商来促进观念和行为的趋同。而作为家长,也要理解和尊重教师实施的面向全体婴幼儿的教养实践,面对婴幼儿的个性化发展需求,主动与教师沟通协商,找寻具有可行性的调整。总之,二者要认识到彼此的差异,包容彼此的不同观点、经验和文化背景,努力营造一个平等、轻松、愉快的交流环境。

另外,建立彼此信任的关系是家园沟通协商取得良好效果的关键,其中最重要的是教师和家长应该互相信任对方的能力和意愿。教师需要让家长相信他们有能力和经验为婴幼儿提供良好的教养环境和教养质量,而家长也需要坦诚开放地和教师进行交流,并就婴幼儿教养过程中婴幼儿发展的方向、内容和举措等方面与教师进行协商。

(二) 形成双向互动、信息共享的沟通协商平台

家园沟通协商不仅仅是教师对于家长单方面的输出,更应该促进双向的互动,这就需要明确双方的角色定位。社会角色理论认为,互动是社会角色之间的互动,互动的双方都遵循着一定的角色规范进行交往,但如果一方角色失调,就可能中断或者改变原来的互动方向。若认为教师是"权威者",家长是"接受者",在这种情况下家长始终处于被动的、被要求按照老师意愿执行的地位,那么在实际交流中也是老师说得多,家长听得多,如此一来,沟通过程则会成为"要求和接受"的不平等关系。教师和家长应该明确自己是对婴幼儿产生影响的重要他人,双方都持有有关婴幼儿发展现状的重要信息,比如教师拥有有关托育机构的信息、教育理念、教学计划、活动安排、婴幼儿在

群体中的发展情况等,家长对婴幼儿成长的过程性信息和经历有更全面的了解,双方的平等互动、信息共享能促进双方对婴幼儿的深入认识,发挥教养合力,强化双方各自的教养作用。

托育机构应当主动地引导家长明确自身的责任义务和沟通的角色定位,打破"教师说、家长听"的局面,畅通、拓宽沟通协商渠道,搭建线上线下相结合,虚实整合的多元沟通渠道,满足托育机构和家庭协商沟通的需求。

（三）聚焦切合实际,促进发展的沟通协商内容

托育机构和家庭之间的沟通协商是有目的的沟通、有结果的协商,教师和家长应该本着促进婴幼儿的发展开展针对性的沟通,并就婴幼儿教养的实践方向和行动策略达成一致性的决定。

托育机构和家庭之间的沟通协商要明确以婴幼儿为中心,沟通婴幼儿各方面的发展情况,包括健康状况、行为习惯、认知发展、情绪与社会性发展等方面,针对不同群体,教师的沟通模式应当有所调整。当面向全体家长时,如家长开放日、家长会等形式,应当展现班级概况及婴幼儿总体发展情况,扩散和推广有效的托育机构和家庭教养经验;当面向个别家长时,则要展现针对个别婴幼儿的个性化发展历程,开展基于婴幼儿个性化发展需要的沟通协商。

另外,沟通协商内容应该是客观、全面的,既包含现阶段婴幼儿表现好、能力突出的方面,同时也包括婴幼儿目前发展稍弱的方面。作为教师,既不能为了一味迎合家长而只谈婴幼儿的发展优势,报喜不报忧,而忽略有待提升的地方,也不能只挑"问题"讲。对于婴幼儿的优势,教师应当给予肯定的、积极的、良好的反馈,而对于目前阶段的不足,应当提供更多的支持策略。作为家长,也要摆正心态,正视婴幼儿目前阶段可能发展较弱的方面。

当婴幼儿个体成长初期两个最重要的力量通过沟通、协作来消除彼此之间的分歧,共同制定和绘制婴幼儿成长的目标,努力为婴幼儿提供有准备的成长环境时,就能共同促进婴幼儿更好地发展。

二　家庭参与机制

　　家庭是婴幼儿早期教养的责任主体，家庭参与到婴幼儿的早期教养中，是其履行教养责任的体现；同时，相关研究表明，家庭的参与对婴幼儿的早期发展有着不可替代的重要影响和价值。在托育机构和家庭共同协作、合力育儿过程中，家庭参与深化了家校共同体的内涵，是家校共同体建构的重要保障。

　　托育机构和家庭在婴幼儿早期教养中发挥着同等重要的作用，当婴幼儿进入托育机构，家庭参与会受到一定程度的影响，托育机构需要创设机会，通过多种形式，一是以托育机构为中心的家长参与，二是以家庭为中心的家长参与，直接或间接地促进家庭持续、积极、有效地参与到婴幼儿的教养实践中，以促进婴幼儿的身心健康和全面发展。

（一）发挥主体地位，提升参与意识

　　家庭是社会的基础，家长是家庭中的第一责任人。在家校共同体的实践中，最重要的是明确家长的主体责任，确保家长的主体地位。家长的主体地位主要体现在以下几个方面。

　　首先要树立正确的儿童观、教育观、发展观，婴幼儿是独立的个体，有自己的意识和权利，家长要尊重婴幼儿的想法和选择，要结合婴幼儿的年龄、性格、发展水平等实际情况认识他们的发展需求，不以"爱"的名义剥夺婴幼儿的个性发展。

　　其次要增强参与的主动性，营造参与的热情，家长的已有经验和现实需求是让其主动参与保教实践的关键；已有的经验能够树立家长的自信心，激发他们愿意分享经验的意识，从而起到榜样示范作用；现实需求具有时间上的紧迫性，能够调动他们解决问题的能动性，从而主动寻求帮助，全身心地加入其中。

　　最后要提高家长的胜任力，不同类型、不同背景家庭的家长参与的方式和方法是不同的，但无论是哪种家长，都要在不同的方面发挥自身的作用，如亲身参与或者提供资源等，要让家长知道自己是在这个共同体中发挥作用。家长是主要的决策者，要让家长决定家庭参与活动的内容、方式等，提升家长主体地位的价值。

（二）落实家庭参与，增加真实体验

实践是落实家庭参与的最好方式，家庭参与保教活动的内容要以现实为依据，切实关系到每一名婴幼儿和每个家庭的"利益"。

首先，家长参与保教实践的内容要具有共育性，即能够适合大部分的家庭开展或满足大家的需要。在后续的经验分享交流中，通过回想当时的感受，引起大家的共情，如果能够激发家庭间的互相讨论，家长将会拥有一种沉浸式的体验，更会深刻地领悟实践的价值。

其次，家长参与保教实践的内容要具有易操作性，一方面托育机构对家庭开展的科学育儿指导要明确具体的步骤和细节，让家长知道如何做；另一方面家长主导的实践活动要在理论体系的基础上提供一些适合实际操作的"小技巧""小妙招"，让家庭觉得有所收获，增加参与的真实体验。对于家校共同体的有效实践来说，需要探索家庭参与更多的方法和模式，如线上线下参与相结合、直接参与与间接参与相呼应、有针对性参与与日常互动相补充等，将家庭参与落实到位，确保其普及到每一个家庭。

（三）整合家庭资源，形成优势互补

家庭资源是每一个家庭所具有的人力与物力的总和，包括家长的职业地位、文化程度、教养方式、教育期望、家庭环境、文化商品等，家庭的资源能够为托育机构提供各种经济层面、文化层面与社会层面等方面的支持。将家庭资源和托育机构资源进行有机整合，形成优势互补，让托育机构和家庭发挥各自独特的作用。

首先要丰富家庭资源的种类，合理规划资源，家庭可以通过物质的支持（如活动中所需的材料物品）和自身优势上的支持（如有医学经验的家长可以开展相关讲座）等方式参与到托育机构的保教实践中，将相关资源进行整合，规划设计家庭资源利用方案，在最大程度上发挥家庭资源的价值。

其次要尊重家长的合作需求,树立正确观念。家长资源的开发和利用不是毫无节制的,应当遵循"自愿"和"量力"原则,充分考虑家长的合作意愿,同时资源的开拓也要适度,要以弥补托育机构资源的不足为主要方向,形成双方的资源互补,将其定位在促进婴幼儿的发展上。

第三节

细化家校共同体实践机制
在不同托育模式下的应用

在我国,托育机构包括社会组织、企业、事业单位或个人举办的,面向 3 岁以下婴幼儿或其家庭,提供照护、早期教育、家长指导或综合性服务的各类机构。其中,按开办性质分,托育机构分为营利性机构、非营利性机构和福利性机构;按开办规模分,托育机构分为机构式、公共式、家庭式;按服务时长分,托育机构分为全日托、半日托、计时托、临时托;按服务对象分,托育机构分为月子中心、早教中心、托育中心(包括托儿所)、早教指导中心等。面对多样化的托育服务模式,家校共同体的实践机制需要基于不同托育模式的实践特点进行创造性地应用。

 一　1—3岁婴幼儿早期教养中两种常见实践模式及特点

目前,国内市场上常见的托育模式主要有两种:一种是亲子陪伴模式,另一种是全日制机构模式。两种模式的婴幼儿早期教养实践存在一定的差异。

（一）亲子陪伴模式的实践特点

亲子陪伴模式是亲子共同在托育机构开展活动的形式，实施的是亲子活动方案。该类型托育机构的实践有以下特点：

首先，活动安排呈现非连续性。由于亲子陪伴模式的实践需要家长的全程参与，这就导致活动安排不可能像全日制一样全天均在托育机构参加活动，亲子来托育机构参加活动的时间可能是半天，或是几个小时，而且不是每天都来，而是定期来一次。

其次，活动实践具有"早教指导"内涵。伴随早期教养理念的发展，亲子陪伴模式的实践逐步发展为一种婴幼儿教养与家长教育并举的实践，在活动实施中，家长、婴幼儿以及教师共同参与活动，并同时展开亲子之间、教师与婴幼儿之间、教师与家长之间的三方互动。

（二）全日制机构模式的实践特点

全日制机构模式是为婴幼儿提供全天照护和早期教育的服务模式，婴幼儿早晨入园、傍晚离园，在托育机构中参与一系列的教养活动。全日制机构模式的实践有以下特点：

首先，托育机构主体性凸显。全日制机构模式下，婴幼儿在托育机构的早期教养全权由托育机构负责，托育机构在科学的教养理念的引领下，制定保教计划、落实活动安排，有序开展婴幼儿在园一日生活和游戏，凸显了托育机构的主体性。

其次，活动课程化。针对婴幼儿早期教养，全日制托育机构遵循"以养为主，教养融合"的原则，以促进幼儿身心全面发展为根本目标，通过开发设计不同的活动内容，构建了体系化的早期教养课程。通过课程的实施，对婴幼儿的发展施加影响。

二 **不同模式下的家校共同体实践要点**

（一）亲子陪伴模式家校共同体实践要点

1. 发挥亲子陪伴优势，在多方互动中开展现场协商和育儿指导

在亲子陪伴模式下，家长和婴幼儿共同在托育机构中，他们能够体验到活动的整个过程，因此这一模式关系到婴幼儿、家长、教师三方的互动。

亲子陪伴模式下由于家长是全程陪伴的，所以协商指导具有直观性与即时性的特点，一方面教师作为旁观者，能够直接观察婴幼儿与家长的活动行为，了解家长的性格特点、教养方式，婴幼儿的气质类型、发展水平，以及他们之间的亲子关系、互动方式等；家长作为陪伴者，能够通过观察、模仿教师与婴幼儿间的互动，学习育儿的方法。另一方面，在活动过程中，教师和家长可以随时进行现场的协商，如在活动前针对家长的需求和观察婴幼儿的活动方法进行协商，活动中针对亲子间的互动方式和婴幼儿的行为表现进行指导，活动后针对今日的活动经验和后续的育儿内容进行协商。家长和教师同时观察婴幼儿的行为，多角度发现婴幼儿的发展需求，针对他们的需求协商多元化的教育方法，不断丰富家长的育儿经验。

2. 激发家长内在动力，在共同成长中深化家庭参与和经验迁移

亲子陪伴模式是多组家庭共同到托育机构中参与活动的，教师和家长可以同一时间看到不同家庭的活动和互动情况，因此家庭之间会相互影响、相互学习。

在这一模式下，要激发家长的内在动力。首先，以教师主导的方式，激发家长的参与感，教师可以通过对话交流，树立家长自觉的教育意识，灵活使用各种谈话技巧，引导家长表达自身想法和诉求，并进行有效的讨论，消解双方的分歧，互相理解教育立场和角色，达成育儿共识；可以通过照片、视频等记录下不同家庭的互动情况，截取其中有价值的片段，通过分享交流的形式让家长自己发现适宜的行为；还可以采用父母课堂等系统化的活动方式，根据婴幼儿成长阶段的不同需求，提供专业化的指导。其次，以家长主导的方式,激发他们的胜任感,教师可以搭建各种平台,如家长沙龙、个性咨询等平台,营造分享的氛围。家长可以说一说自己今天活动中的趣味故事和活动启发,可以聊一聊观察到的其他家庭间的小故事和学习到的经验,还可以分享自己在家日常的活动方式,或提出育儿问题与大家共同探讨。最后家长和教师要进行经验的凝练和梳理,总结出易理解的、普适性的策略,并推荐相关的应用场景,帮助家长内化育儿经验,做到经验的迁移。在这一过程中,教师与家长形成合力,相互学习彼此的教育经验,促进二者的共同成长。

（二）全日制机构模式家校共同体实践要点

1. 开展有效协商沟通,达成对婴幼儿的全面认识

全日制机构模式下,家庭和托育机构的早期教养呈现平行推进的状态,二者之间既相互关联,又有所差异。婴幼儿在家庭中更多地呈现个人日常生活中的行为表现,在托育机构中则是更多呈现集体氛围下的社会性的行为表现。因此家庭和托育机构之间要通过有效协商沟通,全方位、多角度地评析婴幼儿的行为表现,才能够达成对婴幼儿的全面认识。

对于托育机构来说,有效的协商沟通有助于教师更全面地了解婴幼儿的行为习惯和性格特征,以及婴幼儿所处的生活环境,建立起对婴幼儿的整体认知,从而在后续的教养融合活动中能够有针对性地提供指导,满足其个性化的需求;另一方面,教师通过协商沟通向家庭介绍托育机构的理念与实践,让家长能够以不同的视角考虑婴幼儿的发展。

对于家庭来说,有效的协商沟通有助于家长了解婴幼儿在离开家庭后的生活状况,学习科学育儿的方法,并通过科学的方式进一步促进亲子间的交流,从而加强对婴幼儿的横向认识。

2. 优化合作共育实践,促进家校教养的有机融合

全日制机构模式下,合作共育是提升家庭和托育机构保教质量的重要途径,家园

之间合作共育的质量能够直接影响婴幼儿的健康成长,因此,合作共育是构建家校共同体的关键。

托育机构具有专业的保教知识和系统的教育实践,能够基于婴幼儿的生长发育特点开展教养活动;每一个婴幼儿背后都有一个家庭,家庭对婴幼儿具有更细致的了解,在个性化的教养上有着一定的优势。托育机构要尊重家庭的教养理念和教养方式,总结多样化家庭教养中的核心经验,同时挖掘家庭教养中对婴幼儿照护的细节;家庭要向托育机构学习科学的教养理念和育儿方法,增加自己的保教经验。家庭和托育机构双方的优势互补、经验整合,保障了二者教养的协同性和一致性,为婴幼儿营造了一个良好的教养环境。协同一致的教养理念有利于家庭和托育机构开展保教实践,包括生活中的照护活动、游戏中的探索活动、社会中的主题活动等,同时结合家庭亲子时光,促进保教实践的有效延伸。在这个过程中,托育机构要从婴幼儿的行为表现、家庭的感受反馈、教师的经验反思等方面来评析活动的效果,及时地调整和完善活动内容,优化家校共育的实践,保障家校教养的有机融合,进一步推动婴幼儿的积极发展。

3. 架构交互参与体系,尊重家长的主体地位

全日制机构模式下,家长通常情况下是不进入到托育机构中的,托育机构主要通过一些家园共育活动加强与家庭间的教育联系,相对来说,家庭的教育地位就会被削弱。因此托育机构要架构家长交互参与体系,如拓展家长参与活动的方式,利用资源开设家长论坛,提供管理的角色等,加深家长参与的程度,使托育机构与家长之间达到一个共育的平衡。

首先,家庭的积极主动参与是构建交互参与体系的首要前提,家庭的参与程度会受到家长自身的文化程度、心理素质、生活条件、职业背景等因素的影响,家庭可以根据自身的情况和资源,有针对性地参与到教养活动中,让婴幼儿感受到家长时刻关注着自己,增加亲子间的亲密度。托育机构可以通过对家长参与活动内容、形式的梳理,总结出交互参与的各种方式。

其次,整合家庭的资源是构建交互参与体系的重要途径,家庭能够为托育机构开发并运用独特的教育资源,如环境材料资源、讲座资源、信息技术资源及其他不同领域资源等,丰富托育机构保教实践的内容,为婴幼儿带来不一样的学习体验。另外家庭也可以参与到托育机构的管理和监督中,了解托育机构的需求,并通过不同的方式,如家委会、志愿活动等丰富家长的参与内容。托育机构可以根据家长交互参与的不同方

式制定相应的规章制度,并采用激励引导的方式,做好制度的宣传,增强双方的制度观念,定期对家园共同体制度的执行和落实工作进行梳理、检查与思考,及时地发现问题、总结经验,使家长交互参与的体系在自我反思、检查中高效优质地改进,提升托育机构服务质量的专业化和规范化。

第二编

家校共同体
实践的行动

在家校共同体的实践研究中，我们以实践要点为指引，在上海中福会早期教育中心和中国福利会托儿所分别开展两种托育模式下的家校共同体实践的探索。其中亲子陪伴模式，以系列亲子活动为抓手，凸显活动的协商性，同时，聚焦早教指导实践，探索家庭参与式的早期教养指导活动，深化家庭参与机制；全日制机构模式，以托育机构生活、游戏活动为依托，优化家园之间的协商与合作，并通过系列活动的实施，促进托育机构和家庭在早期教养中的交互参与。*

＊ 参与第二编撰写的老师有：程丹、张瑞芬、高宁宁、黄璐、张泽西、陈文英、陶紫妍、郑惠文。

第一章

亲子陪伴模式下家校
共同体的实践

第一节

促进早期教养活动中的协商沟通

　　亲子陪伴模式下,家校共同体的构建强调在早期教养活动中开展及时的沟通与协商,因此我们的早期教养活动是协商式的早期教养活动。需要指出的是,在亲子陪伴模式下,早期教养活动的实施主体包括婴幼儿、家长和教师,因此,在活动实施过程中的协商,除了发生在教师和家长之间,同时,也发生在教师与婴幼儿、家长与婴幼儿之间,婴幼儿虽然不能用言语进行沟通,但是可以通过他们在活动中的自发性行动来了解他们的想法。

　　协商式早期教养活动主要分为亲子个别化活动、亲子圆圈活动和亲子主题活动。

一　协商式亲子个别化活动组织与实施

　　亲子个别化活动是通过创设多样化、丰富的环境,亲子自由、自主选择活动内容参与的活动。活动内容主要包括生活活动和游戏活动,其中生活活动以不同生活环节为载体,开展以习惯养成为侧重的相关活动,比如餐饮习惯、饮水习惯等;游戏活动侧重促进婴幼儿各方面潜能的发展,内容包括创造性游戏、探索性游戏、听说游戏、肢体游戏等。创造性游戏注重提供给婴幼儿良好的自我表达表现机会;探索性游戏侧重为婴幼儿提供积累丰富感知觉经验的机会;听说游戏通过提供适宜的图片、图书,鼓励婴幼儿逐步学习倾听、表达和交流；肢体游戏是以身体的动作和活动来达到快乐的目的，婴幼儿是以一些基本动作来游戏的，比如爬行、登高、追跑、投掷等。基于婴幼儿的早期发展与学习启蒙性、综合性的特点，不同内容的游戏在同一区域组合式呈现。

亲子个别化活动中的协商主要体现在两个方面：环境创设中的协商和个别指导中的协商。

（一）多方协商的环境创设

亲子个别化活动中，教师通过创设丰富的环境让婴幼儿在其中自主地活动，同时支持家长陪伴婴幼儿开展有效的亲子互动。因此，我们要通过与婴幼儿和家长的多方协商，创设一个既能顺应婴幼儿发展需要水平，又能促进亲子有效互动的环境。

1. 与婴幼儿协商：顺应婴幼儿发展需要

3岁前的婴幼儿是按照自身的大纲在发展，他们更多是以自己的方式（而不是以成人要求他们的方式）去作用于成人为他们创设的环境，因此，在环境创设中，与婴幼儿协商体现在教师觉察婴幼儿的发展需求，让环境顺应婴幼儿的发展需要。

（1）满足安全需要，创设家庭化的环境

婴幼儿身处熟悉的环境中，能让他们获得安全感的体验，这是其能在环境中开展活动的前提。婴幼儿的成长环境是从母亲的怀抱开始逐步扩大到身体周围，再扩大到整个家庭以及家庭之外的。当婴幼儿走出家庭，来到托育机构，新的环境会让婴幼儿感觉到不安，此时托育机构的环境如果能与家庭构成连续体，将有助于他们更好地适应新环境。在实践中，为了进一步满足婴幼儿安全需要，我们创设了家庭化的个别化活动环境。

家庭化的环境首先是温馨的环境。教师在环境中投放了很多日常生活物品，比如妈妈的护肤油瓶、厨房的锅碗瓢盆等，都能成为婴幼儿的玩具，让环境和家有联系；另外，通过平衡好环境中的柔与硬，构建了一个柔美的环境，在我们的环境中，随处可见悬挂的帷幔、柔软的地毯、毛绒玩具、舒适的沙发等。柔和的环境具有回应性，给人舒适的家的感觉。

图 2- 1　布置各种毛绒玩具的活动区

其次，家庭化的环境是开放的环境。婴幼儿的活动是自由、自发的，如果感觉被束缚，就会更加增加他的不安全感。开放的环境一方面指空间是开放的，婴幼儿可以自由出入不同的区域，包括室内外的连通；另一方面，开放还指游戏的玩法是开放的，婴幼儿及家庭可以按照自己的意愿操作玩具。

（2）满足自主需要，创设支持自助的环境

婴幼儿的自我意识逐渐萌发，他们有很强的自主需要，喜欢什么事情都自己来，当婴幼儿可以在环境中完成一系列他想要的操作时，他会对环境产生信任，对建立自信也有积极的影响。在实践中，我们通过创设支持自助的环境，满足婴幼儿的自主需要。

支持自助的环境要方便婴幼儿，为其自主参与提供机会。托育机构的设施设备，根据婴幼儿的身高、作用环境的方式，进行"量身定制"，比如楼梯一节的高度，要比正常的楼梯矮一点，可以方便婴幼儿尝试自己上下楼梯；在更衣区投放低矮的储物长凳，方便婴幼儿自己坐着换鞋和摆放收纳；盥洗区放置着感应式洗手液，水龙头是婴幼儿喜欢的卡通形象，婴幼儿在观察模仿中尝试自己洗手；进餐时为每个家庭准备两把调羹，在满足营养需求的同时，支持他们自主进餐的需要。

图 2-2 适合婴幼儿上下的楼梯

（3）满足探索需要，创设真实自然的环境

婴幼儿对周围的事物充满了好奇心，具有与生俱来的探索需求，3 岁以下的婴幼儿，还处于直觉行动阶段，其在直接感知、亲身体验、动手操作的过程中，获得各种感知觉经验，从而获得各方面的发展。在实践中，我们通过创设一个真实自然的环境，满足婴幼儿探索的需要。

婴幼儿对自己熟悉的事物，会更有探索的欲望，在环境中投放真实物品，比如装家电的大纸箱、淘汰的键盘、鸡蛋托等，能有效激发他们天然的好奇心与参与活动的意愿。

自然物是婴幼儿最适宜的探索玩具，如充满野趣的沙、水、石头、动植物等，其具有天然的多元属性，为婴幼儿提供了丰富、动态且相对柔和的刺激，这些自然物的投放能够让他们放松心灵、打开视野，尽情地体验玩耍，并调动多种感官与之互动。

图 2-3 活动区里的大纸箱玩具

图 2-4 婴幼儿在活动区玩沙

2. 与家长协商：促进有效陪伴

在亲子个别化活动中，需要家长高质量的陪伴和互动，从而促进婴幼儿在活动环境中持续探索和参与，因此，在环境创设中，与家长协商体现在让环境能促进家长的有效陪伴。

（1）促进关注幼儿，创设有挑战的环境

婴幼儿存在显著的个体差异性，他们在发展速度、各领域的发展顺序、心理活动的指向性特点等方面，各有不同。但婴幼儿的表达能力还很有限，需要家长在对婴幼儿积极关注中，去理解婴幼儿的发展特点、了解自己的孩子，从而更好地在活动中陪伴和互动。在实践中，我们通过创设有挑战性的环境，促进家长对婴幼儿的积极关注。

有挑战的环境，首先是指环境要具有多层次的梯度设计，适合不同能力水平的婴幼儿去尝试。比如，在室内运动游戏区域，我们有一个定制的小斜坡，小斜坡有三种上下坡面，分别是阶梯、有水果钉的坡面、光滑的坡面，孩子们可以尝试多种路径上下斜坡，家长在过程中，可以通过观察了解孩子平衡能力的发展情况以及孩子对待挑战的态度等。

其次，有挑战的环境是指需要动脑筋探索的环境，个别化活动环境中投放的材料多为开放性材料，没有固定玩法，需要婴幼儿和家长自主探索多样化的玩法，比如活动室中放置有低矮防滑凳、围成圈的小瑜伽垫等材料，家长也可以根据婴幼儿的月龄大小，和孩子进行各种不同的肢体游戏互动，并在其中关注幼儿的动作发展。

（2）促进亲子游戏，创设有情景的环境

游戏是婴幼儿天性，玩游戏有助于促进婴幼儿多方面能力的发展，以游戏为载体开展亲子间的互动，有助于提升互动的有效性。在实践中，我们通过创设有情景的环

图2-5 亲子在活动区玩纸片

境,激发亲子游戏的发生。

有情景的环境,一方面是指能激发游戏行为的物理环境,给婴幼儿和家长带来游戏的沉浸式体验。比如在我们的活动室,有一个大型的汽车造型玩具,婴幼儿和家长来到这个区域,就会以各种方式玩"开汽车"的游戏,家长也会不由自主地代入游戏角色。

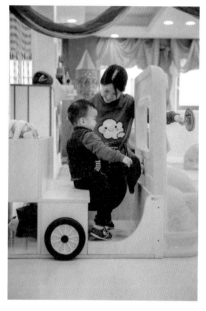

图2-6　亲子玩"小司机"游戏

图2-7　家长陪伴婴幼儿吃饭

另一方面,有情景的环境还可以通过丰富活动中游戏化的语言来创设。教师在与婴幼儿的互动中,会更多采用游戏化的语言,为家长做榜样,比如在午餐活动中,为增强婴幼儿的进餐欲望,可以这样说:"小狮子张大嘴巴,嗷呜。""饭饭要进宝宝的嘴里坐滑滑梯喽。"

(3) 促进家庭延伸,创设可迁移的环境

家庭是婴幼儿早期教养实践的重要场所,家长在多场景下的持续有效陪伴,能够促进婴幼儿的可持续发展。在实践中,我们通过创设可迁移的环境,促进家长在家庭的持续有效陪伴。

可迁移的环境,首先是投放的材料是易得的,增加家长在居家状态的可操作性,比如在个别化活动的环境中有一个"玩水球"的游戏,将气球中充满水给婴幼儿玩,我们看到了有的家长在家庭中也会陪孩子玩水球。其次,可迁移的环境是教养融合的环境,婴幼儿的生活照料中也蕴含着教育的契机,托育机构生活环节中的高质量亲子互动经验会更容易迁移到家庭生活中,比如婴幼儿喜欢品尝托育机构的时令营养水,家长们也开始尝试制作家庭营养汤等。

（二）协商式的个别指导

在亲子个别化活动中,婴幼儿和家长自主开展相关活动,教师在这个过程中会开展协商式的个别指导,通过教师、家长、婴幼儿三方的沟通交流,加深教师和家长对婴幼儿更全面的了解,促进科学教养方式和育儿理念的传播,推进更具科学化、个性化的早教教养实践。

1. 沟通内容

（1）婴幼儿行为的解读

在个别化活动中,婴幼儿的行为是一种"自发性反应",具有浓厚的个人主义色彩,活动中他们往往独创出属于他们自己的活动。比如在娃娃家,一个孩子拿着夹子把物品从一处夹起,然后运送到另一处;另一个孩子把塑料小杯子一个个垒高。婴幼儿不同行为的背后隐藏着婴幼儿"年龄特点""兴趣爱好""已有经验情况""思维模式""各方面领域发展现状"等方面的信息,教师和家长就婴幼儿自发行为进行观察、探讨,在对行为进行解读的过程中,教师和家长会自发地将自身持有的有关婴幼儿的其他相关信息进行交流,比如家长会提供婴幼儿在家的相关行为表现,教师会提供婴幼儿的年龄特点信息等,从而不断增加双方对该婴幼儿的了解。

（2）家庭教养方式和育儿观念

在个别化活动中,会自然地发生许多亲子互动的场景,为教师提供了观察家长早期教养实践的机会,家长在亲子互动中的行为表现,包括动作的、语言的,在一定程度上体现了家长的教养方式和育儿观念。

在个别化活动中,教师通过观察亲子互动行为,有针对性地与家长协商沟通,捕捉当下具有教育价值的亲子互动时刻,与家长展开剖析,以帮助家长分析、理解孩子的行为,探讨与孩子互动的方式方法,引发家长反思自身的教养方式与育儿观念。教师也可直接通过与婴幼儿间的互动向家长进行示范和解释。比如在一次活动现场，教师观察到一位婴幼儿拒绝听大人指令，于是教师适时介入，用尊重、商量、正向的语气和婴幼儿进行沟通，得到了婴幼儿积极的回应和配合。家长在看到一个良好的师幼互动过程后，反思并了解到只有转变"教养行为模式"，以更适宜的方式和婴幼儿互动，才能建立更和谐的亲子关系。师幼互动某种意义上对亲子互动起到了示范引领的作用。

家长也可以就亲子互动中的疑问与教师展开互动，教师根据不同家长的问题与需求，提供个性化的建议和指导。

（3）家庭教养实践

在个别化活动中，教师在与家长的沟通中，还可以了解托育机构活动在家庭教养实践中的延伸情况，与家长展开家庭教养有效迁移的相关探索和沟通，其有助于教师更多了解婴幼儿的家庭教养实践。不仅如此，在沟通中也可以为教师反思托育机构的环境提供更多的信息，并为托育机构环境的调整提供启发。比如在我们早教中心有一面玩具墙，上面镶嵌了一些操作类玩具，婴幼儿很喜欢驻足把玩，一位家长看见自己的孩子很喜欢这类玩具，在家庭中也添置了同类型的探索性玩具，在与教师的沟通中，家长反馈孩子对打开各种锁的操作性玩具很感兴趣，教师受到了启发，在原来的单面玩具墙上也丰富了新的玩具类型。

从托育机构到家庭再返回托育机构，促进托育机构教养和家庭教养的交互影响，建立起家校的联结，彼此赋能，使得家校共同体的作用发挥到最大。

2. 沟通策略

（1）因人而异，开展针对性沟通

托育机构的陪伴者包含父母、祖辈、保姆，踏入托育机构后他们都是具有责任的教养主体。由于大家来自不同的家庭，带着各自的文化背景，每个陪伴者的教养风格、教养需求也不同。在实践中，我们基于对家长教养风格的深度分析，对沟通对象进行分类，展开针对性的沟通。一般而言，教养者大致包括民主型、看护型、散养型、活动主导型和溺爱型几类。

① 民主型家长

这类家长一般较尊重婴幼儿，允许婴幼儿按照自己的方式开展活动，并及时给予鼓励和支持，认同托育机构教师的教养合一的观点，能配合托育机构，家园一致引导婴幼儿在有序的环境中生活和活动。在和这类家长进行沟通时，教师主要以解读分析、认同分享为主,不断提升家长的育儿自信,同时,教师也从中学习家长的优秀个性化育儿实践。

② 看护型家长

这类家长在陪伴婴幼儿活动时,比较谨慎,常常从安全、卫生问题出发,去限制婴幼儿在活动中的自发行动。在和这类家长进行沟通时,教师要给予他们时间适应,当他们逐步熟悉了托育机构的课程和环境后,再介入,按照他们心理能接受的程度,小步骤多梯度引导他们放手。

③ 散养型家长

这类家长往往非常认同"婴幼儿的天性是玩"的观点,但错误地理解为撒开玩就是释放天性,而忽略了玩中有学、养中有教,缺乏"教养融合"意识。教师在与这类家长进行沟通时,可以分享一些生活活动和游戏活动案例,帮助家长逐步认识到在婴幼儿期玩和学的内涵。

④ 活动主导型家长

这类家长在活动中,往往会忍不住"安排"婴幼儿的活动,比如去什么地方、怎样玩、玩多久等,他们忽视了婴幼儿是活动中的主体。在与这类家长进行沟通时,教师可以通过现场解读,引导家长以观察者的身份,静下心来看、听婴幼儿在活动中的选择和行为,逐步把站位后移,成为婴幼儿的支持者。

⑤ 溺爱型家长

这类家长在婴幼儿生活和游戏活动中多表现出包办代替、过度帮忙等溺爱行为,这些行为是源于家长持有"婴幼儿还小,这不行那不行"的儿童观,殊不知婴幼儿就是在日常生活的小挑战中逐步学习,获得自信。在和这类家长的沟通中,教师要循序渐进,逐步帮助他们看到婴幼儿的进步,同时给予家长更多支持婴幼儿自助的建议,不断加深他们对婴幼儿能力的认识。

(2) 借助多种工具,开展有准备的沟通

在个别化活动中,对婴幼儿及亲子互动的行为表现进行有效观察,是家长和教师开展沟通的前提。在实践中,教师灵活运用多种观察记录方法,收集相关信息,让沟通有准备。

① 观察记录表

作为文字记录方式,观察记录表能比较全面呈现婴幼儿活动情况,以及其和家长互动的情况,有助于从多维度了解婴幼儿情感、自我表达、和他人的沟通及动作发展等。一些小轶事、小片段也可以被记录下来，可以为教师后续和家长有效的沟通提供可靠的信息来源。

表2-1 亲子个别化活动观察记录表

记录日期：　　年　　月　　日　　　　　　　　　　　　　　　记录者：

观察区域：			
观察要点			【看、听、记】 此栏您可以记录下婴幼儿一些具体的言语、动作或轶事
活动兴趣	□有兴趣	□偶尔去	□不参与	
自主玩法	玩法一：	玩法二：	玩法三：	
亲子互动				
备注：				

② 照片记录

用图片记录是相对比较便捷和快速的，教师在和家长沟通时需要对图片进行解读，讲好图片背后的故事，比如发生在什么时候和什么样的场景中、婴幼儿是如何解决问题、成人是如何做出回应等。

③ 视频记录

视频记录能比较生动、具体、详尽地将亲子互动或婴幼儿独处活动中的情况一一展现，包括陪伴者的语言、婴幼儿是如何用自己的方式开始活动等。通过视频回放，并配以分析解读，该种形式能呈现更多细节，开展更细致、全面的沟通。

生活活动

活动一：盥洗

1. 环境创设

（1）设置一组亲子盥洗台，婴幼儿的盥洗台前有低矮的镜子、可爱的动物造型水龙头以及洗手步骤图；

（2）水池旁边备有泡沫肥皂液、擦手小毛巾，便于婴幼儿取用；

（3）在盥洗台附近准备一个较大的箩筐，可将已使用的毛巾投放在里面；

（4）备有一把吸水拖把，在地面潮湿时使用。

图 2-8　盥洗区域环境创设示意图

2. 观察要点

(1) 婴幼儿观察要点

① 能否在家长的提醒下主动洗手；

② 是否理解简单的洗手要求，比如拉起袖口、打开水龙头、搓手、擦手等；

③ 婴幼儿在盥洗中如何用动作或语言表达需求；

④ 婴幼儿在盥洗时出现的互动交流。

(2) 亲子互动观察要点

① 家长是否注重婴幼儿的盥洗环节；

② 当婴幼儿需要帮助时，家长是如何引导的。

活动二：喝水

1. 环境创设

（1）宽敞安静的固定喝水区域；

（2）适合婴幼儿的低矮小桌子和小椅子，以及适合家长坐的防滑凳；

（3）有低矮的餐盘可以放置婴幼儿带来的水杯；

（4）放置营养水的水壶，当日营养水的食谱；

（5）在婴幼儿视线范围内，悬挂婴幼儿独立喝水、自己放置杯子等图片；

（6）干净的小毛巾，在婴幼儿不小心将水打翻的时候可以自己尝试擦干桌面。

图 2-9　喝水区域环境创设示意图

2. 观察要点

(1) 婴幼儿观察要点

① 婴幼儿对营养水的偏好；

② 能否安静地就座并捧杯喝水;

③ 是否喜欢和同伴一起喝水。

（2）亲子互动观察要点

① 家长是否根据婴幼儿的月龄发展提供适宜的杯具;

② 家长是否注重婴幼儿喝水习惯的养成;

③ 当婴幼儿出现不愿意喝水、打翻水等情况时家长如何引导。

活动三:换尿布

1. 环境创设

（1）宽敞舒适的尿片台,高度适合家长帮助婴幼儿换尿片;

（2）在尿片台上方放置婴幼儿熟悉和喜欢的悬挂物,比如小蜜蜂、小鸟等,可以根据需要更换;

（3）尿片台附近有低矮的如厕盆和洗手池。

2. 观察要点

（1）婴幼儿观察要点

① 婴幼儿是否愿意配合换尿布;

② 婴幼儿能否参与简单的工作,比如自己脱裤子,自己扔尿布;

③ 更大月龄的婴幼儿是否能自己

图 2-10　换尿布区域环境创设示意图

表达如厕的需要,是自己主动如厕还是需要家长的提醒。

（2）亲子互动观察要点

① 在换尿布过程中婴幼儿与家长是否有语言互动,情感交流;

② 在换尿布或如厕的过程中家长是否鼓励婴幼儿参与一些简单的事情;

③ 家长能否根据婴幼儿能力的发展,逐步引导婴幼儿主动如厕。

活动四：换鞋

1. 环境创设

（1）在更衣区有低矮的、便于婴幼儿就座换鞋的矮凳；

（2）便于婴幼儿和家长取放鞋子的鞋柜；

（3）在鞋柜附近放置或悬挂一些婴幼儿独立做事的图片、图书。

图 2-11　换鞋区域环境创设示意图

2. 观察要点

（1）婴幼儿观察要点

① 是否愿意尝试独立脱鞋、摆放鞋子；

② 能否尝试学习自己独立穿鞋，当穿不上的时候是如何做的；

③ 能否拓展做更多自理的事情。

（2）亲子互动观察要点

① 家长如何创造机会支持婴幼儿独立做简单的事情；

② 家长如何鼓励引导婴幼儿换鞋。

活动五:进餐

1. 环境创设

(1) 操作台一侧有纸巾和干净的毛巾;

(2) 在容器中摆放已消毒的勺子,为每个家庭提供两把勺子,以便于家长协助婴幼儿进餐;

(3) 整理清洁区有若干较大的塑料篮子和干湿垃圾分类的大桶,方便婴幼儿参与餐后整理。

图 2-12 进餐区域环境创设示意图

2. 观察要点

（1）婴幼儿观察要点

① 婴幼儿是否愿意尝试独立进餐，婴幼儿的进餐习惯、对食物的偏好如何；

② 婴幼儿是否喜欢参与餐后整理的活动，他们是如何做的；

③ 婴幼儿是否关注同伴的进餐。

（2）亲子互动观察要点

① 家长是否鼓励婴幼儿独立进餐、自主进餐；

② 家长是否关注婴幼儿餐中、餐后的情绪；

③ 当婴幼儿挑食时家长如何回应，婴幼儿是否乐意接受家长的建议。

活动一：娃娃家的"爸爸妈妈们"

1. 材料投放

（1）娃娃家的场景：小型橱柜、化妆台、桌椅等；

（2）各种餐具（碗、盘、夹子等）、仿真食物、自然物；

（3）娃娃若干、小推车、打扫工具等；

（4）装扮的服装（围裙）。

图 2-13 娃娃家区域环境

2. 可能的玩法

（1）婴幼儿自主探索玩法

玩法一：婴幼儿摆弄娃娃家的材料，自己创造游戏情节，如：烧饭、扫地、喂娃娃、梳头、过生日等；

玩法二：婴幼儿尝试和同伴一起游戏。

图 2-14　娃娃家区域幼儿活动

（2）亲子互动玩法

玩法一：婴幼儿和家长进行互动，如：互相打扮、喂食；

玩法二：婴幼儿和家长一起照顾娃娃。

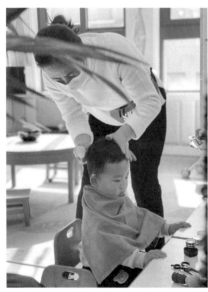

图 2-15　娃娃家亲子活动

3. 注意事项

(1) 娃娃家的场地应当尽量开阔,可以有区域的划分,如卧室、餐厅、晾衣处等;

(2) 提供给婴幼儿的材料要注意安全性,易碎物品、太多细小的物品不适宜投放,以防婴幼儿放入口鼻;

(3) 可提供一些仿真材料或者自然物;

(4) 对于婴幼儿感兴趣的材料,可以增加同类材料数量,如投放多个娃娃、多把扫把等。

活动二:小小动物园

1. 材料投放

自然物,小动物玩偶若干,小房子。

图 2-16 小小动物园环境创设示意图

2. 可能的玩法

(1) 婴幼儿自主探索玩法

玩法一:婴幼儿自己拿放、摆弄各种小动物模型;

玩法二:婴幼儿自己钻爬到小房子里和小动物一起玩。

(2) 亲子互动玩法

玩法一:婴幼儿与家长一起边玩边说小动物的名称,认识小动物;

玩法二:创设各种情境,如喂小动物吃饭等。

3. 注意事项

（1）小动物的玩偶尽量柔软轻巧，可以选取不同大小、材质的玩偶，但若是硬质玩偶，需要检查是否有锋利破损处或是尖锐处，以免婴幼儿受伤；

（2）提供的小房子需牢固且空间足够婴幼儿钻入。

图 2-17　小小动物园幼儿活动与亲子活动

活动三：百宝箱

1. 材料投放

（1）皮箱；

（2）各种玩具或物品（手动风扇、万花筒、键盘、沙包、手风琴等）。

图 2-18　百宝箱环境创设示意图

2. 可能的玩法

（1）婴幼儿自主探索玩法

婴幼儿尝试摆弄百宝箱中的各种物件，如玩手风琴、万花筒等。

图 2-19　婴幼儿自主探索

（2）亲子互动玩法

玩法一：婴幼儿和家长一起玩玩说说这些物件的名称和玩法；

玩法二：一起玩"你说我找"的游戏，家长说一样物件的名称，请婴幼儿在百宝箱中找出来。

3. 注意事项

注意选用物件和玩具的安全性，并要定期消毒。

活动四：涂鸦天地

1. 材料投放

（1）可供随意涂鸦的桌子或者自制纸箱组合；

（2）涂色颜料以及绘画工具（毛笔、棉签、小刷子、彩笔等）。

图 2-20 涂鸦区域环境创设示意图

2. 可能的玩法

(1) 婴幼儿自主探索玩法

玩法一：婴幼儿尝试用毛笔蘸取水，在纸上进行涂鸦；

玩法二：婴幼儿利用棉签进行点或线的涂鸦；

玩法三：婴幼儿尝试使用颜料，利用刷子进行涂鸦或者创作手掌画；

玩法四：婴幼儿尝试使用彩笔并自己取下或盖上笔盖；

玩法五：婴幼儿尝试用画笔蘸取颜料进行涂鸦。

图 2-21　婴幼儿涂鸦与亲子活动

（2）亲子互动玩法

　　玩法一：婴幼儿和家长说说画了什么、说说喜欢的颜色等；

　　玩法二：婴幼儿和家长一起使用各种工具进行涂鸦。

3. 注意事项

（1）选择的毛笔可以有大小不同的样式，纸张选择可反复使用的练笔纸；

（2）毛笔涂鸦用少量清水即可；

（3）玩色时可以提供反穿衣，防止婴幼儿弄脏衣物；

（4）注意提供安全无毒的可水洗颜料；

（5）涂鸦场景的纸箱可以任意拼搭，也可以增加一些白瓷雕塑、油画板等供婴幼儿涂鸦；

（6）涂鸦场地和材料可以逐步增加和调整，在户外也可以放置类似涂鸦的材料，可以投放不同的纸张（如报纸或者大的厨房纸巾等）进行涂鸦。

活动五：畅游海洋球

1. 材料投放

彩色海洋球、牛奶盒、大龙球。

图 2-22　海洋球区域环境创设示意图

2. 可能的玩法

（1）婴幼儿自主探索玩法

玩法一：利用爬、跳、翻越等方式进入海洋球池；

玩法二：在海洋球池里玩捉迷藏；

玩法三：将海洋球塞入大小不一的牛奶盒中；

玩法四：用抛、扔等动作投掷海洋球；

玩法五:在海洋球池中拍、推和滚大龙球。

图2-23 幼儿玩海洋球

（2）亲子互动玩法

玩法一:一起找找说说不同颜色的海洋球;

玩法二:一起投掷海洋球;

玩法三:互相接抛大龙球。

图2-24 亲子互动玩海洋球

3. 注意事项

（1）进入海洋球池前引导婴幼儿自己脱鞋子,并注意摘除发夹等尖锐物品;

（2）控制进入海洋球池的人数,家长提醒婴幼儿在跳跃时注意安全;

（3）注意海洋球池的每日消毒清洁。

活动六:盛装派对

1. 材料投放

（1）小舞台场景(可以播放音乐)；

（2）各种服饰、帽子装饰物；

（3）各类小乐器,如铃鼓、响板、大鼓等。

图2-25 小舞台区域环境创设示意图

2. 可能的玩法

（1）婴幼儿自主探索玩法

玩法一：婴幼儿听着音乐进行表演；

玩法二：婴幼儿尝试使用各种小乐器；

玩法三：婴幼儿利用服饰和帽子装扮自己。

图 2‑26　幼儿探索装扮自己

（2）亲子互动玩法

玩法一：婴幼儿和家长一起表演歌曲或舞蹈；

玩法二：婴幼儿和家长使用服装和帽子互相装扮。

图 2‑27　亲子探索相互装扮

3. 注意事项

（1）选择较为宽敞安全的区域，半开放式的区域适合婴幼儿进出；

（2）乐器摆放的高度便于婴幼儿拿取，可以用"贴点点"的方式暗示和提醒婴幼儿物品归放位置。

活动七:加油,搭房子

1. 材料投放

（1）泡沫砖块若干；

（2）小动物毛绒玩偶若干个；

（3）宽敞的建构场地。

图 2-28　建构区域环境创设示意图

2. 可能的玩法

(1) 婴幼儿自主探索玩法

玩法一:尝试垒高或推倒软积木；

玩法二:利用玩偶,尝试围合搭建"动物的家"。

(2) 亲子互动玩法

玩法一:和家长尝试利用积木搭建各种造型的房子；

玩法二:和家长说一说"我的房子"。

图 2-29　"我的房子"

图 2‑30　亲子搭房子

3. 注意事项

（1）注意建构场地要宽敞，周围环境安全；

（2）软积木可以用砖块墙纸设计成砖块式样；

（3）注意毛绒玩偶的消毒清洁。

活动八:走走停停系列——墙面的秘密

1. 材料投放

（1）各种形状颜色的珠算盘；

（2）各种大小的盒子并贴上布帘（内有各种表情）；

（3）小镜子（打开蓝色门可见）以及五官材料若干。

2. 可能的玩法

（1）婴幼儿自主探索玩法

玩法一:触摸感受不同的算盘珠子的质感,拨弄算盘的珠子;

玩法二:尝试自己掀开布帘;

玩法三:尝试自己照照镜子,变化各种表情,用五官材料来拼搭各种表情。

图 2-31　墙面区域环境创设示意图

图 2-32 探索墙面

（2）亲子互动玩法

玩法一：家长和婴幼儿说说算盘珠子的颜色、数量；

玩法二：一起学学盒子里面的各种表情；

玩法三：一起拼搭各种表情。

图 2-33 幼儿玩表情

3. 注意事项

(1) 注意墙面区域的高度需适合婴幼儿;

(2) 算盘应方便取放,便于婴幼儿的游戏;

(3) 可将盒子里的表情替换为不同的物品,如小动物模型等。

活动九:玩转迷宫

1. 材料投放

(1) 木质迷宫(木质扶手);

(2) 迷宫地面可铺设不同材料(如板刷毛面、搓衣板、沐浴球、圆环形连接衣架、CD磁盘、彩色毛线围巾、塑料纽扣、海绵、鹅卵石地毯、雌雄搭扣、泡沫纸、厚毛巾、秋天的落叶、大型平衡材料等);

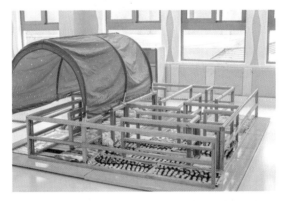

图 2-34　迷宫区域环境创设示意图

（3）迷宫上方悬挂漂亮的帐子；

（4）彩色乒乓球若干。

2. 可能的玩法

（1）婴幼儿自主探索玩法

玩法一：婴幼儿走入地面有物品的迷宫，碰一碰、摸一摸物品；

玩法二：携玩具（如彩色乒乓球）入迷宫，或者在迷宫中找玩具（彩色乒乓球），用小篮子捡拾散落在迷宫中的小球；

玩法三：脱室内鞋，踩在迷宫的树叶路面上，感知踩在叶子上发出的声响，观察叶子的颜色和外形大小；

图 2-35　幼儿探索迷宫

玩法四：在迷宫内扶着栏杆翻越；

玩法五：感知不同的路面，在遇到自己不喜欢走的路面时调整行进的方式（选择其他路线，如踩在栏杆横杠处向前方移动）；

玩法六：婴幼儿尝试踮脚去抓拿小球。

（2）亲子互动玩法

玩法一：家长在一个出口等待，婴幼儿在迷宫中行走，并寻找家长所在的出口；

玩法二：一起指指说说在迷宫中发现的物品；

玩法三：家长和婴幼儿一起投掷小球进入网中。

图 2 - 36　亲子互动玩迷宫

3. 注意事项

（1）可以赤脚进入，也可穿着防滑袜子，迷宫地面铺设材料时，不建议穿鞋入内；

（2）家长多用眼神与鼓励的语言与婴幼儿交流；不过分干预婴幼儿游戏行为，多等待婴幼儿自己的游戏行为产生，不强求、不指挥、不说教、不代替、不催促；

（3）月龄较小、运动能力相对不足的婴幼儿不建议尝试翻越动作，家长注意加强看护，走迷宫时手扶好扶手，翻越时握紧扶手；

（4）教师注意检查铺设物品的完好程度，及时进行补漏和维护，如发现小物件剥落，及时回收，以免被婴幼儿误食；提示家长观察到物品损坏，第一时间通知教师；

（5）放置的帐子要注意边缘的高度，不宜过高。

活动十：小斜坡

1. 材料投放

在活动室靠墙一面放置攀爬楼梯组合。

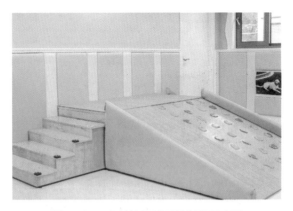

图 2-37 小斜坡区域环境创设示意图

2. 可能的玩法

(1) 婴幼儿自主探索玩法

玩法一：用走、爬、滑、跳等方法上下楼梯、小斜坡；

玩法二：在小斜坡上玩小车，如将小车从斜坡上滑下；

玩法三：推拉纸箱上下小斜坡。

图 2-38 幼儿探索玩斜坡

(2) 亲子互动玩法

玩法一：家长帮助婴幼儿坐在纸箱里从小斜坡上滑下来；

玩法二：家长和婴幼儿从小斜坡的不同材质区域滑下来，比比谁的速度快；

玩法三：婴幼儿从小斜坡上方滑下，家长在小斜坡下端接住婴幼儿。

图 2-39　亲子互动玩斜坡

3. 注意事项

（1）在婴幼儿玩小斜坡时，应注意安全防护；

（2）如果玩小斜坡的婴幼儿较多，注意提醒婴幼儿不要拥挤，一个一个慢慢来。

**游戏活动
——户外**

活动一：一沙一世界

1. 材料投放

（1）沙坑，玩沙工具置物筐，玩沙的工具（不锈钢小锅子、小勺子、小茶杯、小盘子、漏勺、各式挖沙铲、大小不一的水桶、打磨工具等）；

图 2-40　一沙一世界环境创设示意图

（2）自然材料：水（雨水）；

（3）雨靴和放置雨靴的小筐；

（4）清扫工具：扫帚、簸箕。

2. 可能的玩法

（1）婴幼儿自主探索玩法

玩法一：用小勺子等工具将沙子铲到锅子、碗碟、水桶等容器中，并来回地倾倒沙子；

玩法二：用手抓起一把沙子或使用工具舀起水，随意撒落在四周，观察撒落的过程和发生的变化；

玩法三：用沙子把小勺子等工具埋起来，再把埋起来的物品刨出来；

玩法四：穿上小雨靴在有水塘的沙坑上踩一踩、跳一跳，感受踩水的乐趣；

玩法五：倾倒出盛在各种容器中的沙子，用脚踩一踩或用手指、手掌在沙堆上按一按，观察沙堆发生的变化，也可以使用不同的打磨工具将凸起的沙堆铲平；

玩法六：扮演工人叔叔的角色，手拿着大铲子挖沙。

图 2‑41　幼儿探索沙环境

（2）亲子互动玩法

　　玩法一：婴幼儿和家长利用工具一起清扫掉落在沙坑外的沙子；

　　玩法二：家长和婴幼儿一起用沙子做饭，婴幼儿模仿家长做饭的样子，比如将沙子倒进锅子里搅一搅，再盛到碗里。

图 2‑42　亲子互动玩沙

3. 注意事项

（1）在大沙坑玩沙时，可以给婴幼儿换上小雨靴，以便于婴幼儿在沙坑尽情地玩耍；

（2）可给婴幼儿多带一套衣物或者小毛巾，如果衣物弄脏可以及时替换，在冬季也可避免婴幼儿受凉感冒；

（3）随着婴幼儿月龄的增大，逐步提供情景性材料（如小动物玩具等）；

（4）可以在室内也增加一些磁力沙的游戏，作为户外场景的延伸。

活动二：亲亲动植物宝贝

1. 材料投放

（1）各种动植物；

（2）感官桌（泥土、植物枝叶若干、小花盆）；

（3）各种喷壶和挖土工具，如铲子、小钉耙等。

2. 可能的玩法

（1）婴幼儿自主探索玩法

玩法一：婴幼儿尝试自己照顾小盆栽，给盆栽松土；

玩法二：婴幼儿选择不同的喷壶，尝试打开喷壶，到水盆中灌水；

玩法三：婴幼儿给植物浇水，喷湿土壤和叶子。

图 2‑43　幼儿探索照顾小盆栽和亲子活动

（2）亲子互动玩法

　　玩法一：婴幼儿和家长一起看看说说小动物，观察小动物成长的变化；

　　玩法二：家长陪伴婴幼儿一起在感官桌挖土，可引导婴幼儿将花盆中的植物苗移植到感官桌的土壤中。

3. 注意事项

　　在喂养小动物时要注意提醒婴幼儿注意安全，轻轻抚摸爱护小动物。

活动三:欢乐水世界

系列一:情境游戏类

1. 材料投放

　　(1) 装置水的容器(充气的小船、长方形装水支架);

　　(2) 玩水的工具(水车玩具、茶壶、杯子、勺子、漏斗、水桶若干、长方形塑料筐若干等);

　　(3) 情境的辅助物(玩具娃娃、小动物玩具、可悬浮的玩具、小刷子等)。

图 2 - 44　情境游戏类区域环境创设示意图

2. 可能的玩法

（1）婴幼儿自主探索玩法

玩法一：用手直接拍打水花；

玩法二：拿各种工具舀水、倒水、运水；

玩法三：通过容器装水，并让水车玩具转动；

玩法四：用勺子来舀取水中的小鱼玩具等；

玩法五：帮娃娃和小动物洗澡。

图 2‑45　幼儿探索水世界

（2）亲子互动玩法

　　玩法一：家长陪伴婴幼儿一起尝试用不同工具玩水；

　　玩法二：家长和婴幼儿一起给娃娃洗澡，说说洗澡的步骤。

图 2‑46　亲子一起给娃娃洗澡

系列二：家务劳作类

1. 材料投放

　　（1）供晾晒的户外场景（可供清洗的水盆、晾绳）；

（2）各色丝巾、彩色晾衣夹子若干；

（3）汽车模型；

（4）各类清洁工具（刷子和小桶等）。

图 2‑47　家务劳作类区域环境创设示意图

2. 可能的玩法

（1）婴幼儿自主探索玩法

玩法一：婴幼儿尝试清洗丝巾；

玩法二：利用夹子进行晾晒；

玩法三：尝试使用工具来清洁（滚、刷等）小汽车；

玩法四：使用器皿装水（喷壶或小桶等），并给汽车洒上水。

图 2-48　幼儿家务劳作

（2）亲子互动玩法

玩法一：一起尝试用不同方法让丝巾变干，如拧、挤、甩等；

玩法二：家长和婴幼儿分别用不同工具来清洁小汽车，并说说哪种办法好。

3. 注意事项

（1）根据季节调整场地大小，夏季可以在户外多放置一些大整理箱让婴幼儿们可以分散玩耍；天气转凉后可相对缩小场地，水量也可以相应减少；冬季也可以提供一些各种形态的冰块；

（2）建议家长可以为婴幼儿多备一套衣物和鞋袜，也可以提供一些防水反穿衣或雨衣，防止婴幼儿弄湿衣裤；

（3）丝巾、晾衣夹子大小要适宜，便于婴幼儿拿捏；

（4）可以随着婴幼儿月份的增大，逐步增加辅助材料；

（5）场地附近可以有一定的水源，供婴幼儿自由取水。

二 协商式亲子圆圈活动的组织与实施

亲子圆圈活动是成人和婴幼儿围坐在一起开展的集体游戏活动，时长较短，一般在5—10分钟左右。通过活动的实施，促进婴幼儿建立良好的师幼关系、同伴关系，体验共同活动的快乐。

亲子圆圈活动中的协商主要体现在两个方面：活动设计中的协商和集体指导中的协商。

（一）多方协商的活动设计

亲子圆圈活动旨在为婴幼儿创设参与集体活动的机会，提升婴幼儿的社会交往经验,促进婴幼儿更好地适应集体生活。婴幼儿与家长的互动经验是婴幼儿社会交往经验的基础,因此,教师需要通过多方协商,基于婴幼儿的社会性发展水平,并融合班级婴幼儿的亲子互动经验进行活动的设计。

1. 与婴幼儿协商:基于婴幼儿社会性发展水平

婴幼儿的社会性发展包括建立与他人的社会关系、掌握并遵从社会规范。婴幼儿进入托育机构会经历适应、发展期和衔接期三个阶段,他们的社会性发展逐渐从建立亲子关系扩展到与身边活动的他人建立关系,包括师幼关系、同伴关系等。因此,在进行亲子圆圈活动设计时,要基于婴幼儿社会性发展水平,在不同的阶段进行针对性的设计。

(1) 适应阶段:在亲子互动中体验集体活动乐趣

婴幼儿初入托育机构,他们对新环境里的人与物,需要逐步认识与了解,此时,亲子圆圈活动的设计可以以轻松愉悦的活动内容为主,让婴幼儿逐步适应集体活动的规则,并在有趣的亲子互动游戏中,建立对社会性活动积极的情感。适应阶段的亲子圆圈活动设计要点如下:

- 发展目标:逐步熟悉圆圈活动的活动形式,适应活动的时间与场地,愿意在陪伴者的引导下,参加亲子圆圈活动。
- 活动内容:韵律游戏(比如:大家做游戏、玩具我爱你、落叶飞、小手在哪里、打小鼓、吹喇叭)、运动游戏(比如:拉个圈圈走走、吹泡泡)。
- 活动过程:教师介绍或示范游戏玩法,亲子开展游戏。

(2) 发展阶段:在师幼互动和自主表达中拓展人际交往

伴随婴幼儿对托育机构环境的熟悉与适应,他们能在成人的鼓励和示范下,与周围的他人进行简单的互动,同时伴随着自身发展,他们开始进入语言发展的关键期,可以习得更多的亲社会行为,进一步促进社会性的加速发展。因此,此阶段的亲子圆圈活动设计可以进一步丰富活动内容,并在师幼互动和自主表达中拓展婴幼儿人际交往。发展阶段的亲子圆圈活动设计要点如下:

- 发展目标:适应亲子圆圈活动与前后活动环节之间的转换,愿意在成人的陪伴下积极参加活动中的互动。
- 活动内容:律动游戏(比如:学小动物、小飞机、得儿驾、身体音阶歌)、阅读游戏(比如:妈妈过生日、我爱读书)、运动游戏(比如:模仿操、玩小球、小手小脚、跟着老师走走)。
- 活动过程:在开展亲子游戏的基础上,增加师幼开展游戏的环节。

(3) 衔接阶段:在多样化参与中深化人际互动

经历了适应阶段和发展阶段,婴幼儿的社会性发展水平不断提升,他们愿意主动参加集体活动,并能遵守集体活动规则,在活动中表现出较多的亲社会行为。为了更好地促进其与幼儿园阶段的集体活动衔接,亲子圆圈活动鼓励家长在陪伴时与婴幼儿保持一些距离,让婴幼儿逐渐尝试独立地和教师一起游戏,活动中进一步增加师幼互动,并适时加入一些同伴互动的内容,让婴幼儿在多样化参与中深化人际互动。衔接阶段的亲子圆圈活动设计要点如下:

- 发展目标:婴幼儿喜欢并能够全程参与圆圈活动,听辨简单的信号,尝试独立地参加活动(家长坐在婴幼儿身后一米处),愿意与同伴简单互动。
- 活动内容:律动游戏(比如:小鸟飞、动物模仿操、点名游戏)、阅读游戏(比如:我上幼儿园)、运动游戏(比如:拍蚊子、玩手帕)。
- 活动过程:进一步增加师幼互动的环节,增加婴幼儿自主游戏的环节。

2. 与家长协商:融合家长教养优势

亲子陪伴模式下,婴幼儿对集体活动的参与会受到家长的影响,一方面,家长的亲子互动模式是婴幼儿与其他人建立关系的基础,另一方面,家长之间也会产生相互影响。因此,在活动设计中,教师需要观察了解本班家长的教养优势,让家长成为活动设计的助力。

(1) 适应阶段:邀请活泼开朗的家长参与活动环境设计

在适应阶段,婴幼儿对于亲子圆圈活动较为陌生,为帮助婴幼儿尽快熟悉、适应集体活动的形式,教师可以邀请活泼开朗的家长,配合带动集体活动氛围,为亲子圆圈活动创设轻松愉悦的环境,如在亲子圆圈活动中,教师打招呼时,热情回应;一起唱歌时,跟着音乐带头歌唱等。一方面,家长参与活动的状态将直接感染婴幼儿,有助于婴幼儿对集体活动的适应;另一方面,轻松愉悦氛围的营造,让婴幼儿感受大家一起玩的快乐。

此外,很多初次来到托育机构的家长比较含蓄,活泼开朗的家长对活动气氛的调动,能影响其他家长积极参与活动。

(2) 发展阶段:邀请擅长亲子互动的家长参与活动环节设计

在发展阶段,家长有效的亲子互动将有助于婴幼儿经验的进一步提升。教师在前期适应阶段的活动中,对每组家庭的亲子互动模式有了基本了解,譬如有的家长擅长与孩子进行运动游戏,有的家长擅长与孩子语言互动,有的家长擅长帮助孩子理解规则等。在发展阶段,教师可以邀请擅长不同领域亲子互动的家长参与亲子游戏环节的示范,让其他家长能够直观学习到亲子互动的有效方法,促进亲子圆圈活动的有效推进。

(3) 衔接阶段:邀请不同专长的家长参与活动内容的设计

在衔接阶段,为全面提升婴幼儿的综合素养,助力婴幼儿独立地参与活动,富有吸引力的活动内容尤为重要,在此阶段,教师邀请具有各类才艺的家长共同创新活动,为丰富活动内容助力,如擅长戏剧表演的家长可以为婴幼儿表演故事剧目,精通器乐表演的家长可以组织一场音乐活动等,通过不断为婴幼儿提供新的刺激,丰富婴幼儿的多样化体验,促进婴幼儿逐步离开家长的怀抱,自主地参与集体活动。

(二)协商式集体指导

在亲子圆圈活动中,教师不仅仅要与婴幼儿互动,与家长的集体沟通也是亲子圆圈活动的重要环节。亲子圆圈活动以教师为主要引导者的同时,也有赖于家长的协同引导,亲子有效互动将显著提升活动对于婴幼儿个体的发展价值。

集体指导聚焦提升活动中亲子互动水平,并就活动后在家庭中进一步开展拓展和延伸活动提供建议，优化家长的教养行为，提高家长的科学育儿能力。

1. 沟通内容

（1）基于活动内容的亲子互动技巧

教师在亲子圆圈活动方案中预设有"家长沟通提示"，基于亲子圆圈活动内容设计沟通内容要点，启发家长以适宜的方式与婴幼儿交流互动。在亲子圆圈活动中，通过集体沟通，教师向家长介绍本次活动的内容，帮助家长了解活动内容对于婴幼儿发展的价值点，以及家长可以如何辅助婴幼儿发展该项能力，促进经验提升，获得发展。如活动"好吃的饼干"中第三个环节的"家长沟通提示"是"引导家长可以通过提简单的问题和婴幼儿互动，并提示不用在意婴幼儿的回答是否正确"，帮助家长认识和理解这个年龄段的婴幼儿核心发展要素是鼓励他们大胆开口，而非知识点的教授。

（2）活动中捕捉的良好亲子互动行为

集体沟通除了包含前期预设的有价值的沟通内容，教师还可以捕捉现场的良好亲子互动情况展开沟通，促进良好的亲子互动行为在不同家庭中的借鉴和学习，帮助家长反思自己的互动行为。比如在"转个圈摸摸地"活动中，家长面对婴幼儿没有及时跟随老师指令做出相应行为的情况时，有的会马上握住孩子的手帮助他们模仿，有的会着急催促婴幼儿，教师发现佳佳外婆全程没有语言指导，而是自己投入地唱和示范，佳佳看着外婆，也动了起来，教师在发现后，第一时间在活动中向其他家长进行了分享。

（3）圆圈活动在家庭中的延伸

婴幼儿能力的提升，有赖于感性经验的不断积累。托育机构所开展的亲子圆圈活动并不能完全满足婴幼儿发展的需要，家庭才是实施早期教养最主要的场所，通过集体沟通引导家长思考亲子圆圈活动内容如何延伸到家庭中，提升家长基于真实生活促进婴幼儿发展的能力。

家长可以从婴幼儿生活出发，将生活中常见的事物作为活动延伸的媒介。如活动"跳到我这里"，家长在日常生活中，也可注重把握契机，加强婴幼儿这一方面的练习，比如在软垫上练习跳，从较矮的台阶往下跳，把东西放在高一些的地方让婴幼儿摸高跳等。再比如"小鼓咚咚咚"的活动，可使用日常物品，如用锅碗瓢盆作鼓面，用报纸卷成鼓棒，通过一物多玩，将活动内容迁移到家庭中，丰富幼儿的经验。也可以将婴幼儿熟悉的生活经验融入活动内容中。如在律动活动中，可将生活场景，如刷牙、擦脸、梳头,还有自然场景,如小狗汪汪、大雨哗哗等,通过简单的词汇和动作,编入节奏中。

2. 沟通策略

(1) 明确沟通的分工:主教助教,紧密配合

圆圈活动的人员配备有两名教师,一名教师在前进行活动组织,另一名教师在旁协助。主教老师负责活动前、活动后的集体沟通,助教老师负责活动中的个别沟通。

助教老师的主要职责除了协助主教老师,做好布置场地、准备材料、配合示范等工作,还有一项是家庭指导。在活动过程中,助教老师观察家庭的互动情况,为圆圈活动后的集体沟通收集案例,当看到有家庭出现需及时沟通的情况,也将及时上前提供指导。两位教师的人员配置,有效地保障活动的有序推进,以及活动后集体沟通的质量。

(2) 把握沟通的时机:即时反馈和延时反馈

沟通的时机很重要,尤其是助教老师在活动过程中的现场指导,需要敏锐地捕捉教养的契机,并及时做出判断,是在活动过程中进行及时沟通,或是等到这个环节结束后,甚至整个活动结束后,再进行沟通。当家长的某些无意识行为,对婴幼儿的发展将产生消极结果时(如运动类的亲子互动中,如果家长发力的方式不对,可能对婴幼儿造成潜在的伤害等),助教老师需及时指出;当家长的互动行为不适宜时,助教老师可通过间接的方式予以引导,如通过与婴幼儿互动,向家长示范适宜的互动行为。

围绕圆圈活动的内容,教师根据现场婴幼儿的活动情况、家长和婴幼儿互动中的各种现象、活动在家庭进一步延伸等方面进行选择,使用简明的、家长易懂的语言,以小见大,促进家长的积极思考,提升家长的育儿水平。

(3) 明晰沟通的价值:以点带面,促进思考

亲子圆圈活动为家长提供了一个相互看见、及时反思、共同提升育儿水平的场域,每组家庭特质不同,有的家长特别有创意,互动时总能想到新颖有趣的玩法;有的家长特别细腻,互动的语言、语速、语调特别适合婴幼儿;有的家长特别认真,互动中善于观察引导婴幼儿的行为,助推发展……通过集体沟通,以点带面,启发家庭之间的相互观察与学习,促进家长反思并优化教养行为,帮助家长进一步理解亲子圆圈活动,注重亲子之间情感的交流,从而提升婴幼儿与材料、与成人、与同伴互动的乐趣。

（三）亲子圆圈活动枚举

适应阶段

活动一：大家做游戏

设计思路：宝宝在家长的带领下参与圆圈活动，初步感受大家一起游戏的快乐氛围。

活动准备：音乐《大家做游戏》。

活动过程：

（一）相互打招呼问候，引起婴幼儿的注意和兴趣。

1. 教师和宝宝们打招呼问候。

"早上好！我是××老师。"引导宝宝和教师打招呼，鼓励宝宝和旁边的同伴打招呼，再和对面的同伴打招呼！

2. 拍拍手，营造大家初次在一起做游戏的欢乐氛围。

"宝宝们和我一起来做游戏好吗？"

家长沟通提示：家长配合教师一起说"好"，活跃集体活动的气氛，让婴幼儿感受大家一起游戏的愉悦情绪。婴幼儿如果要走出来，轻轻抱住他，提示他坐在原地，在小组活动时，让他们逐步学会遵守简单的规则。

（二）和着乐曲拍手，感受乐曲愉悦的旋律和节奏。

1. 第一遍：一起拍手、转手或跟着节奏自由舞动，间奏时让宝宝拍拍手，烘托热闹的氛围。

2. 第二遍：亲子游戏，让家长抱着宝宝一起唱和跳，还可以邀请家长轮流表演。

3. 第三遍：宝宝自由摆动身体和小手，或模仿教师简单的动作（扭腰、转身）。

（三）挥挥手互相说"再见"。

家庭延伸：

随着宝宝月龄的逐步增加，在家庭中玩游戏时，可以用飞吻、挥手、握手、击掌、拍手、拥抱来道别，也可以和宝宝日常生活中熟悉的事物或场景结合起来，如练习刷牙、擦脸、梳头、洗手、炒菜、洗菜、吃饭等，增进家长和宝宝之间的感情。

活动二：摇啊摇

设计思路：在家长的引导下，用肢体感受"摇啊摇"的舒缓韵律和节奏，体验各种摇晃游戏的乐趣。

活动准备：音乐《摇啊摇》、娃娃一个。

活动过程：

（一）听赏儿歌，引起兴趣。

（二）教师示范如何玩这个游戏："孩子们，我们一起来玩这个摇啊摇的游戏吧。"

1. 教师抱着娃娃示范玩法：脸朝着一个方向，让娃娃坐在教师的腿上，左右摇晃，然后请宝宝和家长进行亲子活动，让宝宝坐在家长的腿上摇啊摇。

2. 教师和娃娃手拉手、面对面，引导家长和宝宝也模仿着玩一次。

家长沟通提示：如果宝宝喜欢看着教师和娃娃来玩"摇啊摇"的话，请允许他这样做。

（三）亲子游戏："摇啊摇"。

家长双臂轻轻托住宝宝臀下，宝宝坐在家长的手腕上摇啊摇，并在最后一个乐句时转一圈。家长还可以用各自的方式摇摆宝宝。教师根据现场家长和宝宝的互动进行点评："有的把宝宝抱在肩上，有的让宝宝仰躺在手臂上，有的和宝宝相互面对面站着徒手摇啊摇，有的宝宝独自摇晃身体……"宝宝对不同的摇晃方式产生的感受是不同的，可以视情况让家长重复几次。

家长沟通提示：摇晃的时候轻拉着宝宝的手，动作应是舒缓、协调、有节奏的,让宝宝的感受也是舒适的。鼓励家长经常做一些这样的活动,让宝宝感受亲子游戏的快乐,同时对他们前庭平衡的发展也有促进作用。

(四)师生互动:用毯子摇晃。

教师出示毯子,让宝宝躺在上面(邀请1—2个宝宝),请一位家长帮助拎着毯子另一端。

家长沟通提示:摇晃游戏刺激宝宝的感统能力,让他们感受环境的刺激和变化,提高感觉的敏锐性。

(五)活动拓展。

1. 可以划分出一个固定的区域,放置一些毯子让孩子和家长玩这样的游戏。

2. 在户外放置一个可以让宝宝坐在里面的安全吊篮,让宝宝尝试不同的晃动方式(自转、左右转、坐在家长身上摇晃、左右晃动等)。

3. 尝试各种不同的摇晃玩具,比如木马、大龙球。

4. 和家人在过渡时间玩这个游戏。

家庭延伸:

家长在家庭中可以利用现有的玩具或材料及环境条件,和宝宝一起玩摇晃游戏,感受亲子摇晃游戏的温馨时光。

活动三:在哪里

设计思路:初步感受歌曲,体验从纸洞洞里露出五官的乐趣。

活动准备:音乐《在哪里》、各色手工纸若干、一张中间挖了洞的大手工纸。

活动过程:

(一)引导宝宝找找自己的五官在哪里,再找一找家长相应的五官。找到之后引导宝宝轻轻用手指一指。

(二)引导宝宝找找教师的五官在哪里,清唱并出示小面具引起宝宝的兴趣。

（三）亲子制作小面具，进行亲子游戏。

"宝宝们喜欢这个面具吗？想要的宝宝举手（鼓励宝宝自己举手，学会听指令，学会做出回应），宝宝拿一张自己喜欢颜色的手工纸。"

1. 教师先和家长说明活动过程：成人与宝宝面对面坐，每个家庭人手一张纸（事先在纸上挖一个稍大的洞），家长和宝宝一起玩找眼睛、耳朵和鼻子的游戏（引导宝宝找一找家长的眼睛、耳朵和鼻子）。

2. 大家一起来玩这个游戏：伴随着儿歌音乐，在纸张的"面具"洞里露出相应的五官。可以视情况玩1—2次。

家长沟通提示：宝宝早已掌握指认五官的能力，借助面具来指认五官，而非机械地进行记忆和认知。通过该种设计增加亲子互动的乐趣和亲子的情感，在玩的过程中还可以帮助宝宝提升空间感知觉。

（四）活动拓展：创设摆放五官的相关游戏。

家庭延伸：

在家里，家长也可以和宝宝一起玩这个游戏，可以找一找家庭中其他人的五官。

发展阶段

活动一：跟着老师走走

设计思路：初步听赏和熟悉音乐，尝试跟着音乐踏步往前走。

活动准备：音乐《跟着老师走走》。

活动过程：

（一）听赏《跟着老师走走》的音乐，拍拍手。

"宝宝听到跟着谁走走？老师在哪里？手指一指，愿意跟着老师走走的宝宝请站起来。"

家长沟通提示：可以观察宝宝是如何做决定的。宝宝自主参与活动的意愿各不相同,有的不管怎样先参与;有的更谨慎,看看再行动;有的可能始终在观望,回到家再试一试。尊重宝宝的选择,用自然参与的方式引导宝宝,激发他们的自主性。

（二）原地走走。

音乐间断期间可以暂停踏步,当歌词开始时重新踏步。音乐结束时拍手鼓励,视情况可以重复1—2次。

（三）亲子游戏:手拉手走一走。

家长沟通提示:每个家长都是示范者,踏步看似简单,但对宝宝来说,同时甩手和踏步走,对其动作协调能力是有一定要求的,活动中注意关注宝宝是如何跟着音乐走的。放手让宝宝按照自己的方式来踏步,在不断练习的过程中,宝宝的专注力会得到更好的发展。

家庭延伸:

在家庭中玩这个游戏时,可以适当改编儿歌,如"跟着宝宝走走""跟着爸爸走走"等,让宝宝自由地学习踏步走。

活动二:模仿操

设计思路:尝试跟着律动音乐模仿拉绳、打气、绕线和兔跳等简单的动作,感受模仿各种生活动作的乐趣。

活动准备:模仿操音乐。

活动过程:

（一）分段学习不同的模仿动作。

1. 示范拉绳:……嘿嘿! ……嘿嘿!(拉长绳——大扩胸,拉短绳——小扩胸)。

家长沟通提示:模仿操音乐中重复的单词应重点、有力地突出,请家长一起配合,营造热身的氛围。

2. 鼓励宝宝模仿。

"宝宝和我一起拉绳好吗?"鼓励宝宝作出回应(用哼唱的方法)。用同样的方法和宝宝一起玩其他动作,其中兔跳可以用亲子游戏的方式进行(宝宝与家长手拉手、面对面)。

家长沟通提示:宝宝一般在 22 个月左右开始尝试跳跃,对还不会跳的宝宝可以用这种方法让宝宝感受跳跃,逐步尝试新的肢体技能。

(二)听模仿操音乐一起做动作。

(三)音乐结束一起来拍拍手、踏踏步。

家庭延伸:

引导宝宝在生活中模仿动作,逐步协调肢体动作。

活动三:理发

设计思路:聆听与生活密切相关的图书,丰富生活经验,体验故事角色,感受故事的乐趣。

活动准备:自制图书《理发》。

活动过程:

(一)出示图书。

介绍故事名称,引发宝宝听故事的兴趣。

(二)讲述故事。

1. 教师逐页讲述《理发》,观察宝宝听故事的兴趣以及家长是如何支持宝宝的。

2. 再次讲述,讲述后可以问问宝宝:故事的名字叫什么? 妈妈带着谁去理发? 鼓励宝宝尝试回应。

3. 鼓励宝宝模仿剪头发:用小手做把小剪刀,学着叔叔一起来给宝宝理发。鼓励宝宝模仿象声词"咔嚓咔嚓",观察宝宝能否使用简单的语言或模仿剪头发的动作。

4. 可以根据宝宝的兴趣再听赏一遍。

小结:我们去理发店理发的时候,也要像故事里的小宝宝一样,一动也不动,剪一个神气的发型,好吗?

(三)游戏:理发。

可以由教师做理发师,用纸卷出两个长的直筒套在食指和中指上作为剪刀,邀请 1—2 个宝宝来理发。

家长沟通提示:宝宝喜欢听和他们日常生活息息相关的内容,理发就是其中之一,我们在家可以把宝宝的日常生活的场景作为故事内容,比如理发、如厕、刷牙等。也可以通过找一些相关图书来对宝宝进行正面引导,帮助宝宝养成良好生活习惯。

(四)活动拓展。

在活动室内设置一个理发的装扮角落,让宝宝可以模仿摆弄喜欢的理发、美容用品等。

家庭延伸:

在日常生活中理发时,家长可以引导宝宝观察理发店里的人们,丰富婴幼儿的生活经验。

活动四:转个圈摸摸地

设计思路:在游戏中尝试转动不同身体部位(如肘部、身体),体验转动肢体的快乐,提升自我意识和专注力。

活动准备:音乐《转个圈摸摸地》、小猫图片。

活动过程:

(一)熟悉音乐。

1. 引导宝宝听赏《转个圈摸摸地》的音乐。

2. 再次听赏音乐,进行简单的互动。

鼓励宝宝说说听到什么小动物在叫,出示小猫图片,请宝宝也来学学小猫叫。再播放一遍歌曲,让宝宝跟着歌曲模仿叫声。

(二)尝试转圈摸地的游戏。

1. 我们来学小猫玩。

教师示范游戏,转转手肘,小手摸摸地,鼓励宝宝模仿小猫爪子抓地的动作。

家长沟通提示:教师可以根据现场家长的互动情况进行点评,比如:

"××家长全程不用语言指导,但自己投入地唱和示范,对宝宝来说听和看也是一种学习的方式。"

2. 转个圈摸摸地。

鼓励宝宝尝试着转圈并蹲下摸摸地,重复几次。

家长沟通提示:观察宝宝能否跟随教师的动作,并作出回应。观察游戏中宝宝动作的协调性和敏捷性如何。

(三)亲子游戏。

家长设计一个简单的和宝宝转圈的游戏,可以一起手拉手转圈,也可以由家长抱着或托着宝宝转圈。

家长沟通提示:观察宝宝的情绪以及与家长、同伴的互动如何。

(四)宝宝自己玩转圈游戏,自转后蹲下用手摸摸地。

家庭延伸:

在家里,可以和宝宝玩一些旋转的小游戏,锻炼宝宝的平衡力和身体的自控力。

衔接阶段

活动一:拍蚊子

设计思路:尝试在一定范围内自由涂鸦,想象拍蚊子的情景,体验帮助家长做事的快乐。

活动准备:自制蚊子(粘在塑封过的细的透明纸条上)、蚊子图片若干、音乐《野蜂飞舞》、纸盒垃圾桶一个。将深色蜡笔分发给每个家庭,保证人手一支。

活动过程:

(一)讨论活动。

1. "我昨天被蚊子咬了一下,这个地方有个蚊子包,红红的、痒痒的。宝宝身上有蚊子包吗?在哪里?"(鼓励宝宝说身体不同的部位)

"宝宝喜欢蚊子吗？看到它怎么办？"鼓励宝宝做一做拍蚊子的动作,"宝宝来试试看——啪！啪！"可以让宝宝听指令做相应的动作,如,飞到上面,飞到下面。

2. 教师演示蚊子飞,播放背景音乐《野蜂飞舞》。

"宝宝,你们看到蚊子了吗？蚊子飞走了,它再出来的时候,你们快点拍它哦！"鼓励宝宝做拍蚊子的游戏。

音乐结束后,提问宝宝有没有拍到蚊子。"蚊子被宝宝消灭了吗？看看它还动吗,请快把它扔到垃圾桶里吧。"

(二)教师示范用蜡笔喷雾剂消灭蚊子。

教师引导宝宝用"喷雾剂"消灭蚊子:"我听到我们教室里还有蚊子的声音,没关系,我这里有蚊子喷雾剂,可以消灭它们,只要对准蚊子'嘶嘶嘶'(用力涂一涂,注意力度和范围),蚊子跑不了！我们来找一找、喷一喷。"

(三)宝宝也来拍蚊子。

1. "天气热了,蚊子都嗡嗡嗡飞出来了,它们藏在活动室的角落里,等会儿请你们帮我一起找到蚊子,用力'嘶嘶嘶'消灭它们好吗？"

2. 宝宝尝试找到蚊子,并用蜡笔涂抹,表示消灭害虫。

教师观察巡视,指导宝宝用力涂抹,并且要涂满整个蚊子,表示将蚊子消灭,最后将消灭的蚊子扔到垃圾桶里。

家长沟通提示:家长要耐心等待幼儿涂抹,发现幼儿没有完全涂抹蚊子时,不要急于动手帮助,可以提示宝宝蚊子还在动,引导宝宝赶快再"喷"一点。

(四)结束活动。

"蚊子都被宝宝消灭了,你们真是好帮手,真棒！"

拓展知识:"如果蚊子再出来怎么办？我带来了花露水,在衣服上喷一点点,香香的,蚊子不敢靠近我了,你们想涂一些吗？"给宝宝的衣服上略微喷一些,引导宝宝闻一闻味道。

家庭延伸:

家里也可以准备一些蜡笔以及蚊子的图片,家长和宝宝一起玩一玩拍蚊子的游戏,最后要记得把蚊子扔进垃圾桶里哦。

活动二：好吃的饼干

设计思路：聆听故事，理解故事简单的内容，愉快品尝好吃的饼干。

活动准备：圆形饼干范例图片一套（把"圆形，之后是小半圆，再是四分之一圆"的饼干图片叠加在一起）、自制圆形饼干（如有对面粉和鸡蛋过敏的宝宝，材料需另外准备）人手一份、故事背景音乐。

活动过程：

（一）手偶表演《好吃的饼干》（播放背景音乐《虫虫挠痒痒》）。

教师出示手偶，并戴上手偶表演：小猪打招呼"早安"，小猪拿起大篮子去散步。"它走啊走，走啊走，有点饿了，篮子里有妈妈准备的点心，小猪掀开布一看：哈哈，是块大的饼干！饼干圆圆的，好像方向盘，滴滴，开车了。小猪咔嚓咬了一口，啊呜啊呜，饼干变成了弯弯的月亮，月亮升起来了，挂在高高的天空。咔嚓！小猪又咬了一口，饼干变成了小裙子，咚嚓嚓，咚嚓嚓，小猪跳舞了。咔嚓！小猪再咬一口，饼干变成了弯弯的小船，小船摇摇，开到小猪嘴巴里咯！"（教师用手偶咬"饼干"，根据故事情节切换图片）

（二）教师现场讲述故事（播放背景音乐《虫虫挠痒痒》）。

"这本书的名字叫《好吃的饼干》，故事好听吗？"鼓励宝宝重复书名。

（三）简单提问，与宝宝互动。

在提问时，采用教师讲述一句再提问的方法。比如："小猪掀开布一看，原来是块大大的饼干。小猪掀开布，看到了什么？小猪在吃什么呀？"

"宝宝也来做一块圆圆大大的饼干。圆圆的饼干像什么？"

"我们来咬一口，咔嚓，饼干像什么呢？再来咬一口，咔嚓，像什么啦？"

（四）品尝饼干。

1. "谁喜欢吃圆圆大大的饼干？请每位宝宝取一块。"

2. 分一分，尝一尝。教师示范把一块饼干一分二，请宝宝也来试一试，并将一半分享给家长。问一问宝宝饼干是什么味道的（甜甜的、咸咸的、香香的……）。

3. 引导宝宝观察饼干像什么。如果宝宝说像帽子,可尝试把饼干倒过来,像帽子一样扣在小猪的头上。

家长沟通提示:宝宝说得对不对并不是最重要的,鼓励他们大胆开口,愿意作出回应,要鼓励宝宝自由想象。

家庭延伸:

在家里吃饼干时,可以让宝宝尝试把饼干一分为二,锻炼宝宝手部的精细动作,也可以通过让宝宝分享饼干,萌发宝宝的分享意识。

三 协商式亲子主题活动的组织与实施

亲子主题活动是围绕某一主题,定期开展,如每月一次,或是在固定的时段开展,比如节庆日、小小戏剧活动、入托衔接、食育活动、毕业季等活动,是对亲子个别化活动和亲子圆圈活动的补充。通过主题活动的实施,进一步促进婴幼儿全面发展。

亲子主题活动中的协商主要体现在以下两个方面,一是亲子主题活动内容选择中的协商,二是插入指导中的协商。

(一) 多方协商的活动内容

亲子主题活动的开展,是为了进一步丰富婴幼儿的相关活动经验,促进婴幼儿的全面发展。因此,我们要通过与婴幼儿和家长的多方协商,选择能促进婴幼儿持续发展的活动内容,同时与家长商讨生成更丰富的活动主题。

1. 与婴幼儿协商:促进婴幼儿的持续发展

婴幼儿的发展是有规律的,是一个由量变到质变的连续发展过程,既有连贯性,又有阶段性。婴幼儿由家庭进入托育机构,再到幼儿园,意味着婴幼儿从家庭教养环境逐渐步入社会教养环境,为了使婴幼儿顺利地从上一个阶段过渡到下一个阶段,身心得以健康发展,取得良好教养效果,就需要做好不同阶段间的衔接。因此,在主题活动内容的选择中,我们充分考虑婴幼儿的成长需求,帮助婴幼儿顺利完成不同阶段的过渡,尽快适应新环境,促进婴幼儿的持续发展。

(1) 促进集体适应,开展开学欢乐周主题活动

托育机构是婴幼儿走出熟悉的家庭,步入集体社会环境的第一站,对各方面经验还处于初始阶段的婴幼儿来说,这是一个不小的挑战,而婴幼儿对集体环境的适应状况,也会影响后续他对托育机构早期教养活动的参与。在实践中,为了促进婴幼儿对集体环境的适应,我们开展了开学欢乐周主题活动。

开学欢乐周主题活动通过创设适合婴幼儿亲子互动的场景,激发婴幼儿进入托育机构的兴趣,帮助婴幼儿建立对集体环境的积极情感和美好体验。比如教师装扮成熟悉的卡通人偶和婴幼儿互动、打招呼;创设婴幼儿熟悉的各种"水"场景,尽情玩捞小鱼等游戏;游戏结束后,在家长的陪伴下,品尝可口的亲子午餐或午点等。

(2) 促进入园心理适应,开展托幼衔接主题活动

亲子陪伴模式下,婴幼儿是在家长的陪伴下开展活动,这与幼儿园的集体模式还是有很大的不同,所以帮助婴幼儿及家长做好系列入园适应准备,对促进婴幼儿持续发展至关重要。在实践中,我们通过开展托幼衔接主题活动,促进婴幼儿及家长的入园心理适应。

基于对婴幼儿入园心理准备的分析,托幼衔接主题活动从熟悉幼儿园环境、体验幼儿园生活两个方面有目的、有计划地组织一系列适应活动,例如,开展幼儿园生活观摩活动、走进幼儿园和哥哥姐姐做游戏、幼儿园所在的社区探索活动等。

2. 与家长协商:参与共创优质活动

亲子主题活动的内容除了来源于教师对婴幼儿发展需求的把握,还可以通过教师与家长的沟通获得。家长在家庭开展的早期教养实践中也不缺乏精彩的内容,与家长协商,集思广益,可以创生出更多的主题活动内容。不仅如此,家长反馈的婴幼儿教养问题,也为主题活动的内容选择提供方向。

(1) 发掘家长教养经验,丰富主题活动内容

家长在日常的居家生活中,会结合自己的已有经验和可把握的资源,在亲子陪伴中创生出一些亲子游戏,来丰富亲子生活,这些个性化的游戏内容能为教师提供启发和灵感。例如在我们的一届家长中，有一位妈妈在家里用纸剪了几个动物和物品的造型，粘上一截吸管，和宝宝一起在家玩皮影戏的游戏。老师通过妈妈的分享了解到这一情况，将这位妈妈的创意向其他家长们进行分享，许多家长看到后很感兴趣，于是故事剧在家庭中流行起来，再后来在这个班级里，我们衍生出了戏剧主题活动，每个月家长们自发组织起故事剧团为孩子们表演剧目。

（2）了解家长教养困惑，衔接主题活动内容

家长在教养婴幼儿的过程中，或多或少会遇到一些困惑和问题，在与家长的沟通中，了解家长遇到的共性问题，并结合主题活动的开展，促进婴幼儿的正向发展。比如家长们都特别关心婴幼儿的饮食，往往也有很多的困惑，家庭里有挑食、偏食问题的孩子很多。基于家长们的困惑，我们开展了一系列食育主题活动，探索美食，建立对不同食物积极的情感。

（二）协商式插入指导

在亲子主题活动中，教师会插入式地开展沟通和指导，通过不同的活动环节前的集体沟通和活动过程中的个别沟通，与家长探讨早期教养实践，借由这一过程传递婴幼儿身心发展、科学育儿、主题活动实践方面的理念、知识和方法。

1. 沟通内容

（1）多样化早期教养实践

主题活动的实施为婴幼儿早期教养丰富了实践路径，教师在与家长的沟通交流中，通过对主题活动价值的解读、对婴幼儿行为的分析，有助于开阔家长对婴幼儿早期教养内容的认识，树立家长支持婴幼儿全面性发展、个性化发展、可持续性发展的意识。比如在参加了一次戏剧主题活动后，一位家长观察到孩子对看戏剧表演、参与戏剧互动有浓厚的兴趣，在日常的亲子陪伴中，家长也会带孩子去剧场看剧，并且在活动中，也会积极与孩子开展交流和互动。

（2）婴幼儿发展潜能和需要

婴幼儿的早期教养具有启蒙性，在多样化的亲子主题活动中，婴幼儿有机会积累更多的活动经验。通过观察婴幼儿在主题活动中的行为表现,教师和家长可以识别婴幼儿的发展潜能,比如活动类型偏好和发展需要等,促进自身更好地了解婴幼儿个性化特点,支持婴幼儿发展。比如在一次食育主题活动中,一位家长惊喜地发现,孩子平时对亲子圆圈活动兴趣不大,但在这次挖红薯的活动中,他很投入地参与到活动的每一个环节中,妈妈一直因为宝宝不参与圆圈活动有点苦恼,经过这次活动,她也终于认识到自己的孩子属于"行动派",喜欢挑战、喜欢运动、喜欢动手操作,要多为他提供适宜的环境和机会。再比如,在托幼衔接的活动中,一位家长发现孩子表现出异于平常的退缩行为,在与教师沟通后,分析孩子可能在适应上需要更多的准备,家长和教师在后续的教养中丰富了帮助婴幼儿入园准备的活动内容。

2. 沟通策略

(1) 综合采用多种沟通形式

亲子主题活动是一类综合性活动,为了提高协商指导的效率,亲子主题活动中的沟通包含了多种形式,既有面向集体的插入指导,也有针对单个家庭的个别插入指导。当教师在沟通活动要点以及观察到亲子互动中的共性问题时,适宜采用集体形式的插入指导;当在活动中开展基于婴幼儿及亲子互动个性化行为的沟通时,采用个别插入指导更为合适。

(2) 巧妙使用多种沟通方法

亲子主题活动中的插入指导具有一定的随机性,如何在保证不影响整体活动推进的前提下,创设与家长、婴幼儿沟通的机会,教师需要巧妙使用多种沟通方法,其中主要包括以下两种沟通方法:

分享式指导,是一种通过生动的案例展开交流的方法,需要指出的是案例的来源要与主题活动有关,比如在进行集体指导时,可以选择在活动前后,通过分享活动的由来、过程中捕捉到的亲子互动案例,向家长传递主题活动价值,启发家长反思活动中的亲子互动。

互动式指导,是教师通过直接参与到婴幼儿或婴幼儿与家长的活动中,展开基于情境的交流和沟通,该方法可以保证婴幼儿的活动不会因为沟通的插入而中断。比如在观察到家长与婴幼儿的语言交流不适宜时,教师可以用适宜的语言与婴幼儿互动,通过婴幼儿的反应,向家长传递亲子互动的经验和方法等。

戏剧主题活动

好吃的月饼

经验提升：

愿意与家人、同伴一起观看简单的木偶表演，乐意给"小动物们"吃月饼。

准备：

小剧场舞台搭建、灯光、动物手偶、一个托盘、一个超大的自制月饼、营养室自制月饼人手一份、中秋节的背景音乐《彩云追月》、自编音乐《吃月饼》。

过程：

一、欣赏演出《好吃的月饼》

（可由一位教师主持，家长们扮演各种小动物）

1. 和小动物互动。

教师："中秋节的晚上，我们准备了一大盘月饼给小动物们吃。"

教师："这是谁呀？ 嗯，是巧虎，巧虎看见了月饼，啊呜啊呜吃月饼。巧虎，月饼好吃吗？"

家长（巧虎）："月饼圆圆的，月饼香香的，真好吃。"

教师："咦，巧虎的小伙伴呢？ 要不要叫它们一起出来，大家一起吃月饼。"

幼儿："小伙伴！ 快出来！ 快出来！"

家长（众动物）："哎！ 来了！ 来了！"

小动物们出现：

汪汪汪，汪汪汪，小狗看见了月饼，啊呜啊呜吃月饼；

喵喵喵，喵喵喵，小猫看见了月饼，啊呜啊呜吃月饼；

噜噜噜，噜噜噜，小猪看见了月饼，啊呜啊呜吃月饼；

咩咩咩，咩咩咩，小羊看见了月饼，啊呜啊呜吃月饼；

跳跳跳,跳跳跳,小兔看见了月饼,啊呜啊呜吃月饼。

2. 配乐儿歌表演

小狗吃月饼,啊呜！啊呜！啊呜啊呜啊呜！

小猫吃月饼,啊呜！啊呜！啊呜啊呜啊呜！

小猪吃月饼,啊呜！啊呜！啊呜啊呜啊呜！

小羊吃月饼,啊呜！啊呜！啊呜啊呜啊呜！

小兔吃月饼,啊呜！啊呜！啊呜啊呜啊呜！

巧虎吃月饼,啊呜！啊呜！啊呜啊呜啊呜！

亲子互动:月饼圆圆的,月饼香香的,真好吃！宝宝,小动物们是怎么吃月饼的？啊呜！啊呜！啊呜啊呜啊呜！（鼓励宝宝们回应和模仿）

二、品尝月饼

教师:"月饼这么好吃,宝宝们想不想吃月饼啊?"（鼓励宝宝回应）

教师:"动物朋友们,你们带月饼了吗?"

家长（众动物）:"带了！带了!"

教师:"请你们与我们的宝宝们一起分享吧!"

动物们带着月饼来到孩子们中间,请小朋友们一起分享自制月饼,每人一个。过程中,动物们可反复念诵儿歌:"宝宝吃月饼,啊呜！啊呜！啊呜啊呜啊呜!"

教师:"宝宝,月饼好吃吗？宝宝也和自己的家长一起分享吧。"

三、延伸活动

木偶区角投放相关的动物手偶和月饼道具,供宝宝和家长互动使用。

拔萝卜

经验提升:

1. 理解简单的剧情,感受大家一起拔萝卜的快乐心情;

2. 能安静地观赏短小的剧目。

准备:

小剧场舞台搭建、迷你胡萝卜数量和宝宝人数匹配、自制萝卜一个、萝卜服饰一套、家长义工一名（在活动前和家长简单沟通站位、服饰和表演要求）、绿色长绳子一根、录音故事、和故事匹配的手偶。

过程：

一、观看拔萝卜，初步了解故事内容

简单地提问互动："宝宝们看到有哪些小动物来帮忙拔萝卜？"

二、音乐儿歌表演，进一步熟悉故事内容

教师："小动物们又要去帮助老公公拔萝卜！我们拍手给他们加油！"

三、互动游戏：拔萝卜

教师："这里也长了个大萝卜，我们要把它拔出来，宝宝们来帮助一起拔萝卜！"（家长演员蹲坐，装扮成萝卜状）

家长手里拉着一根分叉成两段的绿色的绳子，教师帮助宝宝拉好绳子，大家听着音乐拔呀拔，当萝卜拔出后大家高兴地拍拍手。大萝卜演员坐在舞台前的一个角落，当萝卜拔起来后站起身跟宝宝互动，听着音乐拍手舞动。

四、小萝卜的礼物

扮演大萝卜的家长把装在竹篮里面的胡萝卜拿出来，送给宝宝每个人一根小萝卜。

五、活动延伸

大家回去可以品尝或者种萝卜。

王老先生有块地

经验提升：

理解简单的音乐剧内容，能安静地观看或和动物们互动。

准备：

自制歌曲《王老先生有块地》，儿歌中相应的手偶，其他生活材料手偶：彩色手套（小鸟）、塑料手套和棉质防烫手套（鱼）、粉色手套（大螃蟹）、格子手套（马），自制钓鱼竿，泡泡器，创意手偶对应的音乐。

过程：

一、王老先生出场，引导宝宝和王老先生打招呼

二、木偶表演王老先生和小动物们

教师："王老先生有一块地，地里养了很多小动物，我们来猜猜看，有哪些动物朋友呢?"

猫、狗、鸭、牛在幕后叫,手偶不出场,放音乐,宝宝观看手偶表演。

观看后问问宝宝:"王老先生地里有哪些小动物?"

附:间奏的手偶动作互动

王老先生与猫:抚摸、追逐、拉回。(间奏:踢球)

王老先生与狗:面对面点头、追逐拉回。(间奏:猫狗出场,追逐、躲猫猫)

王老先生与鸭:拍手、抚摸。(间奏:手帕躲猫猫、拔河)

王老先生与牛:骑在牛背上。

三、更多小动物出场

教师:"还有其他小动物吗? 我们一起来听听,这是什么声音?"(放鸟叫音乐)

创意手偶小鸟出场,鼓励宝宝也来学小鸟飞飞,拍拍翅膀飞呀飞。

教师:"这么多泡泡,是谁吐的呀? 你们猜猜看。"(放泡泡音乐,幕后吹泡泡)

教师:"哇,真的是小鱼诶,哦呦! 还有一只大螃蟹爬来爬去。我来抓住它,哦哟,没抓住,小鱼逃走了。我去拿钓鱼竿,把小鱼和螃蟹钓上来好吗?"(用钓鱼竿钓鱼、钓螃蟹,请宝宝鼓鼓掌)

教师:"听听看,这是什么声音? 蹄哒蹄哒,来了一匹小马。和小马打个招呼,你好! 小宝宝要来骑马,坐好喽。"(放两段音乐,第三段的时候请宝宝自己骑马)

教师:"咕咕咕咕哒,咕咕咕咕哒,是谁在说话呀?"(老母鸡出场)

和宝宝简单问候:"我是一只老母鸡,我要去生蛋啦,咕咕咕咕咕咕哒,咕咕咕咕咕咕哒⋯⋯"

教师:"老母鸡说了什么呀? 咕咕咕咕咕咕哒,它要去生蛋啦! 老母鸡鸡窝窝里有很多蛋,每个小朋友上来拿一个。"

教师:"王老先生的地里养了那么多动物,我们把它们一起请出来吧。"(手偶出场,播放音乐《大王来巡山》)

鼓励宝宝和小动物一起跳舞、拍手。

最后和小动物再见,活动结束。

草莓的秘密

我发现,草莓总是能吸引小年龄孩子的注意,它们红红的、香香的,吃到嘴里酸酸甜甜的,是令人愉快的水果。选择它作为食育的材料,一定能让我们和宝宝来一场人和食物的欢乐互动,一起享受大自然的馈赠,发现食物,探索食物,享受食物。

活动一:共读绘本

选择绘本《小草莓转啊转》(大开本、画面简洁的绘本更适合小年龄孩子),亲子围坐在一起,在老师的带领下阅读。

草莓变蛋糕的故事很好玩,宝宝很喜欢,有的宝宝伸手想去摸草莓,有的宝宝想要自己翻书(遇到感兴趣的事和物,这个年龄的孩子总是先动手后动口,这是他们的思维习惯),教师可以让宝宝自己来翻书,让他们找一找自己喜欢的草莓。

图2-49 幼儿找自己喜欢的草莓

活动二:共品味道

老师端出草莓前,首先提醒陪伴宝宝的成人"动口不动手",在一旁念儿歌:"吃草莓,吃草莓,先去洗洗手,再来吃草莓。"(良好的生活习惯需要持续不断、不厌其烦地提醒和培养)

"宝宝自己选一个喜欢的草莓。"（让幼儿从小有自我选择的意识）

"看一看，闻一闻。"（积累感觉经验，为更深层次认知打基础）

"跟着老师一起说:'小草莓,红红的,戴着一顶小绿帽'。"（叠词、三个字的短句更适合学说话的幼儿）

"宝宝帮草莓'脱'小帽。"（锻炼手指的精细动作和手眼协调,"摘"的动作有点难,成人要多多鼓励）

"草莓是什么味道?"（品尝味道、享受美食是食育最重要的内容）

"好吃的草莓,我们要让妈妈也尝尝!"经过成人的提醒,多数宝宝都会把草莓喂到成人嘴巴里。（尝试引导幼儿分享,从他们身边的亲人开始,引导他们关注身边的人）

图 2-50　幼儿闻草莓

图 2-51　教师带领幼儿看草莓

活动三:共探变化

草莓还能变什么? 作为系列活动的一部分,我们邀请"家长老师"（家长和教师是早期教养的合作者）为宝宝演示手工草莓酱的制作,宝宝近距离观察草莓变草莓酱的过程。

"切一切、挤一挤、搅一搅、煮一煮。"（用丰富的词汇和幼儿交流,增加其词汇量）

"哇,草莓酱做好啦,真神奇!"（亲眼见证食物变化的过程,极大满足了幼儿的好奇心,建议家长经常和婴幼儿一起创造"哇"时刻）

"试试看,宝宝帮忙搅一搅草莓,挤一挤柠檬汁……"（让幼儿进厨房参与

食物的制作,就算是"帮倒忙"也没关系。他的成长需要这样的"添乱",才可能成为热爱生活的人)

"草莓酱做好啦!"(成人和幼儿一起享受成就感)

图2-52　幼儿尝试倒果酱　　　　　　图2-53　亲子一起制作草莓酱

教师的观察和分享:

品尝草莓前,有的宝宝急不可耐,我听到有些爸爸妈妈说:"小手手,握起来,我们一起等一等。"有的宝宝吃完草莓会自己直接去老师的果盘里拿,而有些宝宝则会问老师:"还可以拿吗?"

我和家长们讨论了这件事……

不要小看让宝宝"等一等",这里面包含了两层意思,一是学习等待,二是学习"延迟满足"。

要让宝宝懂得,除了自己,还有他人,一起做一件事情就要顾及他人,要为他人和伙伴考虑。表面看这只是跨出了饮食礼仪的一小步,但其实是培养婴幼儿社会性的一大步,对塑造宝宝良好的个性和社交习惯有很大的帮助。

延迟满足是让人为了更长远、更有价值的目标先放弃眼前的小满足。学习"延迟满足"是每个孩子今后发展自控能力和心理弹性的重要内容。不要害怕宝宝哭闹、发脾气,家长可以运用一些小策略,比如转移注意力或把要求更具象化,可以说"爸爸来了,就可以一起吃草莓了",或"要不先玩一下小汽车"。

这个年龄婴幼儿的饮食问题,不仅是提供科学的营养膳食,更为重要且往往被我们忽略的是对他们的食育。

红薯的旅行

食材是大自然的恩赐，正如妈妈给宝宝生命一样。如果让宝宝体验食物从田间到餐桌的经历，定能激发他们对大自然更多的好奇和探索，也会萌发他们对大自然的热爱和感激。在学校户外的沙池里埋上小红薯，打造一块临时"红薯地"，有趣的亲子劳作活动应运而生。

活动一：红薯从沙地里来

在沙池旁，老师拿着红薯，吸引宝宝们的注意。"看，老师从沙池里发现了什么宝贝？""哇，是一个小红薯！"（夸张的表情、有起伏的语调等肢体语言能抓住幼儿的注意力）

"宝宝们也去找一找，挖一挖。"老师请宝宝去拿工具，并提醒家长"多用语言和动作示范帮助宝宝，让宝宝自己做"。（这个年龄的幼儿多通过模仿来学习新技能）

宝宝顺着老师预留的"小线索"（幼儿的"客体永久性"能力还在发展，他们看到了物体，才会觉得物体是存在的），手持着小铲子，挖起来了。引导成人在旁边给宝宝鼓励："宝宝加油！""耶……"（幼儿年龄越小，越容易受到他人的影响，多肯定，多鼓励，他们会更乐意探索）

"挖出来啦！"（成人和幼儿一起享受成就感）

活动二：红薯跳进水池里

鼓励宝宝们像家人照顾他们一样，细心地照顾自己挖出来的小红薯。（幼儿对角色游戏有浓厚的兴趣，常玩这类游戏，有助于其社会交往能力的发展）

图2-54 幼儿挖红薯

"红薯身上脏脏的,我们帮它洗个澡。"

"红薯的衣服有点湿了,带它去晒一晒,一会儿就干了。"

图2-55　幼儿洗红薯　　　　图2-56　幼儿晾晒红薯

活动三:红薯到饭桌上

宝宝第一次参与制作点心,薯泥再合适不过了。

老师准备好压泥器、托盘,端上蒸熟的红薯。宝宝和家长先洗手,洗手时可以一起念儿歌:"做薯泥,做薯泥,先去洗洗手,再来做薯泥。"(良好的生活习惯需要持续不断、不厌其烦地培养,一起念儿歌可以增加洗手的乐趣)

"宝宝们,我们帮红薯脱衣服吧。"有的宝宝没忍住吃了一口。"等一等,做成蛋挞更好吃哦!"(学习"延迟满足"是每个幼儿今后自控能力和心理弹性发展的重要内容)

"捣一捣。""压一压。""装一装。""放进磨具里,厨师叔叔烤一烤。"(用丰富的词汇和幼儿交流,增加其词汇量)

"大家一起把工具送回家。"(帮助他人,不仅使别人开心,也会让自己开心,责任心需要慢慢培养)

"宝宝们做的红薯蛋挞好咯!"(成人和幼儿一起享受成就感)

"红薯蛋挞是什么味道?"(品尝味道、享受美食是食育最重要的内容)

图 2-57　幼儿使用不同工具压红薯泥

图 2-58　幼儿品尝红薯泥

教师的观察和分享：

小玉和云儿是兄弟俩，平时他们参加小集体游戏活动兴趣并不大，常常是游离在活动外。而这次的挖红薯活动，他们在每一个环节中都参与得很投入，活动结束时还热心帮老师拎起装满红薯的大篮子。看见我走过来，妈妈开心地和我说："兄弟俩最喜欢的是劳动呢！"妈妈一直因为两个孩子不参与小集体活动有点苦恼，看见妈妈终于释怀，我也和她交流了自己的想法。

作为宝宝的陪伴者,无论是家人还是老师,在每一次活动中都要重视和尊重宝宝的选择,并从宝宝的行为中更多地了解他们。从这次活动中两兄弟的表现可以看出他们都属于"行动派"一类的孩子,他们喜欢挑战,喜欢运动,喜欢动手操作。每一个宝宝都是独一无二的,家长科学的教养方式很重要,其教养行为是否适合宝宝的特点则更为重要。教育从来不是千篇一律的,以后遇到自己的孩子和别人的不一样时,要多去发现他们、了解他们,为他们提供适宜的环境和机会。

小豌豆跳呀跳

平日里,宝宝看到、吃到的豌豆都是已经加工好的,颜色鲜艳、口感软糯、营养丰富的豌豆,大人爱做,宝宝爱吃。如果让宝宝参与食物的制作,在我看来,选择豌豆再合适不过。在活动中,让宝宝接触食材本来的模样,感受食物的自然香气,和宝宝共同剥一剥、煮一煮、尝一尝,体验食物的奥秘。

活动一:豌豆,快到碗里来

老师准备好豌豆荚、小碟子、大碗,和宝宝一起认识新朋友——豆荚小船。

"小豆荚,像小船,里面装着什么呢?"(用富有想象力的语言和幼儿交流,有助于他们更好地理解)打开豌豆荚,"哇,原来是小豌豆。"

"我们请小豌豆到小碟子里。"老师边说边示范。(幼儿是通过一系列动作来理解规则的)

穿上小围裙,宝宝开始剥豆啦!(锻炼婴幼儿手指的精细动作和手眼协调,对他们来说,像大人一样剥开豆荚有点难度,因此过程中应允许他们自己探索)

豆子真调皮,一骨碌就滚远。"宝宝们,快抓住这颗小豆子!"(成人不要急着帮幼儿收拾,应培养他们自己的事情自己做的好习惯,同时捡豆子的动作也很锻炼视动能力)

剥好的豆子倒进大大的碗里。"骨碌骨碌,豆豆跳进去啦,不能让豆豆逃走啦。"(小年龄的幼儿喜欢模仿象声词,还会边说边动)

端起碗,"看一看""闻一闻"。(积累感觉经验,为更深层次的认知打基础)

图 2-59 幼儿剥豌豆

图 2-60 幼儿观察豌豆

活动二:豌豆,变成豌豆饭

和宝宝一起观察煮豆的过程。

"豌豆跳到锅里啦,加点水,给豆豆们泡个热水澡。"

水开了,豌豆在锅里翻滚。"看,小豌豆在锅里游泳呢!"(在解释一些复杂现象时,可以联系幼儿的日常生活经验,使他们更容易理解)

"豆子煮好啦,摸一摸,有什么变化?"(认识物体的变化,是教育活动中的重要内容概念,也是幼儿探索的动力)

宝宝动手把豆豆放在米饭上。"豌豆饭做好啦!"(成人和幼儿一起享受成就感)

小手洗净,挖一勺豌豆饭,细细咀嚼,品尝一番。(品尝味道、享受美食是食育最重要的内容)

图2-61 幼儿动手把豌豆放在米饭上

活动三:豌豆,你的故事真好听

豌豆系列活动的灵感来源于绘本《小豌豆跳啊跳》,活动结束,和宝宝再读一次这本绘本。(喜欢重复是这个年龄段幼儿学习方式的特点)

"宝宝们,豌豆滚走了,骨碌骨碌。""豌豆掉下来了,啪嗒"……

在阅读中,宝宝忍不住想摸摸绘本上跳跃的小豌豆(遇到感兴趣的事和物,这个年龄的幼儿总是先动手后动口,这是他们的思维习惯),可以让他们自己来翻书。即使他们一会儿往前翻,一会儿往后翻也没关系(阅读习惯的培养不必操之过急,在重复的绘本阅读中慢慢渗透训练),他们喜欢哪一页,大人就读哪一页(陪幼儿阅读时要追随他们,这有助于共同注意力的发展,也是其社会性发展的基础)。

图2-62　幼儿自己读绘本
《小豌豆跳啊跳》

图2-63　亲子共读绘本
《小豌豆跳啊跳》

教师的观察和分享：

制作豌豆饭时，宝宝会出很多符合他们年龄特点的"小状况"，比如剥出豌豆，会本能地拿起来放在嘴里；小手还不是很灵活，剥得很慢；还会把小豌豆撒得到处都是。成人的反应也大有不同：

有的惊呼："小傻瓜，生的豆子不能吃！"

有的手忙脚乱地捡掉滚掉的豆子，边捡边说："不要掉了！"

有的把着宝宝的手："我来帮你，是这样的……你不要捣乱……"

我和家长们就这件事展开了对话……

和孩子相处，平和的心态和积极的想法很重要。要保持心平气和，大人也许可以这样来自我调节：一是站在孩子的立场看待事情，每个大人曾经都是孩子，孩子的这些"小状况"，我们也都经历过，更应该明白，大人不能替代孩子去体验，要学会放手。比如尝尝生豆子，孩子其实也不会有危险，让他试试也无妨，经历过了，下次他就不会那么好奇了。二是要学会做"预案"，没有人比我们更了解自己的孩子，了解他的行为方式和脾气性格，孩子不是故意要给大人制造麻烦，而是他的各方面能力还在发展中，明白这一点，大人就要发挥自己的智慧，探索出一套避免场面失控的方法。比如知道孩子很容易把豆子撒一地，那就为他准备大一点的容器，问题就不会发生了；知道孩子还剥不开豆荚，可以提前将他的豆荚开个口子，帮助他取得成功。

当大人能以平和的心态和孩子相处，孩子也能从容地静下心来，仔细观察、努力尝试、表达需求，这时候再给予他们正面的尊重和互动，将会事半功倍。正如我们一直说的那句话："和孩子在一起的时候，要把你的心留住；你用心了，你对孩子做的每件事都是教育。"

神奇的营养水

水是生命之源，充足的水分对健康来说非常重要。在此活动中为宝宝提供四季营养水，借由"水"让宝宝体验不同食材的味道，同时起到食补强身的功效。宝宝并不知道营养水是许多食材混合在一起的味道，因此，邀请他们一起做营养水，让他们直观地看到食材的变化，感受水的这份"营养"。

活动一：制作营养水

用小碟子整齐摆放各种食材，邀请家长老师带着宝宝一起制作营养水。（家长和教师是早期教养的合作者）

"宝宝们，你们认识这些食材吗？"（相信幼儿，他们知道的可能比我们想象的多）

"老师来介绍一下它们，认真听哦。"

"来，小眼睛看一看，小手摸一摸，小鼻子闻一闻。"（积累感觉经验，为更深层次认知打基础）

"宝宝自己选一种喜欢的食材。"（让幼儿从小有自我选择的意识）

"它们要到壶里玩喽，宝宝们帮帮忙。"

图 2-64　幼儿选择营养水食材　　　图 2-65　幼儿观察煮营养水

"加点水,煮一煮。""食材在水里游泳呢。"(在解释一些复杂现象时,可以联系幼儿的日常生活经验,帮助他们更快地理解)

"哇,营养水做好喽!"(成人和幼儿一起享受成就感)

活动二:大家一起来喝水

"找到自己的小茶杯。"(让宝宝认识自己的物品,建立宝宝的自我意识)

"尝到你放的红枣的味道了吗?"(品尝味道是食育最重要的内容)

"大家一起喝,干杯!"(增加喝水的仪式感,为幼儿创造和他人交往的机会)

图2-66 幼儿找自己的茶杯

图2-67 同伴一起喝营养水

教师的观察和分享:

在家长和宝宝的互动过程中,言言的妈妈拿起一块晶莹剔透的黄冰糖,轻轻举起,"宝宝们,你们看这块冰糖像夜空中的星星,一闪一闪的,Twinkle,Twinkle,Little Star……"她用自己美妙的声音轻轻地哼唱起来。馨馨的爸爸在介绍食材时,还介绍了食材的"功效":"红枣可以让宝宝面色更红润,冰糖可以帮助宝宝润肺止咳……"琪琪的爸爸和宝宝有很多语言和情感上的交流互动,他始终面带着笑容给予宝宝鼓励,并帮助他们大胆地学说一些简单的短语……

"每一个用心陪伴的成人都是一位好老师",在活动后教师也和家长们分享了自己的想法。

家长和教师是教养的合作者,家长是宝宝的家庭教师,教师也是宝宝在托育机构的家长。每一位家长都积累了丰富的育儿经验,而他们彼此不同的背景,让这份经验更为多元和实用。家长和教师的合作、家长和家长的相互学习,进一步开阔了科学育儿实践的路径,最终受益的是我们的孩子。这种角色的互换,资源的共享,推动着每一个人成长。

卷心菜好朋友

绿叶菜富含维生素,成人都希望宝宝能多吃,但绿叶菜的口感较差,有些宝宝会觉得像吃草一样,稍不留意,宝宝就会不喜欢这位"朋友"。宝宝对吃的兴趣,不仅仅来源于食物的口感,还有很大一部分来源于他们对食物的热爱,因此该活动尝试让宝宝和绿叶菜有一段快乐经历,建立宝宝对绿叶菜积极的情感。

活动一:卷心菜初相识

借着食育绘本《裕子的卷心菜帽子》中有趣的故事情节,把宝宝的注意力聚焦在卷心菜上。(幼儿对熟悉的事物会更感兴趣)

"卷心菜真有意思,今天卷心菜也来这里玩了,我们一起叫它出来吧。""卷心菜、卷心菜……"(在成人看起来无生命的事物,在幼儿的眼里都是活的、有意识的)

老师拿出卷心菜展示。"哇,是不是和书里长得一样?""我们一个接一个摸一摸、看一看。"(积累感觉经验,为更深层次认知打基础)"看好了,给旁边的好朋友吧,谢谢宝宝们。"(引导幼儿关注身边的人,激发

图2-68 幼儿剥卷心菜

他们的社会交往意识,这也是成人传授社交礼仪的好机会)

活动二:卷心菜交朋友

"卷心菜的衣服可以变成很多小帽子,来! 我们一起试一试。"(幼儿有充足的想象力和创造力,应为他们创设情境化的游戏环境)

"举起小帽子,戴在头顶上!"老师边说边示范。(幼儿多通过模仿学习新技能)

"把自己的帽子给爸爸妈妈戴戴!"(锻炼手眼协调)

"卷心菜帽子真大啊,我们藏到帽子里吧!""宝宝在哪里? ……在这里呢。"(这个年龄的幼儿对东西在眼前消失后又神奇重现感到兴奋和惊讶,捉迷藏的游戏能帮助婴幼儿建立"客体永久性")

活动三:卷心菜真好吃

"卷心菜帽子有点脏了,我们帮它洗洗澡。"(幼儿对角色游戏有浓厚的兴趣,常玩这类游戏,有助于其社会交往能力的发展)

"把它们挂在小夹子上,晾晾干!"(别小看夹夹子,它可是锻炼手指力量的好帮手)

"卷心菜很好吃哦,教室里的小乌龟最喜欢了,我们喂喂它。""小乌龟说真好吃!"(小年龄幼儿受周围的影响大,积极的暗示也能影响他们的喜好)

午餐时间到,引导婴幼儿品尝卷心菜。"今天吃卷心菜,好吃吧!"(享受美食是食育最重要的内容)

图 2-69 幼儿晾晒卷心菜

教师的观察和分享:

玩戴卷心菜帽子的游戏时,有的成人看见孩子没有及时模仿老师,就催促起来:"你做呀!""学着老师的样子做啊!"又或是直接上手将卷心菜帽子戴在宝宝的头上,有的宝宝欣然接受,但有的宝宝就不太愿意,把帽子扯了下来。

我们可以理解成人希望宝宝能积极参与活动的心情,这种情况下,成人大多觉得自己是在履行教养孩子的责任,把自己和宝宝的关系界定为教养者和被教养者。但是,成人忽略了更重要的一点,孩子是一个独立的个体,亲子关系本身是独立存在的。我们既要和孩子平等相处,又有教育他们的义务,该如何权衡?

我们倡导"关系先于教育,关系大于教育"。

关系先于教育,不是不纠正孩子的问题,而是当问题发生时,首先审视并改善和孩子的关系。"孩子把帽子扯下来,是不是不喜欢我这样帮他做决定?"关系大于教育,不是说在两者冲突时,牺牲教育,而是在教育时,寻找合适的方式,不能牺牲了关系。比如:小一妈妈给小一戴"帽子",小一皱着眉头立刻把卷心菜拿下来,妈妈见状问小一:"宝宝能帮妈妈戴个卷心菜帽子吗?"小一立刻拿起卷心菜帽子戴在了妈妈的头上,高兴地笑了。

 托幼衔接主题活动　　活动一:参观幼儿园

1. 活动准备

（1）事先和幼儿园老师联系;

（2）准备好适宜的参观环境,协商好参观时间。

2. 活动过程

（1）亲子手拉手排队进入幼儿园;

（2）和门卫叔叔打招呼;

（3）洗手并晨检;

（4）进班参观:重点参观班级游戏环境、午休区、进餐处、饮水区、盥洗室;

（5）户外自由活动;

（6）结束活动,围绕今天的活动做亲子交流。

3. 家长指导

在日常生活中多给孩子一些独立的、自我照顾的机会,建立孩子的自信,用积极的方式引发孩子期待幼儿园生活。

活动二：和哥哥姐姐做游戏

1. 活动准备

（1）事先和幼儿园老师联系；

（2）太阳伞、音乐。

2. 活动过程

（1）和幼儿园老师、哥哥姐姐们打招呼。

（2）律动操活动。

① 幼儿园哥哥姐姐操节演示。

② 早教中心的孩子一起参与律动，自由摇摆。

③ 幼儿园老师和早教中心的孩子一起玩太阳伞游戏：

玩法一：拉着太阳伞走走、转转；

玩法二：躲进太阳伞下，幼儿园老师和哥哥姐姐邀请孩子加入活动。

④ 松散游戏：孩子们和幼儿园哥哥姐姐在太阳伞上自由爬呀爬。

（3）活动结束和幼儿园老师、哥哥姐姐们说再见！

3. 家长指导

注意观察孩子在和幼儿园老师、哥哥姐姐们游戏过程中的行为，鼓励和引导孩子和他们互动。

活动三：走啊走，看看我们周围的社区

1. 活动准备

（1）分发通知，包括活动时间和幼儿服饰要求；

（2）了解社区的环境和资源，事先规划好路线。

2. 活动过程

（1）在老师带领下，集体亲子出行。分成两组，每组 17 个家庭。在小区附近，围绕同一路线，两组从不同方向出发，路线安排为"后弄堂—长乐路—理发店—车站—面包店—咖啡店—卫生站和药房—杂货铺—书店—幼儿园"；

（2）引导孩子看看、说说幼儿园周围的社区环境，关注路边一些主要的标识：理发店的转灯、车站的路牌和行驶的汽车、面包店、卫生站的红十字标志、杂货铺、幼儿园的大花园等，感受集体外出的愉悦感。

3. 家长指导

家长鼓励孩子尝试自己走完全程。

第二节

优化早期教养指导活动中的家庭参与

在协商式早期教养活动中,我们主要通过亲子个别化活动、亲子圆圈活动、亲子主题活动中的家长有效陪伴、活动后的家庭迁移等方式推动家庭的参与。除了以上个性化的家庭参与方式外,为了进一步促进家长在早期教养活动中的有效参与,在实践中,我们开展了家庭参与式早期教养指导活动,包括父母课堂、家长沙龙和个别化咨询三类活动。

 父母课堂活动的组织与实施

父母课堂是由托育机构为主体组织,家长参与的系列活动。父母课堂邀请有关专家开展系列形式多样的培训活动,促进家庭教养理念传播,加深家长对婴幼儿发展规律和早期教养实践的了解,提升家长科学育儿知识和水平,帮助其成为合格的教养者。

(一) 活动内容

在我们的实践中,父母课堂活动的内容大致可以分为婴幼儿营养膳食、婴幼儿保健、婴幼儿早期教育三个方面的内容。

1. 婴幼儿营养膳食

合理的膳食与充足的营养是婴幼儿生长发育的物质基础,0～3岁的婴幼儿体内各系统、器官组织结构都处于生长发育状态,需要在日常生活中合理安排膳食,保证营养摄取均衡,以满足其健康成长的需要。另外,婴幼儿处于膳食行为养成的初期,家长在膳食供给过程中的不恰当做法会导致他们后续的饮食问题,比如挑食、偏食、过敏等。针对家长普遍存在的对婴幼儿的发育特点和膳食要求不了解、对如何科学安排婴幼儿饮食生活不清楚以及在制作婴幼儿膳食中存在误区等问题,通过开展针对性的父母课堂活动,对家长进行指导,提高家长科学喂养的意识,开展适宜的家庭喂养实践,助力婴幼儿生长发育。

2. 婴幼儿保健

婴幼儿健康平安的成长需要周围成人的保驾护航,做好各类安全和疾病问题的预防。婴幼儿天性好动,且好奇心强,随着婴幼儿大动作能力的提高,生活范围、视野也在不断扩大。然而由于动作缺乏协调性,加上生活经验缺乏,对周围环境中潜在危险辨别能力差,容易发生意外事故。不仅如此,婴幼儿的各项身体机能也在发育过程中,伴随其接触环境的日益复杂,关注婴幼儿良好卫生习惯的养成,预防疾病,都有助于婴幼儿的安全健康成长。通过开展父母课堂活动,针对婴幼儿常见传染病预防、婴幼儿家庭急诊求助等内容,传授婴幼儿保健知识和技能,为家长提供指导。

3. 婴幼儿早期教育

0—3岁是个体生命中最重要的三年,是他们的身体、心理快速发展的时期,医学、脑科学、心理学等方面的研究,不断证实了3岁前是早期教育不容错过的关键时机。因此对于0—3岁的婴幼儿,既要注重"养",也要关注"教",遵循"以养为主,教养融合"的原则。通过开展父母课堂活动,为家长讲解婴幼儿的发展规律、教养融合的理念和实践,引导家长学习观察和分析婴幼儿的行为,在日常亲子互动中实施潜移默化的早期教育、开展亲子游戏等,助力家长在家庭教养过程中更有效地陪伴婴幼儿成长。

需要指出的是,父母课堂的活动内容会随着课程的不同阶段(适应期、发展期、衔接期)有所差异和侧重,如下面的父母课堂活动安排表所示。

表2-2 父母课堂活动安排表

课程阶段	活 动 内 容
适应期	多边干预的早教课程介绍
	陪伴者体验日活动
	婴幼儿常见传染病预防
	往届父母谈:见证成长,从心开始
	合理搭配,膳食均衡:宝宝营养餐点现场做
	早教老师对您说:做一个更好的陪伴者
	读懂宝宝的情绪
发展期	读懂宝宝的思维方式
	亲子互动中的有效语言交流
	在生活和游戏中促进宝宝感知觉发展
	婴幼儿家庭急诊救助
	无处不在的游戏玩具DIY
	春季防过敏宝宝膳食烹饪
	宝宝生病了,怎么办?
衔接期	人际交往三部曲
	幼儿园老师/营养师对您说
	在生活和游戏中培养宝宝的自主性
	陪宝宝过一个健康愉快的假期

(二) 活动形式

1. 讲座式

讲座式是通过邀请讲师为家长开设主题讲座的父母课堂活动形式,是比较传统、常见的活动形式，主要指向知识类的内容传授，比如早教课程介绍、婴幼儿传染病预防、婴幼儿发展特点解读等，其优点是方便家长进行相关内容的系统化了解与学习。需要指出的是，在我们的实践中，在讲师类型上，除了邀请校外行业专家，还进一步将讲师的范围扩大到托育机构成熟的保育员、教师、管理人员等，就相关的内容进行讲解，不同类型的讲师能帮助家长从不同角度去认识和了解相关内容。另外，为丰富家长的参与途径，讲座式父母课堂还分为线上和线下两类。

2. 工作坊式

工作坊式是由主讲教师带领，全部或部分家长参与到活动过程中的父母课堂活动形式。工作坊的活动形式能让家长积极主动参与到活动中，在亲身参与中获得知识与技能。比如体验日活动，在教师的带领下，家长进入托育机构体验婴幼儿的生活与游戏；再比如婴幼儿营养膳食活动，邀请家长现场参与菜肴的制作等。

3. 线上专栏式

线上专栏式是通过网络平台开设相关的专栏，定期发布科学育儿知识和实践的活动方式。线上专栏的活动形式可以支持家长利用零碎化的时间开展泛在学习。

在实践中，我们广泛利用公众号平台、家园沟通平台，开设了"亲子有效陪伴系列""周末菜单""育儿识珠"等专栏，其中"亲子有效陪伴系列"专栏是教师通过案例解读的形式向家长分享如何解读婴幼儿的行为，并针对具体的问题情境，提供应对策略；"周末菜单"专栏是通过图文并茂的方式向家长推送适合婴幼儿的膳食及其做法；"育儿识珠"专栏是教师将在托育机构观察到的好的亲子互动案例记录下来，传递给家长，引发家长的思考和学习。

（三）活动实施策略

1. 加大对父母参与重要性的宣传

父母课堂活动以丰富家长的科学育儿知识和能力为主旨，家长只有真正参与才有可能达成活动目标。但在实践中,通过调查发现,部分家长存在参与活动意识不强的问题,为了进一步加强家长参与活动的主动性,通过邀请往届家长开设分享会、建立活动必修机制等方式,让家长体验到家长参与的重要性。

2. 加深对家长育儿需求的了解

聚焦婴幼儿发展状况、家庭教养问题和需求开展父母课堂活动,不仅能提高父母课堂活动的有效性,也能提升家长参与父母课堂活动的积极性。在实践中,我们通过多种方式加深对家长育儿需求的了解,包括开展活动前的问卷调查、日常活动中的沟通访谈等。

表 2-3 婴幼儿居家饮食情况调查表

1. 您的宝宝的月龄_____
2. 宝宝平日在家的主要教养人是_____
3. 宝宝在家吃过以下食物(多选):
   □杂粮 □菌菇 □虾肉 □鸭肉 □黄鳝
4. 宝宝喜欢吃什么?_____
5. 宝宝会自己抓勺舀饭吃吗?
   □会 □不会,正在练习中
6. 宝宝爱喝水吗? 如果不爱喝,喜欢喝什么饮品?_____
   □爱喝 □不爱喝
7. 宝宝喝过营养水吗?(营养水为自制保健饮品,如"生梨水")
   □有 □没有
8. 宝宝在入托育机构前有没有挑食、偏食现象?
   □有 □没有 □有时有,但不严重
9. 宝宝在家的进餐时间为:
   □半小时以内 □一小时以内 □一小时以上
10. 宝宝在家中的进餐习惯:
    □坐在固定的地方吃饭
    □自己拿勺吃饭
    □需要帮助喂饭
11. 在家您为宝宝采用哪些菜肴切配方式(多选):
    □块 □粒 □泥 □末 □丝 □片 □丁
12. 您在宝宝饮食上有什么困惑?_____
13. 您希望通过本次活动,学习收获些什么?_____

表 2-4 "读懂宝宝情绪"前期情况调查表

1. 宝宝会因为什么事情产生比较大的情绪反应?
2. 宝宝发脾气时是什么表现?

　　□大哭不止　　□不停重复诉求　　□打人或扔东西　　□生闷气或说"我生气了"　　□其他
　　_____
3. 您在处理宝宝的情绪事件时,第一时间会说:

　　□"别哭了,停!"

　　□"哭好了来找我"(然后走开)

　　□"你刚刚……"(讲道理)

　　□"妈妈抱抱你,你特别想吃蓝莓是吗?……"

　　□其他_____
4. 当您和宝宝看到周围的孩子在哭,您会怎么做?

　　□假装没看见,带着孩子离开现场

　　□当宝宝盯着看,您会说:"他不肯好好吃饭,被批评了! 所以要好好吃饭,听到没……"

　　□当宝宝指着别的孩子,您会说:"小哥哥心情不好,他有些难过,你要去安慰他吗?"

　　□其他_____
5. 看到下面的案例,如果是您,您会如何做?

　　宝宝玩滑滑梯,不肯回家,直摇头说"不要",怎么说都不听,直接拉走他就大哭。
6. 您在宝宝情绪管理上有什么困惑?
7. 您想通过本次活动,学习收获些什么?

3. 鼓励家庭育儿团队参与活动

　　婴幼儿的家庭教养环境中,婴幼儿的陪伴者存在多主体的现状,包括祖辈、父母和保姆三类陪伴者,不同陪伴主体,或相互补位,或合作分工,共同实施婴幼儿的家庭教养,因此,他们的教养行为都会对婴幼儿的早期发展产生影响。立足婴幼儿陪伴多主体的现状,父母课堂活动的参与主体除了爸爸妈妈,也鼓励形成以父母为主导的家庭育儿团队参与早教活动,整体提升陪伴者的参与品质。

1. "亲子有效陪伴系列"专栏

吃饭是件＿＿＿＿＿的事?

要说0—3岁婴幼儿的家长们最关注孩子哪方面的事情,吃饭首当其冲,是最重要的事情之一了。那么,亲爱的家长,您对孩子吃饭这件事的印象是怎样的呢? 我们一起看看这位家长的经历。

吃晚饭的时候,小宝跑上跑下,没有想吃饭的意思。好不容易坐下了,却一会儿玩餐具,一会儿东张西望,就是不吃饭。妈妈看在眼里,急在心里,但还是努力拿出自己的耐心,想方设法诱导小宝吃饭。

"小宝,这个牛肉可好吃了,吃了力气会很大的哦!"

"小宝多吃点胡萝卜,让我们的眼睛更亮。"

......

小宝碗里的菜堆得像小山一样高耸着了。小宝心不在焉地往嘴里塞了几口，然后嚷嚷"我吃饱了"便要离开餐桌。妈妈见了生气地说："就吃这么一些，怎么会吃饱？"于是，情境再次变为小宝自管自地玩，妈妈在一边认真喂饭……

这样的场景，很多家长都似曾相识。孩子吃饭，在部分家长看来，是件头疼的事、麻烦的事。

听听老师怎么说

吃饭，本是人的生理需要，应该是孩子自己的事，而且是件愉快的事。

孩子从 2 岁开始，就会有强烈的自主意识，对饥饿感、饱腹感，以及不同食材带来的口感，都有自己的感受。吃饭从来不是单纯的饿了填饱肚子那么简单，孩子也一样。孩子自己进餐可能会吃得少一点，会拿着勺子捣乱，会撒得到处都是，但这些都是培养孩子吃饭自主性的必不可少的过程，同时也是手眼协调能力、手部精细动作不断发展的好机会。

一直被喂饭的孩子，会失去很多学习的机会。孩子不能按照自己的节奏和愿望来探索世界，认识食物，他们不能通过抓握咀嚼，了解不同食物的外观、气味、味道和形状。一直被喂饭的孩子不能自主决定送进自己嘴里的这一口食物是什么，自己将要吃什么。每一顿饭、每一口饭都是由大人控制，替他决定的。孩子吃饭的乐趣被成人的"塞"给取代了。

孩子的胃口比成人小很多，运动量不够、高蛋白摄入过多时，就会影响他们的食欲。成人容易把自己的感受强加于孩子，认为自己的孩子挑食、厌食，逼迫孩子进食，长此以往，孩子的自我感受能力会下降，对吃饭越来越反感。

如何让吃饭变成一件愉快的事

1. 境由心生：创设健康、丰富的就餐环境。

在膳食品种上下功夫，制作色、香、味俱全的营养食物，创设主动选择食物的条件。让孩子一起参与选择菜谱，一同买菜、洗菜，甚至加入烹饪环节。这些既能增加食欲，更培养了孩子的能力。

2. 爱由心生:尊重孩子,正确引导。

尊重孩子的选择,不要强迫孩子,让他自然自主地探索和品味食物。哪怕他只尝试了一点点,也是进步,要积极鼓励,大人的话语不要带有否定词。

3. 信由心生:给予孩子自由选择权。

有了选择权,孩子的自主性才能体现,自信心才会增加,同时也能学习为自己的选择负责。比如,吃得慢了,可能玩的时间少了;吃得少了,可能很快就饿了……

在吃饭过程中,家长可以和宝宝一起念念老师创编的儿歌《自己吃》。"小饭碗,扶扶好,宝宝自己吃,味道真正好。"吃饭效果更佳哦!

园长妈妈的嘱咐

接纳孩子"吃"的天性,宽心育儿。

为什么说孩子的吃也有"先天不同"?国外的儿童行为学家研究发现:有些孩子好像是专门为了吃东西而活。他们圆圆胖胖的体型,很少让妈妈为"吃"而犯愁。另外有一种孩子,他们似乎不关心吃东西这件事。他们往往就是那种瘦小娇弱,甚至瘦骨嶙峋的体型。他们有时候会觉得饿,但是,往往很快就会消失,常常让爸妈为他们的吃饭忧心忡忡。过度强制,会把他们那一点小胃口也给破坏掉,甚至把他们弄得呕吐。他们的体重虽然增加很慢,显瘦,但是一样活泼健康。如果父母能够随着孩子的胃口,给他少一点的食物,通常就不会发生饭桌上的麻烦。到一定的年龄,他们也可能发展出狼吞虎咽的食欲。

所以,我们建议爸妈调整心态,宽心育儿。小小饭桌,也是孩子自我意识成长的舞台。给予孩子宽敞的空间,倾听他们内心的声音,引导他们去思索"什么是自己想要的""什么是自己该做的",这远比一顿饭的营养更能让他们受益终身。

2. "周末菜单"专栏

周末了,家长们不仅有时间陪陪孩子,还可以给孩子做美食。从本周开始,中福会托儿所官方微信将推出"周末美食",让你也体验一把做"大厨"的感觉。

润体祛燥

秋天,是丰收的季节,各种蔬菜瓜果纷纷上市。蔬菜,是婴幼儿生长发育中不可缺少的营养食品,它为婴幼儿提供丰富的矿物质和维生素,参与构造婴幼儿的身体组织,调节身体各种生理功能,富含促进肠道蠕动的纤维素,维持体内的酸碱平衡,还能祛燥润肤,是婴幼儿常年强身健体的营养佳品。

此外,在秋季选择恰当的食物进行相互搭配,不但给宝宝补充充足的微量元素及膳食纤维,还能起到良好的润体祛燥的作用。

本周推荐

山药海参润燥面

原料:海参50克、山药50克、通心面200克。

调料:盐1.5克,黄酒适量,葱、熟油少量。

制作方法:

1. 将海参洗净去肠,切细条。山药刨皮切细条。通心面温水泡软。

2. 在开水锅中放入黄酒、通心面、山药、海参,待面烂时加入葱末、盐、熟油即可。

适合年龄:2岁以上婴幼儿。

营养功效:山药营养丰富,被称为人体消化素。海参营养成分齐全,碘含量也高。两味合成,具有补血润燥、健脾益肾等功效,是一款为婴幼儿润燥的美食。

热烩彩色素丁

原料:净南瓜肉150克、黄瓜150克、土豆150克、香干50克。

调料:盐2克,鲜汤、水淀粉适量,精制油10克。

制作方法:

1. 净南瓜肉、黄瓜、香干、土豆切成小丁,将土豆丁、香干丁、南瓜丁、黄瓜丁依次入鲜汤中焯水后沥干。

2. 锅中放汤汁烧开,加盐调味,将南瓜丁、香干丁、土豆丁一并放入翻炒,烧开后加入黄瓜丁,放水淀粉勾芡后淋少量油出锅。

营养功效:南瓜胡萝卜素丰富,宜蔬宜粮,有很好的健脾祛燥作用。黄瓜清热,香干优质植物蛋白丰富,土豆含有丰富的维生素C和膳食纤维。本款美食营养丰富,色彩鲜艳,诱发食欲。

3. "育儿识珠"专栏

喝 水

主要内容:

喝水的时间到了,宝宝不愿意,还想玩玩具,妈妈说:"宝宝,妈妈也和你一起喝水,我们来干杯吧!"

教师点评:

- 提供亲子宽口杯:妈妈喝,宝宝也喝,营造其乐融融、大家都喜欢喝水的氛围。
- 善于利用日常细微的生活环节,如喝水时段,来发展宝宝的生活能力。

有声洗衣机

主要内容:

宝宝把手伸进了装有水的桶里转动起来,突然在水桶上拍了一下,妈妈立刻回应了"嘀"的声音,"洗衣机"启动了。宝宝开心地笑了。

教师点评：

- 游戏呈现了一个与众不同的玩法，水球变成了"衣服"，水桶变成了"洗衣机"，妈妈给宝宝配的那一声"嘀"，体现了亲子间的默契，是理解，是支持。

- 陪伴者站位退后，给宝宝的游戏创造了足够的空间和时间。婴幼儿的创造力总是让我们惊叹。

二　家长沙龙活动的组织与实施

家长沙龙是以家长为主体发起的分享交流活动，家长们围绕某一个教育话题，以交流、讨论的方式，分享自己的育儿困惑、经验或教训。在活动中，注重家长之间的平等交流、相互促进、互帮互助，托育机构给予保证活动顺利开展的系列支持。

（一）活动内容

家长沙龙的内容以家长真实的育儿经历为依托，寻找可以引发共鸣的沙龙话题，通过家长之间的相互交流分享，促进互帮互助。在我们的实践中，家长沙龙活动的内容大致可以分为以下三类：

1. 育儿经验分享

家长都是个性化育儿的能手，拥有丰富的育儿经验，在实践中，聚焦婴幼儿发展良好的家庭，邀请他们分享自己在家育儿的小技巧，既有助于家长本身的自我反思和总结，也有助于启发其他家长的积极行为。这类活动内容一般以婴幼儿各方面培养策略为主，比如"如何培养社交小达人""小吃货养成记"等。

2. 育儿困惑研讨

家长在育儿过程中，除了要肩负教养婴幼儿的责任，还要处理各种育儿过程中的问题，因此，他们也是育儿过程中问题解决的能手。每一个婴幼儿都是独一无二的个体，不仅在于婴幼儿本身的独一无二，也在于每个婴幼儿所处的家庭环境的千差万别。因此，面对同样的育儿问题，解决方法也不是唯一的。家长面对同一问题多样化的解决方式，可以帮助自己和教师厘清影响婴幼儿行为的多元因素，同时也为其他家长的育儿困惑提供多样化的解决策略，比如"宝宝不会和别人友好相处""二胎家庭的有效陪伴""宝宝不开口"等问题。

3. 育儿心路历程梳理

家长养育婴幼儿是一件充满挑战的事情，家长也需要适当进行心理的调适，通过家长间育儿心路历程的梳理，可以帮助家长建立积极的心理状态，减少育儿焦虑。育儿心路历程梳理可以聚焦教养人的属性，开设祖辈育儿沙龙、爸爸育儿沙龙、保姆育儿沙龙等，更能引发彼此间的共鸣，也可以开设同一个家庭中不同教养人之间的交流，促进相互理解，为婴幼儿创设和谐的家庭教养环境。

（二）活动形式

1. 案例共读式

案例共读式是参与沙龙的家长围绕生动的案例展开交流讨论的活动形式，案例的呈现以视频最佳,录像呈现能很生动地让家长置身情境中进行浸入式感受和对话,在共读录像的过程中,家长更加有心理空间进行反思。因此,我们形成了以共读典型情境案例启动家长沙龙的模式,这些案例可以来自家长所提供的家庭发生的真实故事,可以来自教师在日常指导现场记录的适宜的亲子互动行为和婴幼儿典型行为,也可以来自专业资料和电影片段。

2. 话题分享式

话题分享式是参与沙龙的家长围绕某一个教养实践话题,分享自己的育儿故事的活动形式。话题分享式沙龙聚焦班级家庭教养实际,充分了解班级家长优秀的家庭教养实践,搭建平台,邀请家长将自己的育儿心得和针对某一具体问题的有效的家庭教养策略总结成文,或配以图片、视频进行讲解和演示,与其他家长进行分享和探讨,以促进家长间的育儿经验分享和同伴学习。

(三) 活动实施策略

1. 注重在日常沟通中收集"故事",有效整合家长资源

沙龙活动话题的设立,一方面需要教师在日常工作中做个有心人,养成收集"故事"的习惯,另一方面需要教师在日常沟通中去有意识地了解、发掘、记录班级家长的家庭育儿情况,结合家园沟通的多样化途径,收集班级家长可推广的多样的家庭教养"故事"。在收集了各类"故事"资源后,对多样化的故事内容进行梳理、整合,凝练合适的主题。

2. 注重家长沙龙的半结构化,激发家长效能感

沙龙活动的话题需要教师预设在先,教师根据在亲子活动中观察到的典型案例、和家长日常交谈中了解的典型问题预设主题,有助于聚焦话题。由于主题紧扣家长在婴幼儿教养中发生的故事,大部分家长都有话可说,因此要保持沙龙的开放性,明确家长是主要分享者。在活动前,可以通过制作海报等方式,扩大对活动的宣传,同时,活

动过程中,教师需要抱着学习的心态,对家长不同的育儿智慧给予肯定,激发参与分享家长的效能感。

3. 注重活动后的归纳与分享,提升家长的实践转化

在每次沙龙结束后,教师要对沙龙中研讨得出的结论和实用的策略技巧进行归纳整理,并佐以录像视频,形成微视频在家长群里进行推送,方便家长温故知新,巩固运用,避免参加的家长听过,但回去没有行动。如在一次家长沙龙后,教师总结出了亲子互动中最常用的"动听"的话,包括给孩子选择权的语言、帮助孩子建立秩序感的语言、鼓励孩子做事的语言、尊重孩子的语言、表达情绪情感的语言、表扬孩子的语言等,支持家长在活动后运用这些"动听"的话,有效提升家长的实践转化。

(四)活动案例枚举

1. 案例共读式沙龙

活动主题: 如何更好地让婴幼儿学习新的生活技能

分享人: 早教教师

活动过程:

一、情景再现

观看视频,播放一段宝宝上楼前换鞋的视频。

22个月大的铁娃和爷爷坐在一张长凳沙发上,正在做上楼前的准备——换鞋和摆放衣物。爷爷拿出铁娃的鞋子,告诉坐在一旁的铁娃说:"自己把鞋脱了。"鞋凳略高,但是铁娃还是努力缩起腿,拉开鞋襻,逐个把两只鞋子脱了。在铁娃脱鞋的同时,坐在他旁边的爷爷在整理东西——把铁娃更换下来的衣物放进去。然后爷爷也开始换鞋。当铁娃脱好鞋子后,爷爷下了第二个指令:"把鞋穿上。"铁娃坐在那儿试着把一

只脚伸进鞋子里,但是略高的座位让他看起来有些困难,爷爷立马说:"坐在地上穿。"铁娃"啪"的一下靠着沙发坐在了地上,拿起鞋子尝试穿起来,一边口中说着"奶奶"(早上是奶奶陪着一起入园的,入园后奶奶回家),然后把目光看向爷爷。正在穿鞋的爷爷和铁娃目光对视了一下,之后爷爷明确地告诉他"奶奶回家了"。祖孙俩继续各穿各鞋,爷爷很快就穿好了,铁娃还在穿,爷爷坐在一旁一边注视着他,一边等着他。尝试了一会儿,铁娃还是没有穿上,于是他把那只没穿上的鞋递给了爷爷,然而爷爷并没有接过铁娃递给他的鞋子,而是把搁在地上的那只鞋捡起,打开鞋襻,递给铁娃,示意让他再次尝试。之后他才接过铁娃递给他的鞋子,趁铁娃在穿鞋的间隙,打开接过的那只鞋的鞋襻。铁娃接过爷爷递过来的鞋子,再一次尝试穿上,但是左右脚弄错了,爷爷提示"穿反了,穿在左脚上",铁娃很快就换了一只脚。"对!"在试穿的过程中,铁娃把刚才爷爷为他打开的鞋襻又粘在一起了,铁娃自己打开了鞋襻,然后换了另一只脚尝试。爷爷再次提醒他"穿反了",他很快就换回了脚,试着把脚穿进去,但手没握住鞋子,鞋子"啪"的一声弹出去了。这时爷爷拿起鞋子,很快地帮铁娃把鞋子穿好。刚穿好鞋的铁娃正准备站起身,爷爷又迅速地把铁娃的鞋子放到他面前,说:"自己拿着。"然后拿起自己的鞋子和双肩包,径直往柜子处走去,把东西摆放好。铁娃也知道要干什么,紧跟在爷爷后面,把自己的鞋子端端正正地放在爷爷鞋子的旁边。"好,上楼。"准备工作都完成了,爷孙俩一起上楼了。

二、家长发言互动

家长一:

视频里我看到宝宝穿错的时候,大人也是提醒在后。以宝宝为主,也意味着我们大人要"管住嘴,管住手"。管住嘴就是宝宝在独立探索的时候要少说,要求不要太多。爷爷每次的语言都很简练、很明确,比如:"自己把鞋脱了""坐在地上穿"。管住手就是"没有求助先不要帮助"。当宝宝穿不上鞋子,把鞋子递给爷爷的时候,爷爷才给他帮助。

家长二:

我在视频中看到当陪伴者要求宝宝换鞋的时候,他自己也在换鞋。两个人都穿好后,陪伴者放鞋子时,宝宝也紧随其后。大人怎么做,宝宝也怎么做。大人淡定了,宝宝也淡定。大人放手了,把孩子作为一个独立的个体来看待,他就变得更能干了。

家长三:

换鞋穿衣,如厕吃饭,这些生活照料的事情平淡琐碎重复,以至于我们都希望遇到这些事的时候早点结束。视频中大人是把宝宝"放大"的,让宝宝像一个大人一样平行坐在旁边。我也要逐步学会放手,从全帮到半帮到不帮。

三、教师总结

看似寻常的事件,却值得我们做一些反思:如何让婴幼儿学习一个新的生活技能?这些生活活动带给婴幼儿什么样的发展价值?早教的生活活动对婴幼儿成长的意义以及对亲子关系建立的价值在哪里?结合宝宝换鞋案例我们来进行一次反思。

1.生活活动对婴幼儿的发展价值。

(1)例行的生活活动可以让婴幼儿建立良好的生活规律;

(2)生活活动是成人和婴幼儿建立良好亲子关系的机会;

(3)能为婴幼儿带来胜任感和自信;

(4)让婴幼儿学会思考新的信息,培养和训练生活技巧。

2.让婴幼儿学习新的生活技能的策略。

(1)留出时间,耐心等待。正如前面所提到的,很多时候我们总是看到大人匆匆忙忙,希望很快结束这些事情,包办代替孩子,结果本来宝宝可以学会这些技能的机会因为成人的催促而一次又一次失去了。整个换鞋的过程3分钟不到（2分48秒），陪伴者给宝宝自主尝试共2分多钟（2分18秒），几乎2/3的时间是留给宝宝自己尝试的。班上有一个18个月大的宝宝，可以很熟练地自己穿脱鞋子，带她的阿姨告诉我，她每天出门都会给宝宝留出充裕的时间让她自己尝试穿脱鞋子。合理地、有规律地安排时间是很重要的，因为这样宝宝可以知道接下来要做什么。一日多次，每次短短的几分钟，放手让婴幼儿有多次尝试的机会，允许婴幼儿试错，在日积月累中习得穿鞋的经验。

（2）宝宝为主，成人为辅。放手让宝宝尝试去做是帮助他们学习的最好方式，前提是需要留给他们大量的机会练习。在视频中我们看到陪伴者始终是一个配角的身份，这意味着陪伴者要学会"管住手，管住嘴"，允许和默认宝宝试错。从镜头里看到陪伴者总是让宝宝先试一试，再给予纠错。也有家长不纠错，只要宝宝能穿上就好，大半天的活动时间中，就让宝宝穿着左右脚相反的鞋子在活动室里满屋子玩。所以教养的做法没有最好的，只有最适合的。教养不需要很多的语言指导。我们经常发现陪伴者要求一多，宝宝就没有兴趣了。视频中陪伴者的话共出现8次，每次的语言都很简练、很明确。其中指令性的话3次："自己把鞋脱了""把鞋穿上""自己拿着"；指导性的话2次："坐在地上穿""穿反了，穿在左脚上"；回应性的话3次："奶奶回家了""对""好，上楼"。很多时候陪伴者喜欢"教"，但怎么教很有窍门。语言一多，配角就容易变主角，从全帮到半帮到不帮，视频中陪伴者打开鞋襻，递给宝宝鞋子的动作为我们做了很好的诠释。"没有求助先不要帮助"，在视频中宝宝遇到一些问题时陪伴者先等待，宝宝求助时才给予帮助，这也体现了婴幼儿为主，成人为辅。

（3）身体力行，示范在先。婴幼儿的耳朵和眼睛都是非常灵敏的。你怎么做、怎么说，他都看着听着。视频中，当陪伴者要求宝宝换鞋时，他自己也在换鞋；两个人都穿好后，陪伴者放鞋时，宝宝也紧随其后，做了相应的事情。所以身教重于言传。

（4）及时回应，适度肯定。当宝宝遇到一些问题，比如够不到鞋子、鞋子穿反了，或宝宝说"奶奶"的时候，无论是在动作还是语言上，大人都给予了及时的回应。"搭一个小台阶"让宝宝更容易成功，当宝宝做得比较好的时候，陪伴者发出的"对""好"的肯定也是简单和明确的。

2. 话题分享式家长沙龙

沙龙话题：小手翻开大世界——温馨亲子阅读分享会

家长一：

1. 阅读内容：种类丰富，与时俱进

2. 阅读环境：舒适健康，随意安静

3. 互动——亲子"悦"读，激发兴趣

（1）绘本描述的内容和生活相关联；

（2）2岁以后开始进入语言爆发期，用心提问和答疑，培养宝宝语言表达和逻辑思维能力；

（3）全家总动员。

家长二：

1. 4月龄起，逐渐拥有独立的阅读空间，并不断优化

2. 随处放几本小书，让绘本成为宝宝的好朋友

宝宝书架的选择

| 图书馆书架 | 好处：放的书籍较多，整齐
弊端：压抑，没有给宝宝"留白"的空间 |

| 北欧风书架 | 好处：颜值高，所需空间少
弊端：可放书籍少，有安全隐患 |

| 我的书架 | 好处：封面可看，能放200本绘本
弊端：需要不时更换书籍，容易攀爬 |

3. 比书架更重要的是书的摆放

家长三：

1. 小小书架

2. 一本书可以做哪些事

3. 家庭阅读原则

家长四：

1. 婴幼儿书的种类

2. 个人的阅读方法

个人的阅读方法

有声书 随手摁，随处磨耳朵，也便于家里老人家带娃，不会读的书小孩可以自己摁，有些童谣都是自己听着听着过两天就会跟着念了。

翻页书 图片多，意境显示出来，便于理解这首诗，更有利于记忆，满足孩子的好奇心。

故事类型书 姐姐喜欢的，妹妹暂时还不感兴趣，一般这个时候我们家里人分工合作，一人管一个，给她们分别读。

3. 经验分享

遇到的困难以及自己总结的一些经验

· **不喜欢读书怎么办？**

相对于姐姐从小就喜欢读书，妹妹其实一开始没那么喜欢，但通过平时一直在她面前给姐姐读书，让她明白了读书是个有意思的事情，现在妹妹也开始慢慢接受了。

· **孩子对书本的选择？**

妹妹其实很有主见，喜欢不喜欢的书本特别清楚，我就按照她的喜好来，不强迫她。让她先享受读书的过程，并且对于孩子来说，任何书本都是在帮助他们吸收知识。

· **孩子无法坚持读完一本书？**

一开始的时候，经常一本书读到一半妹妹就跑了，但我仍然会坚持读完再去陪她玩别的。

三　个别化咨询活动的组织与实施

个别化咨询活动是聚焦婴幼儿发展过程中的个性化问题,提供更具针对性的家长育儿指导的活动,以一对一交流沟通的形式展开,且一般在普适性的指导活动无法解决家长的相关困惑时开展。

(一) 活动内容

个别化咨询的内容一般聚焦婴幼儿发育评估、发育预警、异常表现等内容,比如婴幼儿的生长指标异常、其他方面的发育明显低于周围同龄伙伴等。

(二) 活动形式

每一次的个别化咨询活动以单个家庭为单位。为了保证个别化咨询活动的有序进行与实施效果,需要提前进行预约,确定咨询主题。在预约日当天,家长前往托育机构与教师进行一对一的面谈。根据预约发起方的不同,个别化咨询分为以下两类:

1. 家长主动发起预约咨询

当家长产生个别化咨询的需求时,可以主动向教师提出预约咨询,填写调查表。调查表的内容主要包括:婴幼儿基本信息、家长基本信息、家长问题简述(可包括婴幼儿行为举例)。调查表支持家长备注个性化的育儿需求,包括自身存在的特殊情况等,以便教师根据表格内填写内容提供有针对性的教养支持与指导。教师会依据调查表所反映的各种信息,结合对婴幼儿的日常观察与了解,与家长确定咨询主题,就咨询活动的主要目标、内容和具体的约谈时间达成初步的共识。家长在填写调查表的过程中能够发现与梳理相关教养问题,对婴幼儿与自身的情况进行检视与反思,有利于后续个别化咨询活动的有效开展与实施。

2. 教师主动发起预约咨询

当教师基于日常观察或在与家长的沟通中发现一些问题，教师也可以主动邀请家长进行个别化咨询活动。教师从专业的角度对婴幼儿行为表现、发展情况进行观察，如实记录婴幼儿的问题行为，向家长发出个别化咨询活动的邀请。通过与家长的事先征询，了解婴幼儿在日常生活中的行为表现，双方确定咨询活动的主题与目标，为商讨后续的问题解决举措做好准备。

（三）活动实施策略

个别化咨询活动的开展，要坚持一对一咨询形式，注重建立信任关系、组织频次合理化与规范化，并掌握个别化咨询的沟通技巧，保证个别化咨询活动高质量开展与实施。

1. 坚持一对一咨询形式，注重保护家长隐私

一对一咨询形式是个别化咨询活动的基本特征。在个别化咨询活动中，教师会以每个家庭为单位，为婴幼儿及家长提供专属的咨询服务。只有当教师一对一地与婴幼儿家长进行沟通交流时，才能够最大程度地了解婴幼儿发展情况、家庭背景情况等。

一对一的咨询也要注重保护好家长的隐私，首先，由同一名教师担任该名婴幼儿问题解决的主要负责人，确保负责教师对婴幼儿发展情况及其家庭情况有足够的了解，一般情况下不变换负责教师；其次，一名教师在同一时间内只接待一名婴幼儿家庭，必须如实记录婴幼儿的实际发展情况与行为问题，结合其他影响因素做出针对性分析，提供个别化的教养建议；此外，针对每名婴幼儿形成个人成长档案，记录问题解决过程与效果，作为后续咨询活动与问题解决的参考依据。

2. 组织频次合理化与规范化，建立高效的咨询服务体系

一般而言，教师根据婴幼儿的实际发展情况不定期组织开展个别化咨询活动，每个发展阶段不得低于一次。对于家长主动提出的咨询活动，教师应依据家长需求与婴幼儿的实际发展情况灵活、有序地安排合适的时间进行面谈，并及时更新婴幼儿发展资料。

3. 掌握个别化咨询的沟通技巧，提升活动体验与效果

掌握个别化咨询的沟通技巧是提升咨询活动体验与最终效果的助力剂。教师传递给家长的信息将对家长的家庭教养观念和方式产生直接的影响，那么，如何传递信息才能保证咨询效果最优化呢？这就需要教师掌握个别化咨询的沟通技巧，以提升活动体验与效果。下面将从三个方面分别进行阐述。

(1) 善用"善言"，建立积极的互动关系

相比于生硬的话语，温柔亲切的话语更容易被人们接受。同样的一句话语用不同的方式与技巧进行表达会有截然不同的效果。当家长面临教养问题时，难免忧心忡忡，流露出紧张、激动的情绪，这是人之常情。在个别化咨询活动中，教师可以通过和蔼可亲的态度、温柔坚定的语气、风趣幽默的谈吐、清晰流利的表达，与家长进行交流沟通，将过硬的专业知识与理念，以更具亲和力的方式传递给家长，有利于缓解家长的焦虑心情，帮助家长树立信心，以从容的姿态应对教养问题。

(2) 充分共情，赢得家长的尊重与信任

教师每天都会与不同的家长进行接触与沟通，沟通的对象包括婴幼儿的父母、祖辈、亲戚等。为了保证个别化咨询活动的顺利开展，面对形形色色的家长群体，教师应尽可能地调动自身的同理心，充分发挥共情能力，设身处地地考量家长需求，以亲切的态度、合适的措辞语气，用更易被家长接纳的方式进行沟通交流，赢得尊重，取得信任，为后续的咨询与教养过程打下坚实的基础。这一过程极大地考验着教师的表达沟通能力与共情能力，也是展现教师个人专业素养的重要环节。

(3) 创设舒适环境，营造良好的沟通氛围

创设舒适的沟通环境，营造良好的沟通氛围，在细节之处彰显自身的专业素养，能够在潜移默化中提升说服力，与家长建立起积极的信任关系。首先，干净整洁的沟通环境给人带来良好的第一印象，有助于让心怀担忧的家长放松心情，提高沟通的效率。

其次，在咨询过程中，提供舒适的座椅、精致贴心的点心以及轻柔温馨的背景音乐也能够让家长在细节中感受到教师的细腻与用心。只有当家长感到与教师之间的沟通足够愉快、顺畅时，他们才能够真正地敞开心扉，提供更加详细的信息，提出自身的核心需求，并且在后续进行教养实践时更好地进行家园合作，最终对婴幼儿的健康成长产生积极的引导作用。

第二章

全日制机构模式下家校
共同体的实践

第一节

优化早期教养中的
协商沟通

全日制机构模式下，协商沟通是托育机构和家庭加深对幼儿的了解、促进双方之间相互理解信任、形成教养合力的重要途径。

一　协商沟通的内容

在实践中，我们发现家园协商沟通的内容根据不同时期婴幼儿的发展需要有所侧重，基于此，我们分三个阶段，入园前期、适应期、稳定期，对家园之间协商沟通的内容进行了优化。其中，入园前期是指婴幼儿初次入园前的一到两个月，可根据实际情况调整；适应期，是指婴幼儿初入园后的一两周到一两个月左右，此时大部分婴幼儿都会表现出不同程度的分离焦虑；稳定期则是指婴幼儿来园情绪稳定、愿意积极参与托育机构的相关活动的阶段。

（一）入园前期，以建立婴幼儿个人档案为主的沟通实践

入园前期协商沟通的主要目的是多角度了解婴幼儿的信息，初步认识婴幼儿，协

商沟通的内容主要集中在家庭教养情况、婴幼儿个性需求、真实的日常表现三个方面。教师在协商沟通的基础上，建立婴幼儿专属的个人档案，为今后的共育实践提供重要依据。

1. 了解家庭的教养情况

家庭教养情况对婴幼儿的认知、情绪、意志、人格发展具有重要影响。家庭教养情况是全面了解婴幼儿个性特征、生活习惯等的重要依据，是建立婴幼儿个人档案的基础。

一方面，家庭的教养情况包括家庭的一些基本信息，如家庭的成员、父母的学历职业、婴幼儿的主要抚养人、来离园的主要接送人以及婴幼儿是否上过早教课程或其他教育经历等，帮助教师形成对婴幼儿家庭情况的了解。这些基本的信息能够帮助教师初步选择沟通的方式，并进行深度的沟通。值得注意的是，在后续沟通中，这些信息也是对婴幼儿日常行为表现情况分析的重要依据。

另一方面，家庭的教养情况包括家长的教育实践，主要有家长的教养理念、教养方式、教养方法等，家庭教养理念主要是父母或主要抚养人在教育活动实践中的主要认知，如家长的儿童观、教育观等；教养方式主要有权威型、放纵型、民主型等，不同的教养方式会在很大程度上影响婴幼儿的行为表现；教养方法依托于教养方式，是针对教育实践中具体情况所运用的方法，如当婴幼儿遇到问题时，是鼓励他自己尝试还是完全包办代替，是会运用适合婴幼儿的教育手段还是一味地强制干预等。这些教养的情况能够加深教师对婴幼儿性格特征和行为表现的了解和分析。

2. 沟通婴幼儿的个性需求

婴幼儿的年龄越小，个体差异越大，个性化的需求也就越明显，因此入园前期教师在初步了解家庭教养情况的基础上，应熟知每一位婴幼儿的个性化需求，以形成有针对性的教养方案，帮助他们尽快适应集体生活。因此了解婴幼儿的个性化需求，是建立个人成长档案的关键，也是顺应他们生理节律的必然要求。

一方面，个性化需求包括婴幼儿的生长发育情况和生活习惯。首先是婴幼儿的生长发育情况：包括身高、体重、疾病史、接种史、对某些食物的过敏情况等，如有的婴幼儿是肥胖儿，则需要进行饮食管理，在满足其所需基本营养的基础上控制主食量，多加蔬菜等,这些信息帮助教师更好地了解婴幼儿的身体需求,及时发现和预防疾病,制定个性化的保健方案。其次是婴幼儿的生活习惯,如在饮食上是否能够自己吃饭、是否挑食等;在睡眠上是否能够自己入睡,一般的睡觉时间是多久等;在整理中是否能够自己穿脱衣物、鞋袜等;在盥洗上如厕的情况如何,是否需要穿戴尿片等;另外在生活中有哪些特别的爱好,如喜欢看哪些节目、喜欢哪些游戏和活动;以及婴幼儿一些独特的表达方式,如用特定的词或者动作表达日常的需求等,也是要关注的。这些生活上的信息既拉近了婴幼儿与教师之间的距离,又能帮助教师为婴幼儿制定适宜的发展计划。

另一方面,个性化需求包括婴幼儿的性格特点,如婴幼儿是否易怒、好动或过于安静,在讲道理时是否愿意听从劝说,对待长辈或者他人的态度如何,在遇到问题时会采用哪种方式表达等。对这些性格特点上的了解让教师更容易理解婴幼儿的行为表现,更有利于站在婴幼儿的立场上开展教养实践。

另外,对于婴幼儿的一些特殊情况或者需要教师特别照顾或者关心的事,如家长自己的担心、对婴幼儿的期望或者身体上所需的一些特殊照顾等,是教师在入园前期着重沟通了解的内容,这部分内容是家长最为关心的,也是他们最渴望了解的,因此在建立婴幼儿个人成长档案时,教师会对这一部分内容特别记录,并在今后的教养实践中有针对性地开展协商沟通,建立起互相理解、信任的家园关系。

3. 获取真实的日常表现

教师在婴幼儿入园前缺少与婴幼儿持续、连贯的面对面沟通机会,建立个人档案不仅要从家长的视角了解婴幼儿,更要看到婴幼儿在家庭中的日常表现。这些日常的表现一方面能够客观地反映出家长的认知是否具有主观上的偏差,另一方面能够更直观地、持续性地了解婴幼儿的日常情况,这也是建立婴幼儿个人成长档案真实有效的保障。

一方面,入园前期家长发送有关婴幼儿在家庭中日常生活的照片或视频片段,以便教师直观地观察和了解婴幼儿在家庭中常态化的行为表现,如有哪些生活经验、生活经验达到哪种程度等,为全面认识婴幼儿提供多角度的参考。教师结合前期信息的收集,辅之获取到的真实情况,真实地建立婴幼儿个人档案。

另一方面,对于参与过亲子陪伴模式下早期教养机构的婴幼儿,在有条件的园所中,教师前期可进入早教中心以旁观者的身份观察婴幼儿在有家长陪伴时的表现,获得婴幼儿在教养机构中与教师和家长的相处情况，在婴幼儿入园后，教师随时与早教人员保持沟通，以便于结合婴幼儿的前期情况，全面分析他们的行为。对于不能够进入到早教中心的教师，可通过家长获取婴幼儿在早教中心的表现，为建立婴幼儿的档案信息打下基础。

（二）适应期，以推进婴幼儿适应为主的沟通实践

适应期协商沟通的目的是帮助婴幼儿尽快适应集体生活，协商沟通的内容一方面是指导家长保持理性的认知，另一方面是家园互通信息，分享反馈婴幼儿的行为表现，家园联结商讨促进适应的方法。

1. 提供家长指导，缓解焦虑，营造家庭平和氛围

婴幼儿在适应期的一段时间内（一到两个月，甚至更长），是产生焦虑情绪最严重的时候，这一阶段的婴幼儿第一次离开家长，会出现各种不适应的表现。家长也是第一次长时间与婴幼儿分开，看不到婴幼儿，会不由自主地无限想象他们在园是怎样的，担心不适应集体，老师能否照顾得来等，也会产生焦虑的情绪。

教师提供专业化的指导，首先帮助家长摆正自己的心态，正确地看待入园这件事，认识到这是婴幼儿成长的必经之路，其实适度的分离焦虑也有积极意义，是他们自我保护的一种方式，哭闹是婴幼儿在向我们发出信号：我觉得有点儿不对劲，请来保护我！我们要做的就是用适宜的方式引导，帮助婴幼儿顺利地度过这一阶段。其次帮助家长认识到自己的情绪会影响到婴幼儿，加深他们对入园的抗拒，对其成长会起到反作用。要让他们认识到，家长保持一颗平常心，营造一种平和的家庭氛围，婴幼儿也会逐渐地认识到这是一件正常的事情，从而缓解他们焦虑的情绪。

2. 沟通行为表现，建立家园联结，保持教养一致

婴幼儿初次入园后，会在一定程度上产生入园焦虑的情况，此时教师要高频次地与家长沟通，让家长看到婴幼儿的情况，双方协商教养方案，保持家园教养的一致。

一方面,适应期的沟通从婴幼儿的行为表现出发,婴幼儿会出现不同的焦虑表现,无论是哪种分离焦虑的婴幼儿,最主要的还是要坚持来园,教师用自己的专业知识与家长分析当婴幼儿度过这样一个阶段后,就能逐渐适应托育机构的集体生活。当婴幼儿入园后,情绪会逐渐地平缓,教师记录下婴幼儿情绪转好的情况,并拍摄短视频,让家长直观地看到婴幼儿入园后的表现,保持安心。当婴幼儿参与到活动中,教师拍摄婴幼儿的照片,并及时地共享,让家长看到婴幼儿在园很开心,保持放心。另外要注意午餐、午睡、如厕三个生活环节,这是家长最关心的问题,教师记录下婴幼儿的生活情况,在线上交流或利用离园的时机进行简单的语言沟通,让家长知道婴幼儿是可以自己生活的,保持宽心。此外教师指导家长放学回家后观察婴幼儿的举动和表现,全面掌握婴幼儿在这一阶段的适应情况,并与家长沟通具体的家园共育措施,包括周末、节假日时尽量保持与托育机构一致的作息,营造与园所有联结的家庭情景,如在家里的墙面放上老师、小伙伴和在园游戏的照片,或者带一些家里的玩具和物品到园所中。

另一方面,适应期的沟通从家长的困惑和疑虑出发,教师在面对家长和婴幼儿时,及时发现他们之间在亲子关系、互动等方面的问题,主动与家长进行协商,如在来园换衣服时发生的小事件都可以作为沟通契机;或者是家长出现的一些不适宜的行为,如长时间不愿离开婴幼儿等,教师应及时告知家长这样做是不利于婴幼儿成长的。另外当家长出现育儿问题时,教师可提供一些专业化的指导,如一些共性的问题组织家长间的交流,一些个性的问题单独进行协商,帮助家长了解更多的教养知识和方法。

一般来说,适应期的协商沟通根据婴幼儿的情况加以调整,初入园的两个星期左右,建议每天和家长分享婴幼儿的情况;前一两个月,相对减少每日的沟通频次;等婴幼儿进入稳定期阶段,根据需要保持协商沟通,与家长建立起信任关系,保持家园的联结。

3. 反馈个性行为,探讨有针对性的适应方案

婴幼儿的年龄较小,身心发展差异大,因此每个婴幼儿的行为表现也是不相同的,针对他们的个性行为,教师与家长共同探讨有针对性的适应方案,帮助婴幼儿平缓地度过适应阶段。

首先,每个婴幼儿的分离焦虑程度和类型不同,如有的婴幼儿表现为哭闹型,或大

声号哭或低声啜泣;有的婴幼儿表现为拒绝型,长时间待在一个地方不肯说话,拒绝别人的靠近;有的婴幼儿表现为依恋型,会特别依赖某一位教师,教师走到哪里就要跟到哪里。同时婴幼儿适应期的长短也有所不同,有的婴幼儿很快便能适应托育机构的生活,有的需要一两个月甚至更长。教师根据婴幼儿的焦虑情况有针对性地进行沟通,对于哭闹型的婴幼儿,需要教师有更多情感和肢体上的接触,并建议家长在家中要满足婴幼儿更多的情感需求,如每天有仪式感地说再见,一起适当地释放心理情绪等;对于拒绝型婴幼儿,若其拒绝教师的陪伴和安慰,则可允许家长为其带一个依恋物品,形成一种家园的联结,让婴幼儿有安全感,值得注意的是,依恋物是缓解婴幼儿焦虑的"暂时性"方法,当婴幼儿逐步缓解焦虑后,要及时地与家长沟通戒掉依恋物,避免对集体生活造成影响;对于依恋型婴幼儿,教师允许他们的依恋,多陪伴他们进行游戏,并与家长沟通在熟悉的环境中有意识地让婴幼儿习惯分离,如与婴幼儿在一个房间但是距离远一点,出门前明确告诉婴幼儿具体的事情等。

其次,气质类型会影响婴幼儿的行为,虽然后天的环境会影响婴幼儿气质的发展,但是不同类型的婴幼儿在集体生活中的表现还是有差异的,教师要根据婴幼儿的具体行为形成适宜的教养方案。如婴幼儿心理状态比较稳定,家园间要多一些洞察力,发现婴幼儿的需求时要及时交流;婴幼儿比较沉闷、敏感、情绪化,家园间要给予他们一定的空间,适时地沟通鼓励他们大胆表达;婴幼儿情感发生迅速、直率,家园间要保持平和的态度,多沟通一些情绪上的情况;婴幼儿思想灵活、活泼外向,家园间要多在注意力上进行沟通引导。

（三）稳定期,以促进婴幼儿全面发展为主的沟通实践

当婴幼儿平稳度过了适应期,迈向了稳定阶段后,则应将协商沟通的重点放在婴幼儿的动作与习惯、语言与沟通、情感与社会、认知与探索等方面的行为表现和成长需求上,助力婴幼儿更好地发展。

1. 从生活细节出发,开展全程化的健康成长问题沟通

对于婴幼儿来说,生活活动是其很重要的一部分,因此家园沟通还应当从生活细

节出发,以婴幼儿一日生活全过程的日常表现为切入点,与家长共同关注、探讨和解决婴幼儿在成长过程中遇到的问题。

生活方面的沟通交流以婴幼儿一日生活环节为基础,并渗透到生活中的点点滴滴。盥洗环节主要沟通引导婴幼儿养成自主洗手的习惯,向家长反馈目前洗手的情况;餐点环节主要沟通引导婴幼儿自主进餐情况,协商解决婴幼儿在进餐时含饭、挑食等问题;如厕环节主要沟通培养婴幼儿自主如厕的能力,如戒尿片的方法、如厕的意愿和需求等;午睡环节主要沟通婴幼儿睡眠的质量,如入睡时间、睡眠中是否有特殊的情况等。此外注意来离园环节的沟通交流,可简单地沟通婴幼儿今天的状况,在来园时,以家长对教师传递信息的沟通为主,说明今天婴幼儿是否有什么特别需要注意的情况,如今天婴幼儿打了预防针,需多喝点水;今天婴幼儿有些咳嗽,需要避免海鲜类食物等。在离园时,以教师向家长的反馈交流的沟通为主,如婴幼儿在集体生活中有哪些进步,有没有特殊事件发生等生活上的细节。协商沟通的目的在于提高婴幼儿的生活能力,托育机构以集体生活为主,教师要面对整个班级的婴幼儿,不能全方位地包办,生活能力的提高有利于婴幼儿的自我照护,让他们更适应集体生活。

2. 从游戏观察入手,与家长共同解读婴幼儿的发展性行为

游戏是托育机构的基本活动,婴幼儿的游戏水平能够反映其当前的发展水平,家园间的协商沟通从游戏活动入手,通过观察和反馈婴幼儿各方面的游戏行为,促进他们的能力发展。

托育机构的区域游戏有很多种,各游戏区域既体现着发展的多元性,又相互联系整合。角色游戏中婴幼儿通过模仿再现体会真实的世界,家园间可沟通婴幼儿的社会经验发展情况;感受和表现游戏中婴幼儿运用各种工具大胆创作,表达自己的感受想法,家园间可沟通婴幼儿的创作行为和创作作品;探索游戏中婴幼儿多感官感知周围世界,家园间可沟通婴幼儿新的发现,肯定他们的表现;阅读游戏中婴幼儿通过绘本故事和操作材料倾听表达,家园间可沟通婴幼儿的语言发展水平,培养良好的阅读习惯;动作发展游戏中婴幼儿充分运动自己的身体,促进粗大动作和精细动作的发展,家园间可沟通婴幼儿的肢体动作发展情况。教师通过观察记录婴幼儿游戏中的行为表现、兴趣程度、能力水平、学习品质等情况,全面地进行沟通交流,与家长共同解读婴幼儿的游戏行为,分析行为所体现的发展需求,协商促进发展的教养策略。

协商沟通的方式

协商沟通的方式是依据沟通的目的、沟通的内容,以及沟通的对象而选择的,沟通方式有很多种,每种沟通的方式都有其独特的作用,其中主要包含以下几种方式:

(一)依托各类记录表格,开展全面沟通

记录表格的协商沟通方式适用于整个早期教养阶段,表格能够直观地记录并反映婴幼儿的行为表现和发展情况,教师依托各类表格所记录的内容,全面地与家长进行协商沟通。表格主要有几种类型,如"婴幼儿基本情况调查表""婴幼儿一日观察记录表""婴幼儿日常观察记录表""婴幼儿一周观察记录表""婴幼儿游戏观察记录表"等,每种记录表格所针对的内容不同,如基本信息调查、生活需求状况、生活能力发展、游戏行为表现、日常生活记录等,还有针对一个婴幼儿一周的生活情况记录,或是全班婴幼儿情况的整体记录等。教师在沟通时灵活地运用每种类型的记录表,使协商沟通时有理有据,保障婴幼儿的健康成长。

表 2-5 婴幼儿基本情况调查表

婴幼儿姓名		家庭详细住址及电话		
昵称				
父母信息	姓名	工作单位及其具体职务		联系电话(能立即联系到的)
主要抚养者				
婴幼儿主要情况表(婴幼儿生日:)				

饮食	是否自己吃饭	是\否	卫生习惯	是否漱口	是\否	行为习惯	会问早上好	会\不会
	会用什么餐具			自己洗脸	会\不会		会说再见	会\不会
	是否挑食	是\否		饭前便后洗手	是\否		对人有礼貌	是\否
	爱吃什么菜			用语言或肢体语言表达大小便需求	会\不会		尊敬长辈	是\否
	不吃什么菜			如果会，怎样表达			听从家长劝说	是\否
	是否有过敏食物	是\否		自己小便	会\不会			
	进餐时间		游戏	能自己玩	能\不能	讲道理	不开心时会用语言表达	会\不会
	饭量			与别的孩子一起玩	是\否			
睡眠	是否单独睡	是\否		爱玩什么游戏			是否无理取闹	是\否
	晚上睡觉时间			自己整理玩具	会\不会			
	午睡时间			爱发脾气吗	是\否			
	是否尿床	是\否	情绪	过分安静吗	是\否	看电视	每天大约看几小时电视	
自理能力	穿衣服	会\不会						
	脱衣服	会\不会		过分好动吗	是\否		爱看哪些电视节目	
	穿脱袜子	会\不会						
	穿脱鞋子	会\不会						
其他	例如婴幼儿的特殊情况，需要老师特别照顾关心的事项……							

表 2-6 婴幼儿一日观察记录表

		姓名 1	姓名 2	姓名 3	姓名 4	姓名 5	……
情绪	愉快						
	波动						
	焦虑						
进餐	老师喂						
	在老师的帮助下自己吃						
	能自己学着吃						
喝水	老师帮助						
	自己拿杯子喝						
睡眠	入睡时间						
	老师哄着睡						
	自己睡						
排便	自己如厕						
	会表达需老师帮助						
备注							

表 2-7 婴幼儿日常观察记录表

姓名　　　　　　日期

		完全需要老师喂	在老师帮助下自己吃	能自己学着吃
饮食	牛奶点心			
	午餐			
	午点			
		不愿喝	在老师提醒和帮助下喝	自己主动喝
	饮水			
如厕		弄在身上	会表达需老师帮助	自己如厕
	小便			
	大便			

午睡	入睡时间	拒绝睡觉	需要老师哄	自己入睡
游戏		游离状态	在老师引导下参加	积极参加
	情绪			

表 2-8　婴幼儿游戏观察记录表

活动者		活动内容	滑滑梯	日期	
观察要点		幼儿活动情况			
1. 玩滑滑梯的兴趣		无所谓	喜欢	不喜欢	害怕
2. 玩滑滑梯的上行方式		并步走	交替	跨格走	
3. 玩滑滑梯的下行方式		坐着顺滑	躺着滑	趴着顺滑	
4. 游戏人多时的表现		轮流	排队	抢先	独占

老师的话：

家长的看法：

（二）利用家园面谈约谈，有针对性沟通

婴幼儿的年龄较小，个性化的发展需求较多，因此在协商沟通中更适合一对一面谈或约谈的形式。一般来说，教师在入园前组织家长带着婴幼儿在班级教室进行面谈，不仅能直观地看到婴幼儿在步入托育机构这一陌生环境的行为表现，如观察到婴幼儿的性格、爱好、喜欢的活动、情感表达，以及语言、社会、认知等方面的发展情况，更能够从婴幼儿和家长的互动中初步感受到家庭的教养理念、教养方式、亲子依恋关系等，在面对面的交流中获取一些有关婴幼儿更细致的信息，并深度交流婴幼儿个性化的信息，这也是对记录表格上所收集到信息的一种补充。家长在面谈中能初步地熟悉教室的布局环境，了解入园的要求和准备、托育机构的教养内容、教师的主要信息和教养风格等，有针对性地沟通与婴幼儿基本信息相关的具体情况和特别需求，建立家园之间的认识。

值得注意的是，有效的面谈能拉近彼此之间的距离，提升教师在家长心目中的形象，是班级工作的良好开端。面谈前确定好适宜的时间、做好物质准备和班级环境，并根据婴幼儿信息表中的反馈内容，拟定一份简单的提问大纲，确保面谈的有效性。在面谈中首先要讲解环境，将婴幼儿的需求和隐藏的教育理念融入其中；其次要详细介绍教师和班组成员，注意打招呼的礼仪顺序，先主后宾，突出教师的实力和团队的和谐氛围。面谈时合理分工，主班老师主要负责与家长的沟通，副班老师陪伴孩子熟悉环境，保育老师以整理、照护工作为主，在互动时通过肢体微接触、聊喜欢的话题，让家长感受到这是一支富有责任感的保教团队。

除此之外，教师在学期结束后再次组织面谈，结合一个学期婴幼儿的生长发育状况和生活、游戏表现情况，进行阶段性的总结沟通，并协商日后的教养目标。值得注意的是，在整个学期中，教师观察到婴幼儿有个性化的问题，均应及时地与家长进行约谈，协商沟通有针对性的解决策略，满足婴幼儿的发展需求。

（三）参与园所开放活动，现场协商沟通

园所开放活动是家长到托育机构中参与教养活动的一种方式，不同于亲子陪伴模式中的早期教养活动，全日制模式中亲子共同到托育机构中参与活动的机会较少，教师利用这一时机，观察亲子间的氛围、关系以及互动表现，直观地了解家庭中的真实情况，发现教养中的问题或不适宜的行为，现场与家长协商沟通并提供科学的教养指导，提升家庭教养的质量。

（四）利用交流软件和平台，进行日常沟通

网上交流软件有很多种，如微信、小程序、公众号等，网络上的交流沟通具有便捷性、时效性，满足了家园随时随地沟通的需求。微信是最常见的交流软件，教师和家长利用微信私聊、班级群聊等方式开展婴幼儿日常情况的沟通，如婴幼儿一日生活中进步的点滴、感兴趣的行为等，婴幼儿情绪上的波动、遇到的问题等，值得注意的是，如遇到紧急的状况，双方要第一时间通过电话的形式进行沟通，保障婴幼儿的安全。另外，家园联系等小程序是比较方便的沟通平台，教师在平台上可以一方面沟通记录婴幼儿的成长，如记录婴幼儿的日常表现、反馈阶段性问题等，另一方面沟通班级整体的教育教学情况，如开展亲子活动、分享班级活动情况、发布家园共育需求、推广科学育儿指导信息等。日常的沟通能够有效地促进家园间的协商共育，实现家园高质量联结。

 三 协商沟通的策略与技巧

我们从管理层面、班级层面和个人层面对促进家园协商沟通的策略技巧进行了梳理，三个层面之间紧密联系并且相互作用，共同构建了一个有效的协商体系。

管理层面对于班级层面和个人层面具有引领和支持的作用。在管理层面上,制定协商沟通的基本章程和标准,搭建相关的平台,为班级层面和个人层面的协商沟通起到专业化指导和保障作用。

班级层面对于管理层面和个人层面具有承接的作用。在班级层面上,一方面了解家长和婴幼儿的需求和意见,反馈给管理层面,及时调整园所教养实践;另一方面结合多方的力量,根据不同对象的特点进行协商沟通,开展教养活动。

个人层面相对于管理层面和班级层面而言具有更直接的作用。在个人层面上,教师分析家庭的背景情况和家长的需求,以不同的方式策略进行协商沟通。

(一)管理层面的策略

1. 完善协商沟通的机制

建立一个有效的协商沟通机制对于家园之间的联系至关重要,管理层面的协商沟通机制从以下几个角度来进行建构:首先制定协商沟通的管理方案,明确协商沟通的重要地位,如沟通的时间、要求、主要内容、注意事项等,开展协商沟通的相关培训,为教师和家长提供具体的指导,如沟通内容、沟通方式、沟通策略等,提高协商沟通的专业性。其次搭建协商沟通的平台,如组织定期会议,以便讨论婴幼儿的心理与行为发展、托育机构活动安排等重要事项,这些会议在学期开始、结束或需要时灵活安排,如让家长随时查看到婴幼儿的生理发展曲线、活动情况、托育机构发展总体情况等信息。最后建立反馈机制,定期向家长发送调查问卷,增设家长咨询建议通道,了解家长对托育机构教养活动的看法和需要,并倾听家长的教养建议,丰富协商沟通的方式。

2. 加深协商沟通的理解

对于全日制模式来说,婴幼儿独自在园的时间较长,以教师为主的协商沟通相对来说会较多,因此,加深家长对协商沟通在早期教养中重要性的理解至关重要,如建立托育机构官方公众号或网站,发布托育机构的教养理念、师资力量、课程设置、活动情况等信息,让更多的家长了解托育机构的教养实践;举办教养资源展示活动,邀请家长前来参观和参与托育机构的教养实践；或与社区等其他单位进行合作，扩大托育机构知名度，通过宣传扩大教育辐射示范作用，使家长在了解的基础上深化理解，激发其参与协商沟通的主动性。

（二）班级层面的策略

1. 多方联动，使沟通更专业

在班级层面的协商沟通中，班级教师协同班外人员发挥各自的优势，教师从教养的角度提供支持，医务室、营养室从医学、营养学的角度提出建议，家委会从家庭的角度给予分析，多方联动提高协商沟通的专业性。

班级教师主要协商沟通婴幼儿的教养情况，包括每日的情绪表现、生活游戏行为、身体健康状态等。一方面利用每天离园后时间，两教一保互通信息，对婴幼儿一天的表现、进步进行简短的总结，并分享给家长。另一方面教师与家长协商沟通教养内容，完善班级教养实践方案。

医务室主要协商沟通托育机构的健康管理制度、疾病预防措施等，包括婴幼儿的健康状况，即晨检午检和突发情况、传染病隔离措施等，以确保婴幼儿在健康的环境中生活；协商沟通托育机构的健康教养活动，包括爱眼日、爱牙日、爱耳日活动等；协商沟通婴幼儿的医疗资源，包括常备药品、急救设备等，帮助家长更好地了解园所的医疗服务体系。

营养室主要协商沟通婴幼儿的营养膳食情况，包括每餐的食谱、食材来源等。营养室根据婴幼儿的年龄、性别、身高、体重、健康状况等情况，制定个性化的营养方案，保证婴幼儿获得足够的营养和能量。除此之外，营养室协商沟通托育机构的饮食安全和卫生措施，包括食品的选择、储存、加工和烹饪等，以确保婴幼儿安全进餐并为家长提供营养指导，包括如何选择健康食品、如何搭配营养餐、如何培养健康饮食习惯等，共同管理好婴幼儿的营养膳食健康。

家委会主要协商沟通家长关注的问题和建议，辐射教养经验，包括为家长解答托育机构安全管理方面的问题，协商近阶段教养的目标和实践，辅助协商开展家长讲座、亲子运动会等教养活动，从家长的视角协商沟通，突出家庭间独特的共情作用，促进家园间有效的合作共育。

2. 多层沟通,令沟通更有效

面向不同群体的家长,协商沟通的重点是不同的,要有计划地进行协商沟通,保障高质量的教养实践。

面向全体家长,适宜沟通班级的教育内容、婴幼儿阶段性的发展状况、家园共育的需求等,协商沟通方式要所有家长均可参与,如通过家长会、家长群、托育机构网站等,这种沟通需要注意内容的全面性和通俗易懂。

面向部分家长,适宜沟通一些家长的问题、辐射有效的教育经验等,协商沟通方式采用家长小组、家长论坛等,这种沟通需要注意内容的针对性和具体性。

面向个别家长,适宜沟通婴幼儿的个性化需求和反映婴幼儿的成长历程等,协商沟通方式适宜一对一交流,如约谈面谈、电话沟通、活动留言等,这种沟通需要注意内容的个性化和私密性。

(三) 个人层面的策略

1. 情感上共鸣,根据家庭情况建立信任

在协商沟通中,家园情感上的共鸣是非常重要的,能够增加双方的信任和理解,沟通之前对家庭情况进行分析,并在话语上使用一些共情的技巧,建立彼此的信任。

在协商沟通前,考虑家庭的背景和文化差异,更好地理解他们的教育观和价值观,采用家长能够接受的沟通语态与之协商;分析家长的困难和需求,如工作繁忙、经济压力等因素,在适宜的时机进行协商沟通,多为家长提供帮助。

在协商沟通时,使用一些话语上的共情技巧,例如倾听、赞赏和支持,当家长分享他们的困惑时,可以说:"我能理解您的担心,我会和您一起想办法。"做到尊重家长的意见和建议,着重分享婴幼儿的进步和成长,让家长感受教师是时刻关注婴幼儿的,相信托育机构对婴幼儿的成长是有很大帮助的。

2. 差异化沟通，根据对象选择沟通内容

差异化的沟通一方面体现在根据群体对象选择沟通内容，如祖辈、父母、保姆等不同的沟通群体。在协商沟通时分析家庭成员和主要的抚养人，根据不同的对象选择沟通的方法。

祖辈对婴幼儿的成长和教养有自己比较执着的方式，在协商沟通中要保持尊重和耐心，听取他们的想法和建议，并简单表达自己的看法和做法。祖辈比较关心婴幼儿身体上的成长，对他们更适宜沟通一些婴幼儿的日常表现和成长情况，并给予适当的支持和鼓励。

父母主要有两种类型，一种是对婴幼儿的教养有自己的见解，一种是不知道如何进行教养，束手无策。在协商沟通中，要了解父母的需求和关注的问题，对他们更适合沟通教养理念和教养活动方面的情况，协商中分享婴幼儿的行为表现和成长，讨论如何共同促进婴幼儿的全面发展。

保姆与父母和祖辈的教养视角不同，他们更关注婴幼儿的生活和安全问题，例如饮食、睡眠、卫生等，对他们更适宜沟通一些婴幼儿的日常情况和需要注意的问题，以便他们更好地照顾婴幼儿。

差异化的沟通另一方面体现在根据事件对象选择沟通内容，如果涉及多个家庭，可根据每个家庭的问题选择沟通的内容，如婴幼儿的纠纷事件，教师根据婴幼儿在事件中所处的情况有选择性地与家长沟通。

 四　　协商沟通故事枚举

（一）入园前期的协商沟通——了解背景情况

1. 情景再现

哈哈即将步入幼儿园托班，妈妈十分担心，因此老师细致地与哈哈妈妈协商沟通了一系列的入园准备工作。

2. 分析与协商

（1）提供协商沟通的平台。

6月，离哈哈即将离开父母的怀抱，第一次独立走进社会大家庭的日子不到三个

月的时间,园所组织了一次由托班老师开设的讲座,让哈哈家长全面了解什么是分离焦虑及分离焦虑的表现形式,并且介绍了一些好方法,同时解答家长对此的问题和疑惑。

（2）联合早教协商教养方法。

哈哈在入托前参与了园所的早教机构课程,老师发现父母对孩子过于"陪伴",于是与家长协商尽量站位靠后,让孩子更多地和小伙伴们及老师进行互动。在家中,有意识地让哈哈逐步适应与主要照看者的分离,并将托班在园的一日作息分享给哈哈的爸爸妈妈,建议在入托前,尽量让哈哈的作息时间和幼儿园保持一致。

8月中旬,托班的老师走进早教中心,陪着哈哈一起在熟悉的早教环境中玩耍,减少他入园后的陌生感,同时在早教中心向家长简单了解孩子的一些情况,随时沟通孩子的表现。

（3）开展多层面联动,有针对性沟通。

8月下旬,园所层面召开新生家长会,与家长进行常规准备的沟通,如安全事项、穿衣提示、服饰要求、接送规则、请假制度、携带物品、特殊情况等。

之后班级层面与家长开展一对一半个小时的面谈活动,这是哈哈第一次走进即将生活的教室。在和家长的面谈中,细致地交流哈哈的家庭情况、性格、生活自理能力、饮食、睡眠等基本生活习惯和兴趣爱好等,同时找到一些哈哈喜欢做的事,了解家长的关注点,为入园后的沟通找到共同话题。

（4）通过亲子活动分析体验情况。

开学最初的几天,家长参与到幼儿园的亲子体验活动中,在家长的陪伴下接触同学,和其他小朋友一起,熟悉班级环境,认识新伙伴,认识班上的老师们。在活动结束后,老师与哈哈家长共同分析孩子当天的表现情况,解读孩子在新环境中的行为,评估哈哈独自入托后可能会出现的情况,并为此提前做好心理准备,自然地迎接入园生活。

3. 我们的做法

从哈哈的案例中可以看到,在入园前期,老师依托了园所的特色模式,进入到早教中心观察孩子与父母的关系与互动情况,获取真实的日常表现,了解家庭的教养方式,以轻松的聊天方式与之协商,开展科学的育儿指导。园所层面针对孩子入园的常规问题搭建协商沟通的平台,班级层面根据孩子的个性化需求进一步协商沟通,多层级联合保障协商沟通的质量。

（二）适应期的协商沟通——缓解分离焦虑

1. 情景再现

入园前期,老师首先会全面了解班级每一个孩子的信息,以建立孩子们的个人成长档案袋。

首先是"基本情况调查表",初步了解孩子们在生活习惯和性格特点等方面的基本信息。在调查中发现安安不会用幼儿园有把手的水杯,因为家里使用的都是吸管杯;不会自己穿鞋子;还在使用尿片,不愿意如厕等。在了解情况后,老师与每一个家庭进行面谈,具体了解每一项信息的情况。安安小朋友是全家总动员来的,爸妈、祖辈、保姆阿姨一个不缺。安安是出生在 8 月 30 日的宝宝,班级中年龄最小,妈妈是全职妈妈,有一些过度保护,在面谈的时候安安从未松开过保姆阿姨的手,即便对班级里的玩具产生了好奇,也只是试探性地摸一摸,保姆阿姨稍一松手,安安马上回头寻找,丝毫不愿意离开成人的陪伴,老师主动与他互动对话,他也只是羞涩地扭过头抱紧妈妈。

新开学,孩子们面临的第一个挑战就是分离焦虑,孩子们个性不同,表现不同,完全没有可比性。每个孩子背后还有爸爸妈妈、爷爷奶奶等许多的家人,从小家庭到大集体,有些家长也会焦虑。老师要能在最短的时间里与他们熟悉并建立起信任,同时给出个性化的帮助,需要家园之间协商沟通,探讨教养策略,形成良好的合作共育。

安安小朋友来园就特别不适应,哭闹对于分离焦虑的孩子来说是非常正常的现象,大部分的孩子很快能够被其他有趣的事物转移注意,慢慢地接受环境,接受周围有趣的东西。但安安哭闹起来不仅能量十足,而且喜欢坐在地上用力地用小拳头砸地面,有人靠近的时候不仅没有寻求安慰的意思,甚至哭喊得更加起劲,略带有一些"攻击"的意思,导致老师想给予陪伴和安抚也无从下手。另外家长心理情感上也离不开孩子,每天送来舍不得走,想多陪一会儿。

2. 分析与协商

(1) 举办亲子开放活动,分析焦虑原因。

亲子体验活动是让孩子适应集体生活的阶梯,短时间、多频率的体验活动可以让家长了解幼儿园作息与活动安排。安安与妈妈和保姆阿姨一起参与,通过观察和沟通发现安安的不适应不单纯是孩子的问题,同样也出在保姆阿姨身上,阿姨剥夺了孩子很多自己动手的机会,孩子完全都不用开口说,伸手指一指、抛一个眼神,保姆阿姨已经服务到位了。

（2）协商沟通探讨教养策略。

首先在生活方面提出要求,逐步提高孩子的自理能力。建议家庭中使用幼儿园同款喝水杯、餐具小勺等;妈妈也发现宝宝胃口是好的,因此前半碗饭就规定宝宝要自己吃,后半碗保姆阿姨再喂;穿衣方面,自己穿暂时有难度,那先从脱开始练。分享和生活自理相关的朗朗上口的儿歌、音乐,如:"这是自己穿裤子的儿歌,好像火车钻山洞,呜呜呜,呜呜呜,两列火车出山洞。"妈妈很惊喜地看到安安在家里也会"刮大风"穿马甲了,还要求保姆阿姨不用帮忙,并马上拍视频分享给我们。

其次让家长看到孩子的进步,寻找家园交集点。家长看不到孩子会无限想象,因此,无论是安安的哭、玩表现,都拍一小段视频,主动跟妈妈沟通孩子的变化和进步,和妈妈一起做孩子的成长记录,同时跟进安安个案的观察记录。另外安安在园内午睡非常不适应,需要成人全程的陪伴才能勉强入睡,并且很快又会哭闹着醒过来,在和妈妈的沟通下,安安从家里带来了一条贝贝巾,这是安安平日在家睡觉时最喜欢拿着的东西,贝贝巾的安抚使安安的午睡有很大改善。幼儿园用的床垫被套,在家中也准备了一份一样的,让孩子在家中先对床品的质感和睡觉时候的舒适性有一定适应,环境足够熟悉、足够舒适,安安睡觉的状态也很快稳定了下来。

后来妈妈还成为了班级工作的得力助手,她在家长沙龙主动发言交流,参与美食节的亲子制作,运动会报名跳妈妈啦啦操,家园间一直保持着平等的互助和交流,整体氛围温馨有爱。家长和教师都是陪伴者,多沟通达成共识,共同见证孩子的成长。

3. 我们的做法

从安安的案例可以看到,孩子在入园前期和适应期阶段,老师首先依托调查表格和面谈了解孩子的个性化需求和家庭的教养情况,根据保姆阿姨包办代替较多导致孩子生活能力较弱的情况进行协商,提出一些针对性策略,并将安安的点滴表现以小视频的方式用网上交流软件分享给家长,随时进行日常的沟通。因为主要问题在于保姆阿姨,所以老师以指导家长、让家长与保姆阿姨协商的方式,改变包办代替的情况,逐步帮助安安适应集体生活。

（三）稳定期的协商沟通——满足个性化需求

1. 情景再现

在幼儿园的生活中，别的孩子都将自己的毛绒玩具或者是喜欢的玩具带到幼儿园来玩，彭彭却带了一件非常大的红色T恤，并且紧紧握在手里不肯松手，不管去哪里，不管做什么都要带着它。但一个托班宝宝手里一直拿着宽宽大大的T恤确实不方便，老师们想了很多办法劝说彭彭先放一放，但都以失败告终。

随后针对彭彭这件不肯放手的红色T恤，老师跟彭彭的妈妈进行了比较深入的了解。据妈妈说这件红色T恤本来是彭彭爸爸的一件运动服，因为宽大且柔软，就常常被彭彭妈妈当作居家服，自彭彭出生起，妈妈就经常穿着它抱着小小的彭彭喂奶、哄睡、逗玩。后来，妈妈上班后，家里人发现，在妈妈不在家的时候，彭彭对这件红色T恤依赖特别大，只要盖上红衣服，彭彭就睡得很香。彭彭也越来越喜欢这件红衣服，一会儿闻闻，然后在爬爬垫上玩，一会儿再去红衣服上躺着滚滚，再接着玩，一会儿没见到她的红衣服，就要"啊啊""呀呀"地发问了，只要拿到了红衣服，就又恢复到了平静快乐的状态。而彭彭对这件红T恤的依赖也顺延到了幼儿园里，尤其是刚入园，本身就对和父母分开感到焦虑，又因为环境的陌生，彭彭把自己内心的安全感全部寄托在这件衣服上，而彭彭的妈妈也对孩子的这一情况表示了担忧。

2. 分析与协商

（1）用扎实的专业素养，取得家长的信任和支持。

老师首先表示了理解，同时也说明了孩子情况的普遍性，红衣服不过是孩子的依恋物，彭彭对红衣服的依恋不仅是因为离开父母，同时也是对陌生环境、陌生老师的不熟悉，衣服的存在就像是"隐形的妈妈"，如果彭彭真的非常需要这件红衣服，带在身边也未尝不可，它会是稳定孩子情绪的好帮手。但我们需要解决的并不是孩子对依恋物的执着，而是如何让这件红衣物对孩子在园内的生活有正面的影响而不是成为孩子融入集体生活的阻碍。面对这一问题，我们协商沟通后借鉴了绘本《爷爷一定有办法》，绘本中巧手的爷爷把孩子小时候用的毯子一点点缩小，从毯子变成外套、背心、领带、手帕，最后成为了一颗小小的纽扣。于是老师向妈妈提出了建议，妈妈回去给彭彭认真讲述了绘本,并且在取得彭彭同意的情况下将 T 恤裁剪成了两个长袖子和六块红色的方形布,方便彭彭在幼儿园中携带。

(2) 尊重身心发展规律,由快速适应转向平稳适应。

在此次协商沟通中非常重要的一点是老师和家长并没有采取任何强制性的态度和行为剥夺孩子的选择和依恋物,思考方向从如何让孩子"摆脱依恋物"转向"如何让依恋物更好地陪伴婴幼儿",在之后的日子里,彭彭每天来园都带着一块红色的布或者一个大袖子,老师和家长也没有对孩子脱离依恋物做太多的要求,全然接纳彭彭每天拽着一块红手帕(或者甩着一个红袖子),彭彭对独立幼儿园生活适应得非常好非常快,一个月不到的时间彭彭就没有了哭闹,顺利接受了幼儿园的生活。后来彭彭在玩得高兴时就忘记了她的"宝贝红手帕",丢在一边,拿着班级中的玩具材料跟小朋友们打闹成一片。随着孩子自身的成长,以及对新环境的逐渐了解和信任,有了自己喜欢的老师和小朋友后,他们自然也就逐渐摆脱了依恋物的陪伴。

3. 我们的做法

从彭彭的案例中可以看到,孩子对依恋物有着独特的需求,已经影响到了她的正常生活,老师第一时间反馈孩子的状况,与家长协商找到问题的根源所在。经过交谈和理解,老师们意识到红衣服的存在即为"隐形陪伴的妈妈",而不仅是一个玩具这么简单,因此老师们对待红衣服的态度随之改变,并形成了有针对性的适应方案。

彭彭是依恋程度较深的孩子,老师所采取的是一对一沟通的策略。依恋物是孩子在适应期中比较常见的问题,因此,老师在班级群和公众号平台中与家长们分享了相关的经验,开展科学的育儿指导。

(四)稳定期的协商沟通——解决生活问题

1. 情境再现

蛋糕是 8 月出生的小月龄宝宝,妈妈是一位学历颇高的知识女性,身边也有许多从事教育行业的朋友。蛋糕初入托班时,妈妈高度关注孩子的每日情况,尤其对孩子的健康和生活格外重视,每日通过微信询问老师孩子的在园情况。如果某一天老师没有给蛋糕妈妈分享孩子的照片,她就会主动来询问老师孩子在园是否出了状况。

一天,蛋糕妈妈向老师反映蛋糕回家后屁股有点泛红。老师收到消息后十分重视,第一时间向家长表示关切之情,并着手排查导致其屁股泛红的原因。老师首先与保育员沟通,与其讨论孩子的如厕频率以及是否存在便秘的情况。在排除了便秘和如厕后未擦洗干净的可能性后,老师又开始考虑是否与孩子喝水的量有关,然而孩子每天上午、下午在园都会大量饮水,也不太可能是由于饮水量过少导致不适。

在考虑了上述种种因素后,老师与医务室医生开展了协商沟通,医生根据孩子的情况在医学上进行专业的解读,并查阅了一些相关育儿权威资料,选择了一篇专业性较强的文章分享给蛋糕妈妈,联手家长一起寻找导致孩子不适的真正原因。蛋糕妈妈在阅读文献资料后,认为可能是孩子自身内热导致屁股泛红,蛋糕平时比较怕热、馋嘴、贪吃但不爱喝水。老师也认为可能是孩子内热的原因,和家长达成一致:无论在家在园,都要督促孩子多喝水、多摄入蔬菜水果。在家园双方开始合力共育后,蛋糕妈妈微信联系老师表达感激之情,称蛋糕的情况得到了极大改善。

2. 分析与协商

(1) 积极回应家长的需求,建立良好的信任关系。

考虑到孩子第一次入托,且在生理和情绪适应的关键阶段,也是老师和家长双方建立合作关系、彼此产生信任的重要时机,老师非常重视蛋糕妈妈的每次沟通和反馈,对于家长遇到的问题总能第一时间予以耐心的回应和解答,表达自己对婴幼儿的重视和关切,如"蛋糕红屁股会很难受的""我和生活老师马上进行了沟通和分析"。在老师积极的协商沟通下,家长感受到自己的主体性得到了充分尊重,从而愿意和老师一起寻找策略方法,帮助孩子解决问题。

(2) 结合家长的专业背景和性格特征选择恰当的沟通方式。

蛋糕的妈妈是具备一定育儿专业知识的高知人士,因此一些权威的文献和资料,既能引导家长从中了解规范科学的育儿知识,也能使家长对老师专业素质的认同感进一步加强。此外,考虑到这位家长在育儿方面存在一定焦虑情绪,老师主动发起沟通交流的频率也相应提高,每当孩子在园取得些许进步时,都会通过小视频的方式与家长进行分享。逐渐地,蛋糕妈妈与老师的沟通频率由一天多次转变为两三天一次,其沟通内容也由基本的吃穿起居转为更高层次的认知能力、注意力培养等方面。

3. 我们的做法

从蛋糕的案例中可以看到,在稳定期中,孩子会出现很多生活上的情况,老师与家长之间要针对这些健康成长方面的问题随时随地进行协商沟通。老师首先考虑了妈妈很注重教育的情况,肯定家长的想法,并在第一时间表达自己的关切,在情感上与之共鸣,其次老师与保育员、医务室开展多方的联动,从不同的角度进行分析,结合权威性的知识,找到问题的真正原因,让协商沟通更有效、更专业。

(五)特殊事件的协商沟通——处理日常纠纷

1. 情景再现

在集体生活中,孩子会遇到很多"纠纷",比如:咬人、打人、玩具丢失损坏……对此类事件的协商沟通是很多老师比较慎重的事情。刚入托三周,孩子们正处于分离焦虑的适应期,家长和家长之间认识但熟悉度不高,家长和老师之间更是处于彼此熟悉了解、建立感情和信任的关键时期。正是在如此尴尬的时间节点,发生了两个女孩因为争抢同一个娃娃,而导致的咬手指事件。孩子的手指没有出血、轻微破皮,但有很明显的齿印和血痕。

2. 分析与协商

(1)分析沟通的对象与方式。

发生这种"纠纷情况",老师冷静思考与家长沟通的方式,此时目的是让家长清楚地了解孩子的情况,于是当处理完孩子的伤口之后,第一时间通过电话联系家长。这个电话先打给谁呢?老师选择了先打给咬人的孩子(小爱)家长,了解小爱家长对待此事件的认知度与积极配合的态度后,为打第二个电话做好心理准备。接下来打给被咬的孩子(小曦)家长,从家长的情绪、心理接受程度考虑,认识到当小曦家长得知孩子被咬伤,心中一定很着急、很不开心。老师不但需要安抚小曦家长的情绪,更需要花较长的时间与之交代事件发生的过程,以及老师的处理方式,因此,这个电话放在后面打比较恰当。

(2)情感上共鸣,采取不同的沟通策略。

对于两位家长,老师的沟通策略也是有区别的,与小爱家长打电话,老师运用了积极的、带着解决问题的态度与之沟通;与小曦家长打电话,老师心怀诚恳、带着陈述客观事实的态度与之沟通。积极的态度让家长感受到老师会帮助他一同解决纠纷,更不会因为此事对孩子产生反感,并给其贴上"坏孩子"的标签,同时还能促进家长主动地与老师一同将纠纷圆满解决，拉近彼此之间的心灵距离，为信任度加分。诚恳的态度让家长感受到老师看到孩子受伤，会和他们一样感到心疼，为之着急，如同对待自己孩子一般的关切，同时向家长详细讲述事件发生的过程、处理伤口的方法以及如何安抚孩子情绪的策略，家长能看到老师及时处理问题的能力，感受到老师的责任心与爱心，他们会更放心将孩子交到你的手上。

（3）持续性协商，注重后续沟通。

虽然"纠纷"事件当下的情况解决了，但是"纠纷"事件所带来的影响还持续性地存在，老师在一段时间内，针对这两个孩子和家长进行持续性的沟通，来园时关心孩子的伤势，与家长商讨护理中的注意点，如：更换创可贴、不弄湿伤口等。当两个孩子和谐愉快地在一起游戏玩耍时，拍些照片和视频发给两位家长，让他们看到孩子和好如初、愉快和谐地在一起共同游戏，再选择合适的时间，和两个孩子聊聊天，在自然轻松的氛围中，说说遇到问题时可以怎样做，同时也与家长协商，共同引导孩子学习在集体生活中与小伙伴相处的方法，并给予孩子安全教育。

3. 我们的做法

从这个案例中可以看到，面对"纠纷"事件等紧急的情况，老师选择的沟通方式是立即电话联系家长，且直接清楚地说明情况。在说明情况时根据对象的不同而采取差异化的沟通内容，但相同的一点是，老师在协商沟通时都会与家长在情感上取得共鸣，保持家园间良好的信任关系，为孩子健康成长共同做出努力。

第二节

丰富早期教养中的
合作共育

一 合作共育的实践

合作共育是托育机构和家庭向着共同的教养目标开展活动的过程。合作共育的活动不受地域空间的限制,并不强求家庭和托育机构双方都必须在场,它可以通过多种形式的实践活动表现出来,如亲子视频、亲子任务、亲子阅读、亲子下厨房等。在全日制机构模式下婴幼儿的教养活动主要包括生活活动与游戏活动,因此本节将从生活活动中的合作共育和游戏活动中的合作共育两个方面来具体论述。

（一）生活活动中的合作共育实践

1. 合作共育目标
（1）树立家长教养融合的理念
家庭教养具有亲情性、感染性、针对性、连续性、一贯性的特点,婴幼儿在和父母的亲密接触和频繁互动中,自然接受着各种发展的信息,包括感官知觉、情绪情感体验、语言习得、动作和社会性发展等,家庭教养的环境是更具个性化的环境。因此,教师要引导家长树立"以养为主,教养融合"的理念,认识到生活活动中蕴含着大量的教养价值。

(2) 发展婴幼儿的生活自助能力

婴幼儿的生活自助能力和良好行为习惯是在日常生活中通过观察、模仿、反复练习逐步养成的,他们的好奇与好问、探究与专注等品质,以及社会认可的文化价值在生活活动中通过成人的支持和鼓励逐渐形成,因此婴幼儿的生活环境至关重要,身边成人的所作所为都将对他们的大脑发育起到至关重要的作用。教师要引导家长为婴幼儿提供锻炼的机会,不要包办代替;要营造积极的氛围,不要苛责限制,让婴幼儿在潜移默化中养成良好的生活行为习惯与综合素养,使其终身受益。

对于婴幼儿来说,生活自助能力的获得与父母的陪伴,以及同父母的互动息息相关。每天的进餐、散步甚至洗手活动,家长可以和婴幼儿一起快乐地做着这些琐事,给婴幼儿提供各种各样的体验,让他们的感觉器官得到充分的刺激。婴幼儿在生活上能做的事情越多,自助能力越强,参与生活各项活动的积极性也会越高。

(3) 满足婴幼儿的个性化生活需求

每个婴幼儿都是一个独立的个体,他们从熟悉的家庭进入到集体生活,需要面对生活作息、共同生活的重大挑战。同时,婴幼儿受家庭教养方式、周围环境、个体发展特点等诸多因素的影响,表现出多方面的发展差异,且年龄越小,差异越大。在早期教养的生活活动中,我们既要保障好婴幼儿的安全和健康,也要顺应婴幼儿的特性,通过细致的关怀和科学的养育方式,满足婴幼儿的个性化需求。

每位婴幼儿都是各有特点的,他们的个性化需求不同。有的婴幼儿习惯使用吸管杯,不是很适应用水杯喝水;有的对尿片过分依赖,上厕所时不愿用小马桶;有的一到午觉时间便开始哭闹,怎么也不肯上床;还有的吃饭挑食偏食,吃饭时间较长,需要成人喂等。这些个性化需求需要教师和家长理解与尊重,更需要进行有效的回应与关注。我们要挖掘婴幼儿生活行为表象的根源,让早期教养中的生活环节充满安全感、舒适感和归属感。

2. 合作共育实践内容

(1) 分析家庭生活场景,融入共育内容

家庭生活和托育机构的生活还是有很多的不同,因此在开展生活活动的合作共育时,首先要对婴幼儿居家的生活活动情境进行分析,让托育机构的教养目标能在家庭生活场景中得到应用和实践。家庭生活场景与家长需要负责的各类生活环节密不可分,比如洗晒全家人的衣物、整理收拾日常生活用品、厨房烹饪、超市采购、拜访亲友等。基于这些婴幼儿能够直观体验的家庭生活场景,创设合作共育内容,让家长在居家生活中,能有意识地为婴幼儿提供参与的机会,促使其锻炼生活技能,获得各方面能力的发展。比如在下厨时,家长可以为婴幼儿提供安全范围内的工具,如量米的量杯、用于搅拌的打蛋器,以及厨房里尺寸合适的锅、盆、蒸笼等,让婴幼儿自由探索厨房的奥秘。

(2) 依托家庭生活过程,拓展共育内容

除了上述随机渗透在日常居家生活劳作中的合作共育实践外,在照料婴幼儿的居家生活过程中,也能拓展合作共育内容,家长在照料婴幼儿起床、吃饭、睡觉、洗澡等生活过程中,通过有效的亲子互动,能更好地促进婴幼儿的自助能力提升、习惯养成等。教师可以依托婴幼儿的家庭生活过程,选择其中的若干环节设计相关的活动。比如午睡醒来,陪孩子吃橘子时,不要急着剥皮吃橘子,吃之前搓一搓、滚一滚橘子,让孩子感知形状;手摸橘子、鼻子闻橘子的香味、眼睛看橘子的颜色,锻炼孩子的感知觉;然后再鼓励孩子自己剥橘子,锻炼手部精细动作;引导看看橘子的内部结构,数一数橘子瓣的数量;吃完橘子,剩下的橘皮还可以在桌子上玩一会拼贴画的游戏。

(3) 梳理家庭个性需求,解决常见问题

满足婴幼儿的个性化需求充满着挑战和机遇,其中最为重要的,是家长和教师本身要有充分的准备和认识,调整好自己和对婴幼儿的期待,积极面对。针对婴幼儿不用杯子喝水、不肯睡午觉、挑食偏食、不愿戒尿片等个性化需求,我们要充分理解婴幼儿,并及时进行回应。如婴幼儿不愿用杯子喝水,家长可以为婴幼儿选择造型富有童趣的杯子,提升他们喝水的乐趣,还可以亲身示范,和婴幼儿玩"干杯"的游戏,利用卡通角色进行游戏扮演,提升婴幼儿用杯子喝水的兴趣;当婴幼儿不肯睡午觉时,家长尽量每天在固定的时间安排婴幼儿午睡,留心观察婴幼儿的睡眠规律,及时关注婴幼儿的睡眠信号(如揉眼睛、蹭脑袋等)安排午睡,培养婴幼儿按时午睡的习惯,在家中尽量保持环境安静舒适、室内光线弱、温度适宜、无干扰噪声等;当婴幼儿出现挑食、偏食时,可以每餐为婴幼儿提供核心食物,且食物种类多样,其中至少有一种是婴幼儿喜欢的,还可以逐渐增加食物种类,从婴幼儿喜欢吃的和不喜欢吃的食物中,寻找二者间的共同点,把具有相似特点的其他食物作为桥梁,将其逐渐引入婴幼儿膳食中;还有的婴幼儿不愿戒尿片,可以通过《拉屁屁》绘本,让婴幼儿对如厕产生兴趣,还可以用儿歌或温柔的语言安慰,在积极的互动中消除婴幼儿的紧张感。

3. 合作共育案例枚举

(1) 家庭生活场景系列案例

活动一:整理杂物,邂逅时间

季节更替,辞旧迎新,整理打扫会被列入家长的日程表。其实,整理是和"过去"相遇的好机会,老旧衣物、陈年照片都是回忆的媒介,抚摸岁月的痕迹,感受时间的流淌,体会生命的美好,繁杂的家务变得温情满满。

教师的观察与感悟:

孩子都渴望长大,喜欢被称呼为"哥哥、姐姐",感受成长最好的方式是发现变化。孩子对环境的变化天生敏感,对生命的成长也很好奇。孩子们一入园,会直奔动植物角,忙着观察那里的动植物。"小种子发芽啦""小蝌蚪长腿了",每一个细小发现,总能让他们兴奋不已。

帮助孩子对自己的变化保持敏感,也是一种生命教育。

爸爸妈妈可以这样做:

一年一个样,和孩子一起体验生命的变化

拿出孩子小时候的衣帽鞋子,比一比、看一看。"看,这是你1岁时穿的衣服,现在只能到你肚子上了。""这是你去年的鞋子,比比看,是不是太小了?"

整理孩子的绘画作品(包括孩子的旧玩具和其他物品),让孩子评价一下小时候的作品,再看看现在的画作:"过一年再来看现在的图画,你又会有新的感觉。"这能让长大的感觉变得具体。

爸妈整理自己的物品,可以和孩子聊一聊自己的变化

3岁前后,孩子多半还没有意识到爸妈也有"小时候"。"这是爸妈的结婚照,你看爸爸和现在有什么不一样吗?"让孩子看爸妈"小时候"的照片,他可能会特别兴奋好奇。把照片放在自己的脸旁,让孩子看一看、比一比,也可以拿出孩子的照片和爸妈"小时候"的照片比较一下,看看孩子会说些什么。

孩子和爸妈的收获:

1. 旧衣物、老照片让看不见、摸不着的"时间"变得具体形象了,能让孩子真实具体地感知时间的存在。在整理衣物的活动中,孩子学着比一比、说一说,慢慢学会了观察和比较。

2. 和孩子一起回忆,拥有共同的记忆越多,亲子关系越亲密,并将伴随爸妈和孩子的一生。

活动二:晾衣服这件小事

休息天,睡到太阳晒屁股,心情大好。干劲十足,给床单被套、睡衣睡裤、毛毯毛垫洗洗澡、晒晒太阳吧。"宝宝,给妈妈当个小助手好吗?"

教师的观察与感悟:

娃娃家是孩子们大显身手的好地方,他们手脚并用地把床单毛毯、衣服袜子一股脑地往洗衣机里塞,转眼再拿出来像模像样地晾晒,嘴里嘀咕:"洗衣机没有手洗干净哦。"孩子们沉迷于大人的各种角色,抓住一切机会再现爸妈做过的事,那小大人的样子,真让人捧腹。

爸爸妈妈可以这样做:

抬一抬:洗好的衣服可真多,和孩子一起抬到阳台吧。"嘿咻嘿咻,我们都是大力士!"

抖一抖:挥舞手臂,抖抖扯扯,床单变平整啦。"宝宝好能干哦。"

递一递:妈妈拿衣服,孩子递衣架,一件一件效率高。"宝宝帮忙真好,妈妈轻松多了。"

晾一晾:"衣服晒太阳喽,爸爸的衬衫、妈妈的裙子和宝宝的袜子,衣服一家人都到齐啦。"

夹一夹:衣物整理好以后,请孩子取个夹子来夹一夹。"这里一个,那里一个。""宝宝来找两只成对的袜子。"

孩子和爸妈的收获：

1. 孩子通过分担家务、帮助家长，获得了足够的参与感和成就感。这个年龄的孩子萌发了"我是大人了"的心理，一起分担和参与家务能提供积极的情感。

2. 晾衣服的各种动作能让孩子的大臂肌肉得到充分运动，手指等小肌肉的精细动作也能得到充分锻炼。

3. 丰富了孩子的日常生活用语和生活常识，学习了衬衫抚平、袜子配对等短语，以及各种衣服名称及相应的形容词，如毛茸茸的、滑溜溜的、硬硬的、软软的等。

4. 父母同样有所收获，自己的宝贝越来越能干、越来越贴心啦！

图 2-70　让衣服晒太阳

图 2-71　妈妈和宝宝晒衣服

活动三：小小清洁工

让孩子参与家里的清洁打扫，做一名小小清洁工，卷起袖子加油干，一同享受劳动的快乐。

教师的观察与感悟：

每次保育员老师打扫教室或者分发点心、牛奶的时候，很多孩子也跃跃欲试。要知道，帮助老师，为全体小朋友服务可是至高无上的"荣誉"呢！孩子们争先恐后地要当值日生。

爸爸妈妈可以这样做：

用自己的小扫把"扫一扫"

给宝宝准备一套专用的清洁工具：小扫把、小簸箕、小刷子，工具的大小和长度需要适合宝宝手的大小，方便宝宝抓握。给宝宝一个专属的清洁区域，拿起扫把，一起来扫地吧！

"小扫帚，手中拿，让我来，把地扫，脏垃圾，装簸箕。扫完后，要洗手。妈妈夸我是个好娃娃！"

给玩具洗澡

准备一个大水盆，装一大盆清水，放入宝宝喜欢玩的玩具：小娃娃、乐高积木、小碗碟等，一起来给玩具洗个澡吧。

"小玩具，洗洗澡。浴盆里，泡一泡。左擦擦，右擦擦。最后冲一冲，玩具干净了！"

洗刷刷

给宝宝准备一个小刷子和一块小抹布，请宝宝对家中的矮柜、小桌子、小椅子、玩具橱进行清洁，一起来一场"洗刷刷"的游戏吧。

"洗刷刷，洗刷刷。小桌子，干净了！洗刷刷，洗刷刷。小椅子，干净了！洗刷刷，洗刷刷。小柜子，干净了！……"

孩子和爸妈的收获：

1. "小小清洁工"的情景游戏让孩子参与到家务劳作的过程中，学习帮助家人，知道自己是家庭的一分子，做大人的小助理，从小培养责任心。

2. 在擦擦、扫扫、洗洗的过程中，促进孩子的手眼协调、大动作和精细动作及空间秩序感的发展。

3. 情景式的清洁游戏，让孩子从小爱上劳动，懂得爱护玩具，养成讲卫生、爱清洁的好习惯。

图2-72　我来扫地　　　图2-73　洗刷刷，我在搓抹布

活动四：让宝宝进厨房

为什么要让宝宝进厨房？很多家长一定会说："我的宝宝上才艺班，学英语、学数学、认字读书都来不及，上厨房帮厨算个啥？""我希望他学小提琴和钢琴，我才不愿意自己的孩子今后当什么厨师。"

宝宝进厨房，事关他终身发展，是很重要的学习。

教师的观察与感悟：

孩子好像天生对做饭、摆弄厨具这些事充满兴趣，尤其是女孩子。在娃娃家里，厨房永远是最热闹的地方，孩子们都争着当"妈妈"，抢着为大家烹饪食物。客人的一句"好吃"就是给他们最好的回应。也有为数不多的"爸爸"，热情负责地为客人倒咖啡、添碗筷。

不管孩子在哪玩、玩什么、怎么玩，关键在于他们是否得到了正确的引导。

爸爸妈妈可以这样做：

厨艺小帮手

让孩子来当小帮手，如帮忙择菜、打鸡蛋、剥豆子、洗萝卜。加调料是孩子跃跃欲试的事，爸爸妈妈可以鼓励孩子帮忙："宝贝，你来加点盐，加一小勺就好了。"

试吃美食家

做好一道菜就请他尝一尝。"宝贝,帮我尝一下这个汤咸味够不够。""幸亏你尝了,要不然我都不知道排骨不够烂。"

给孩子准备他的厨具

在厨房留个单独的抽屉,将孩子的厨具和归他所有的厨房用品放进去。家长忙厨房家务时,孩子可以摆弄他的厨具,模仿大人做菜,"炒一炒,加点盐,颠一颠"。

一起收拾厨房,给垃圾分类

"用过的餐巾纸是什么垃圾?""帮妈妈想想,鱼刺该放到哪个垃圾桶呢?"

孩子和爸妈的收获:

宝宝进厨房的意义在于参与厨房劳作,端出饭菜跟家人一起享用,整个过程能够让孩子具体而直接地体会到劳动付出的自豪和分享的快乐。此外,宝宝进厨房能满足孩子的味蕾和培养其味觉的敏感度;学习对多种材料进行组合和搭配,能启发他关注事物的变化及其变化的过程;还可以直观地引导孩子理解、掌握度量和数量概念,这些对孩子今后的发展都有十分重要的意义。

图 2-74　制作美味饺子

图 2-75　舀米

我们的做法:

上述案例分别从整理杂物、晾衣服、清洁打扫、进厨房等家庭生活场景出发,充分捕捉婴幼儿的兴趣点,创设适宜的生活环境。在亲子互动中,婴幼儿不仅可以提升生活自助能力,在情绪上也能得到极大的满足。理一理物品,学着用夹子晾衣服,走进厨房参与美食的制作……爸爸妈妈和孩子一起,让快乐的琐事都变得温情满满。此外,亲子活动的意义不仅仅停留于孩子和家长的愉快相处和情感建设,而是转向了亲子合作的生活探索体验,家长也不再只是以一个照料者的身份与孩子共处,而是孩子的引路人和指导者,和孩子一起发现生活的魅力。

(2) 家庭生活过程系列案例

活动一:饭桌游戏

"吃饭咯,快点来呀!"每当吃饭时,如果家中有个 3 岁小宝贝,想必有好多家长都要使出浑身解数才能把孩子"请"到饭桌边,连哄带骗、苦口婆心地劝说宝贝吃饭。等好不容易吃完饭了,孩子又开始不听使唤地把餐桌弄得一片狼藉。这样的残局是否每天都会发生在我们周围呢? 与其强迫哄骗,不如利用一些小游戏来主动吸引孩子。

教师的观察与感悟:

在幼儿园里,孩子是集体进餐,分小组围坐在一起,不管是吃米饭、馄饨还是面条,孩子们都吃得很香。很多家长感到疑惑:我在家里变着花样做好吃的,怎么孩子都没有在幼儿园吃得那么香呢? 问题到底出在哪里? 原因可能是幼儿园的进餐环境是宽松的,氛围是愉悦的。孩子们看着同伴吃得香,自然也大口大口地吃。有时候孩子们还会被邀请做老师的小帮手,帮忙分发餐具、添饭加菜,在和老师、同伴的良性互动中,吃饭变得非常有意思,当然吃得香啦!

爸爸妈妈可以这样做：

用餐前，一起认识各类小餐具及其数量

告诉孩子一些常见餐具的名称："这是勺子，这是筷子，这是盘子。"还可以认识相应的形状："盘子是圆圆的，筷子是长长的。"根据家中用餐的人员数量来数一数正确的餐具数量，并学习量词："我们有四个人，需要四双筷子、四个饭碗、四把勺子。"

吃饭时，和孩子聊一聊，互动一下

可以说说自己的生活见闻，或者关心孩子在幼儿园的生活；也可以邀请孩子为大人提供一些小帮助，比如："请你帮我拿一张餐巾纸可以吗？谢谢你。"

请孩子做小帮手

家长尽量使用游戏的口吻，激发孩子的语言表达力。"我们一起帮桌子擦擦脸吧！""数一数，有几个人呀！每个人都有自己的碗吗？""鱼骨头放在干垃圾的家，还是放在湿垃圾的家呢？"

孩子和爸妈的收获：

饭桌上的小游戏能够让孩子获得满足，和家人共餐能让孩子更多地和成年人交流沟通，接受良好言行举止的熏陶，尤其是家长的行为举止更是为孩子提供了好的模仿对象。请孩子做小帮手，也能让孩子明白爱他人、让他人得到满足是一种别样的享受，能让孩子感受到作为家庭成员的归属感，让孩子收获安全感和责任感。

图 2-76 营养搭配，吃饭香香

活动二:洗澡也是一种教育

温热的水、温暖的灯光、温柔的妈妈……宝宝洗澡了。洗澡很日常、很琐碎,它有什么教育意义呢? 关键就看你怎么做。

教师的观察与感悟:

有一个关于童年亲密接触的心理学实验令我印象深刻。

一只年幼的猴子从小和妈妈分开居住在实验室里。实验设置了两只假的猴子妈妈,一只是铁丝网做的,但是有奶水可以供小猴子吃,另一只没有奶水,但浑身都是温暖柔软的毛。观察发现,这只小猴子饿了就会去吃铁丝猴子的奶水,一旦吃饱就会回到软毛猴子的怀里睡觉,甚至会主动拥抱、亲吻这只柔软的假猴子妈妈,尽管它不会有任何回应,也没有一滴乳汁。这个实验充分说明了和妈妈肢体上的亲密接触能给予孩子充分的安全感和归属感。这是生理上的需要,更是一种心灵上的抚慰。

爸爸妈妈可以这样做:

玩清水和泡泡

洗澡时,拍水、拨水、捧水、浇水,让水顺着指缝流淌,宝宝能初步感受水的特性;吹泡泡、摸泡泡、捏泡泡,同时说一些词汇,如:"滑滑的""白白的""软软的"。

玩"指哪洗哪"的游戏

"现在要洗臭小脚,小脚丫在哪里?"这时,爸爸妈妈可以"装傻",到处也找不到小脚丫,孩子会大笑着喊:"脚丫在这儿!"

澡盆实验室

把洗澡时用的海绵、擦巾、肥皂等不同重量与材质的物品和玩具放进水里,问问孩子:"把小鸭子放进水里会怎样? 把肥皂放进水里会怎样?"物品和玩具沉沉浮浮、软软硬硬,不知不觉中,孩子的脑袋里就建立了事物的基本概念。

孩子和爸妈的收获:

3 岁前的孩子需要有足够的时间和机会和爸妈做"一对一、面对面"的交流。在洗澡的过程中,孩子和爸妈一起玩水的游戏,在和爸妈的亲密接触和频繁互动中,自然接受着各种成长和生活的信息。在洗澡盆里,孩子试着捧一掬水,感受水从手指间流过的感觉,满足了孩子的好奇心和玩水的合理要求。"沉"与"浮"的现象,"软"与"硬"的触感,激发了孩子主动尝试更多操作的兴趣,支持了孩子的多样探索。

活动三:睡前悄悄话

睡前十分钟是非常美妙的时段,爸妈再忙,十分钟的时间也是有的,如果孩子黏着你不想独自进被窝,不如和孩子拥抱在一起,说说悄悄话。

教师的观察与感悟:

悄悄话有一种神奇的魔力,每次我蹲下来搂着孩子说上几句,哇哇大哭的孩子会停下来,捣蛋的"皮猴子"立马成了老师的小帮手。孩子们也会说悄悄话,我不知道他们说了什么,但我能看到他们说完以后心照不宣的笑容。

爸爸妈妈可以这样做:

聊聊孩子在幼儿园发生的事情

"今天中午宝宝在幼儿园吃了什么好吃的呀?""宝宝最喜欢你们班哪个小朋友啊? 为什么呢?""今天老师讲了什么故事,宝宝可以给妈妈讲一讲吗?"可能你会发现孩子视野里的事情和你看来是完全不同的,这是一个全新的世界,是孩子眼中的世界。

聊聊孩子眼中的爸妈,和孩子交换小秘密

问问孩子最喜欢的小朋友是谁,悄悄告诉孩子自己小时候也曾经偷吃、尿床:"你要保守秘密哦。"鼓励他们说说爸爸妈妈说的话、做的事,哪些是他喜欢的,哪些是他不喜欢的,了解孩子心中的自己。如果和孩子有了点小矛盾,可以利用悄悄话时间,真诚地和孩子道歉:"那天妈妈凶你,是因为你做了调皮的事情,妈妈一直是爱你的。"说说甜甜的情话,爱就要说出来:"你是妈妈的小天使,妈妈很高兴这样和你聊天。"

像朋友一样交换感受和想法

说一说自己无伤大雅的小烦恼,自己后悔做了什么、喜欢什么,让孩子感受向亲近的人敞开心扉、诉说内心,是一件正常甚至美好的事情。偶尔把自己的心事告诉孩子,为孩子打开一扇探视成人世界的窗口,这仿佛在告诉孩子："嘿，我把心事告诉你，我信任你，也许你可以帮我出出主意。"让孩子感受到被尊重、被需要和被依赖。这是一种全新的体验，不仅能拉近你们之间的关系，还能让孩子产生责任感。

孩子和爸妈的收获：

一天下来，孩子们可能积攒了各种感觉和情绪，开心的、沮丧的、愤怒的……需要分享与宣泄。这时，爸妈仔细倾听、耐心引导，能让孩子慢慢学会表达情绪，诉说内心的感受和想法，培养孩子的情绪管理能力。说悄悄话，意味着彼此信任，是建立亲密关系的高质量交流。

活动四：叫醒赖床宝宝

"丁零零，丁零零"，闹钟响了，该起床了。孩子赖床不起，我们可以用什么优雅又充满童趣的方法叫醒孩子呢？

教师的观察与感悟：

叫孩子起床可是一个细活儿，既要耐心又要策略。在幼儿园午睡，常有些"起床困难户"，或者赖床，或者沉睡不醒。我们有一些小妙招，如播放轻柔的音乐、拉开窗帘透点光、老师一对一地温柔唤醒"该起床啦！"，但是这些都不如请已经起床的孩子去叫醒同伴管用。孩子睡眼惺忪，只要看到别的小朋友穿戴整齐了，他一定会一骨碌地爬起来。这对家庭是一个挑战。

爸爸妈妈可以这样做：

让他的亲密朋友玩偶娃娃来帮忙

"你看，你的小树袋熊娃娃已经起来咯。""树袋熊说了，他早饭都吃好了，你还没起床。"试试看，很管用哦。

做个小游戏

摸摸孩子的鼻子："醒来吧，鼻子！"摸摸耳朵："嗯，耳朵已经醒了。"接着是胳膊和肚子，最后对他说："耳朵、鼻子已经醒了，胳膊、肚子也想起床了，眼睛也该醒了睁开来了。"

让孩子自己叫醒自己

平时录一段孩子自己的叫醒音频："我是赵佳琪，太阳公公晒屁屁咯，赵佳琪,赵佳琪,你该起床啦!"

孩子醒来后,爸妈可搂着他,说声:"早上好,我的小懒虫。"

孩子和爸妈的收获:

孩子都是晚上不想睡,早上不肯起。爸妈需要帮助孩子逐渐建立一个较好的睡眠模式。好的睡眠习惯需要爸妈耐心地帮助孩子慢慢建立,在智慧的亲子互动中,不仅可以让孩子带着愉悦的心情起床,开启美好的一天,也是一段充满了温情的亲子时光。

我们的做法:

上述案例,分别从进餐、洗澡、入睡、起床等孩子在家庭中的生活过程着手,设计了一些家长在家中可以和孩子开展的活动内容。这些生活中的随机教养,给了婴幼儿和家长一个新的维度去了解生活、探索世界。无论是家人温馨地坐在一起进餐,在饭桌前谈笑间彼此情感的互动与连接,还是洗澡时吹泡泡、玩水花、擦肥皂,在探索间促进孩子感官发展;无论是睡前的轻声言语,享受亲子间"悄悄话"的美好与温暖,还是食育活动中,婴幼儿和家长剥一剥玉米粒,搅拌一下玉米粒,制作出黄金玉米烙……家长借助活动的机会为婴幼儿拓展更多的实践体验,与孩子一起探索、一起合作、一起分享、一起玩耍,让婴幼儿得到了充分的感官刺激和认知拓展。

(3) 家庭个性化需求系列案例

个性化需求案例——戒尿片

乐乐在班里是月龄最小的孩子,她的情绪波动较大,生活能力也相对较弱。入托一个学期后乐乐还是全天裹着尿片,对尿片的依赖特别大,即便坐上了小马桶,也不愿意如厕。打开从家里带到学校的备用包一看,全是一袋袋的尿片。

后来,随着天气转热,乐乐因为包着尿片不舒服,有了一些小动作:户外活动时总是把手伸到尿片里去挠小屁股,和同伴玩耍时,她总是玩一会,小屁股要往下蹲一蹲、扭一扭再接着玩。看到这一幕,我们知道孩子到了戒掉尿片的好时机了。

教师的做法与感悟:

戒尿片的过程并不是一帆风顺的,一开始乐乐常常会出现尿湿裤子的情况。"乐乐,要小便吗?"当老师在耳旁轻声提问时,她会立马摇摇脑袋,很干脆地说:"不要!"等过了一会儿,老师便发现乐乐站在原地一动不动,紧张地将两个手指交缠在一起。老师一看便知,孩子大概是尿在身上了。有时,乐乐会因为裤子太紧,还没来得及脱下裤子就尿湿了。还有时,又会因为玩游戏太投入而忘记了小便……

于是,我们开始给乐乐开展如厕训练,当孩子发生尿湿的情况时,老师会及时帮助乐乐更换衣物,降低她对这件事的注意力,在轻松的对话中询问乐乐尿湿的原因,告诉她想要小便,要及时告诉老师、妈妈,找到有小马桶的地方小便。同时,老师会对孩子的如厕情况进行详细的记录,比如早上喝完牛奶、运动完、喝水后的集体如厕时间,老师都会请乐乐跟随大部队一起去厕所坐一坐小马桶。随后,老师再将幼儿园中的如厕情况分享给妈妈,让妈妈在家中也可以在孩子喝完水、汤、牛奶等液体之后的 15 分钟左右,提醒乐乐是否需要小便,但不用焦虑和过于频繁地催促乐乐小便,以免造成她的紧张。在与家长沟通时,还需提醒家长这个年龄的孩子尿湿裤子很正常,不要斥责她,帮助孩子树立信心,相信自己一定可以戒掉尿片。

爸爸妈妈可以这样做:

挑选合适的如厕工具

购买一个适合乐乐身高、材质光滑且外形有童趣的马桶,告诉乐乐马桶的使用方法。家长可以和孩子一起走进盥洗室,熟悉小马桶、纸巾盒、垃圾桶等物品和摆设,帮助乐乐熟悉如厕这件事,消除乐乐自主如厕的紧张感。

亲子共读《拉屁屁》绘本

和孩子共同阅读《拉屁屁》绘本,让乐乐了解如厕的流程,使孩子对如厕产生兴趣,帮助她建立自主如厕的意识。同时鼓励乐乐自己尝试去厕所找小马桶小便或大便,当乐乐愿意来到小马桶上试一试的时候,及时给予她鼓励和称赞,在她尝试之后,再帮她把尿片包好。

用儿歌和语言淡化孩子的紧张

在如厕过程中,如果乐乐出现了紧张的情绪,家长可以握住她的手,用儿歌或温柔的语言安慰,淡化冷冷的马桶圈给她带来的恐惧感和陌生感。如厕结束后,可以引导乐乐自己冲马桶,让孩子对如厕过程有掌控感。

记录孩子的如厕规律

记录孩子的如厕时间以及尿量情况,发现乐乐的如厕规律,并在此基础上调整乐乐喝水的时间和水量。根据记录,定时请乐乐去厕所坐一坐小马桶,提醒她是否要小便。

孩子和爸妈的收获:

在家中为孩子营造一个温馨亲切的如厕环境,增进她如厕的意愿。这样的尝试让孩子挑战了自己,也感受到了被尊重。帮助孩子建立良好的如厕意识,能够让她更好地参与到自我的照护中,更好地成长。同时,家长用科学的方法帮助孩子戒尿片,有助于和孩子建立熟悉的合作模式,让孩子更有安全感,亲子间培养的合作与默契也会为今后开展其他的活动奠定良好的情感基础。

个性化需求案例——挑食

午餐时,班上常会出现这样的孩子:青菜不吃,萝卜不要……噘着小嘴,噙着眼泪。还有的孩子一勺接一勺地将碗里的肉和饭吃完,蔬菜却丝毫未动地留在碗里。一些孩子不喜欢吃有"独特"味道的蔬菜,如蓬蒿菜、香菇、蘑菇等,每当吃这些菜时,班级里就会听到这样的声音:"老师,我不要吃,一点都不好吃。"有的孩子每次吃饭时只吃自己喜欢的饭菜,有些没有吃过或者有特殊味道的食物,就会用小舌头把食物吐出来,拒绝咽下去。

逸逸就是这样一个小女孩,只要午餐中出现蔬菜,她都会表现出小嘴张得很慢,吞咽也慢,到最后直接把蔬菜剩在碗中。不管老师怎么哄,逸逸要么就是用手把蔬菜推开,要不就是把蔬菜吐出来。老师见状,把蔬菜藏在米饭下面喂给逸逸吃,她偶尔会一起吞下去,但遇到大一点的蔬菜,还是会吐出来。

教师的做法与感悟:

发现孩子有挑食的习惯后,老师便在娃娃家中提供种类多样的"蔬菜"供婴幼儿游戏,还在教室中开起了蔬菜超市和小餐厅。为了增加孩子对蔬菜的认识,每周还会从食堂拿来一些新鲜的蔬菜,让孩子能直观地感知蔬菜,自己尝试动手择青菜、按照颜色给蔬菜分类等。同时采取循序渐进的方法,每天增加孩子蔬菜的进食量,第一天一勺,第二天两勺……以此逐步增加,直至孩子可以吃完规定的一份蔬菜。此外,还采取榜样示范法进行暗示,将吃饭吃得很好的东东调换到了逸逸那一桌,对逸逸说:"逸逸,你看,东东吃得多好,啊呜啊呜大口吃,青菜也很好吃呢。"看着同伴吃得很香的样子,逸逸慢慢地也开始往嘴里送了一口青菜,这时,老师会及时表扬逸逸的进步。有了同伴的带动与老师的鼓励,逸逸慢慢地也愿意尝试吃蔬菜了。

同成年人一样,孩子对各种食物的味道一样能表现出"喜欢"和"讨厌",其实这种"好恶"是人类很自然的现象,切不可对孩子一味态度生硬,如强迫或哄骗孩子吃不喜欢的食物;也不可一味娇纵孩子的不良饮食习惯,如碰到爱吃的食物,就不加以节制地过食,而不喜欢吃的东西一点也不吃。有时,不少家长自己也挑食,不吃青菜、萝卜等,这样一来,家长自身成了挑食的"榜样"。家长要以身作则,找到正确的方法,让孩子能够发现各类食物都有美味,做到合理膳食,吃出健康。

爸爸妈妈可以这样做:

适当运动,增强食欲

日常生活中,家长要保证孩子每日有充足的运动时间,特别是对于体质较差、胃口不好的孩子,家长可酌情增加活动时间。运动消耗体能,能让人感受到饥饿,大脑会发出信号需要补充食物,孩子在运动完后会吃得更"香"。

深度体验,感受乐趣

家长可以全面深入了解孩子不爱吃的食物,并有针对性地引导孩子进行感知和体验,让孩子全面了解该食物,进而消除偏见。如:孩子不喜欢吃胡萝卜,家长可拿来胡萝卜实物,让孩子充分感知、观察;或者可以带孩子一起种植胡萝卜,了解它的生长过程,并让孩子参与采摘、清洗、烹饪的过程;家长还可以烹饪不同口味的胡萝卜美食,让孩子拥有更多的味觉体验,减少对食物的抵触心理。

餐前教育,科学引导

让孩子知道蔬菜的营养、了解蔬菜对人体的作用,有助于提高孩子进食蔬菜的意愿。同时,孩子进餐时,要避免手机、电视等干扰,让他明白此时吃饭是最重要的事情。对于咀嚼能力不强的孩子,家长要帮助孩子学会正确的咀嚼方法,并提供示范:用中间的大牙切断食物,再用两边的牙齿嚼碎食物,咽下后再吃第二口。

巧用策略,积极强化

拉近孩子与食物的距离,可以帮助孩子克服对食物的陌生、恐惧与厌恶,尝试食用。如:孩子不喜欢吃绿色蔬菜,家长可以和孩子共同阅读绘本《好喜欢吃蔬菜》,可以创设有趣味性的游戏情境,用多种感官体验激发孩子对食物的兴趣,调动食欲。如:孩子不喜欢吃蘑菇,家长可以将自己装扮成女巫的样子,为孩子烹饪魔法蘑菇汤,有效激发孩子的好奇心与食欲。

孩子和爸妈的收获:

丰富食物的搭配,美化食物的摆盘,使用好看的餐具,适当让孩子参与食物的采购、制作环节等,能让孩子尝试不同的食物,促进孩子牙齿、舌头、颌骨的发育。食物供给多样化、营养均衡,能帮助孩子巩固良好的饮食习惯,克服挑食、偏食的坏习惯,也能增加孩子对不同食物的积极情感。

个性化需求案例——午睡

午睡期间,一阵响亮的哭声穿透整间教室,已经睡着的孩子也陆续被哭声"震"醒。开学已两月有余,量量还是一直哭着要回家,不要上床睡觉,边哭边拉着老师的衣角要打电话,让阿婆(外婆)接他回家。老师急忙将他带到了教室外面,到了户外的量量还是不顾一切地号啕大哭,脚颤巍巍往前走着,手指着大门外嘟囔要回家。老师一边轻声安抚,一边牵着量量的小手来到了草地上,玩了一会儿他喜欢的"滑滑梯",等他情绪稍微平静下来后,再回到班级哄着他睡下,原以为他会和别的小朋友一样哭哭就睡着了。可谁能想到,小家伙精力十足,直到午睡时间快结束了,还是没有睡着。第二天早上,量量来园时,妈妈和老师说:"量量昨晚在餐桌上边吃边睡着了,今天能让他中午稍微睡一会儿吗?"

教师的做法与感悟:

开学一月后,老师都是抱着量量到教室外,让哭泣的孩子趴在肩头,听他大声地发泄着他的情绪。边拍他的背边哄唱摇篮曲:"睡吧,睡吧……"在老师的哄睡下,有时孩子会踏实地睡个午觉。但等过了一个周末,一切又回到了原点。孩子一到午睡就开始哭,有时等他从大哭转为抽泣,已经大半个小时过去了。后来,老师及时和妈妈连线,从家中带来量量常用的蓝毛巾。到了午觉时间,量量闻着自己毛巾上的香味,熟悉的"家"的味道让他快速地建立起物品和家的联系,产生归属感和安全感。同时老师也在每个孩子的小床上贴上他们的大头照片,让量量和同伴比赛谁能最快找到自己的小床,在床上做躺一躺、滚一滚的游戏,在愉快的气氛中,量量不仅熟悉了小床,也对躺自己的小床有了愉快的体验。等到量量在午睡时再次产生焦虑情绪哭闹时,老师让孩子抱着蓝毛巾,坐在床边及时进行安抚,量量闻着熟悉的味道,听到令人心安的声音,渐渐开始不抗拒午睡了。

午睡是托班孩子一日生活中的重要环节之一,但对于刚入托的孩子来说,他们还处在分离焦虑情绪中,刚刚适应了半日的托班生活,又要接受新的挑战,适应在幼儿园中独自午睡,因此需要教师和家长积极配合,共同帮助他们尽快适应午睡的生活节奏,养成良好的午睡习惯。

爸爸妈妈可以这样做:

培养孩子睡午觉的习惯

和孩子一起在午睡前开展安静的散步、阅读活动,帮助孩子消化中午的食物,心情恢复平静后更容易进入睡眠的状态。当孩子在午睡时产生焦虑情绪并哭闹时,家长要及时进行安抚,通过抱一抱等肢体动作让孩子感受到心安。

创设良好的午睡环境

家中室内温度适中(20—25℃),相对湿度在 60%—70% 之间,光线柔和不刺眼,安静无干扰噪声是适合孩子午睡的环境。还要注意让孩子身穿舒适的衣服，盖厚度适中的被子。睡前让孩子听上一个睡前故事、一首舒缓的音乐，能够帮助安定孩子的情绪，更好地进入睡觉状态。

提供午睡能量宝盒

家长可以和孩子说："睡午觉，是我们的身体在补充能量哦。睡觉小精灵会给我们输送一颗能量宝石到身体里。"在家中也可以给孩子准备一个午睡宝盒，当孩子午睡醒来后，可以放入一颗能量宝石，积累到10颗便可以获得一次超能量，爸爸妈妈可以适当给孩子一些小奖励：如一起逛超市、去公园玩等。让孩子明白睡午觉的好处，在游戏中爱上睡午觉。

建立固定的入睡流程

家长要了解孩子的睡前习惯。有的孩子可以安静地躺在床上；有的孩子睡前要自己跟自己唱一会儿歌；有的孩子要翻身翻一会儿才能够睡着；有的孩子是需要摸摸背，安抚一下的……家长针对自家孩子的睡前习惯与入睡时间进行记录，抓住孩子揉眼、打哈欠等"睡眠信号"，及时安排其午睡；建立固定的入睡流程，比如拉窗帘、换睡衣、睡前散步等，养成自主入睡的好习惯。

孩子和爸妈的收获：

睡午觉不是一件痛苦的事，而是一件恢复精力、非常舒适的事情。科学适宜的午睡，帮助孩子养成中午按时休息的习惯，有利于生物钟的形成，也能为孩子的身心成长提供助力。午觉睡得好，孩子的精神状态越好，生长发育也会越快。

个性化需求案例——喝水

小如是小月龄的孩子，家中父母工作忙碌，孩子的生活起居多由阿姨照料，这也导致她的自理能力较弱。初来园时，老师发现小如很不喜欢喝水，一到喝水环节，她便噘着小嘴，一副很不情愿的样子，当老师将水杯递给小如时，她还会假装不小心将水杯推翻。不喝水对身体可不好，老师有时也会帮忙喂进去一小口水，但小如急忙将水从口中"噗"出。

教师的做法与感悟：

经过了两周的观察，老师发现小如似乎很不爱喝白开水，每次到了喝水环节,孩子总是把水洒得满地、满身。老师将孩子这一现状与家长进行沟通,询问小如在家的饮水情况。从妈妈那里了解到:小如从小不爱喝白开水,阿姨会在水中加一些有甜味的果汁或饮料,她才会喝上几口。此外,小如平时喝水,使用的是自带吸管的宝宝水杯,目前还没有使用过敞口杯。通过在班级的观察及家园沟通,老师对小如现有的饮水情况有了一个全面的了解,而后老师决定循序渐进,先让小如喜欢上喝水,再帮助她建立良好的饮水习惯。

首先最重要的,是让小如愿意喝白开水。老师编了一个小故事,将小如最喜欢的小鸭子作为主角,请故事中爱喝水的"小鸭"来告诉小如,白开水尽管味道淡淡的,但对我们的身体很好。游戏和运动后,我们都要及时给自己的身体补充水分。对白开水向来抗拒的小如,在一次又一次的故事中,渐渐也开始看看白开水的模样,闻闻白开水的味道了。有趣的故事成功地激起了小如对白开水的兴趣。

但是,小如喝水路上还有一个"拦路虎",那就是敞口杯。在对白开水没有那么抗拒后,小如会尝试着用杯子喝,可是每次喝水时,她都会将嘴嘬得尖尖的,还发出"嘬嘬"的声音,有时手拿敞口杯,喝水时还会往自己脸上一倒。看到这一情形,老师知道小如除了不爱喝水,更主要的是她不会使用敞口杯。为了减少小如喝水路上的"阻碍",老师开始让小如练习如何用敞口杯,第一步就是掌握手持杯子的力度,在小如每次拿杯子时,老师的手都会托住杯底,以免孩子因用力过猛而将杯中的水洒向自己,失去对学拿杯子的信心。第二步就是鼓励她在喝水时将原来尖尖嘴型的"嘬"变为微微张开的"啊",这样喝的方式也从"水滴"变成正常的"水流"。

经过一个月的努力,小如杯中的水量从三口的量到小半杯、半杯直至正常量,每次她取得进步,老师都会及时给予她大大的拥抱和可爱的小鸭贴纸。等到学期中,小如已经渐渐能自主用敞口杯喝白开水了。

爸爸妈妈可以这样做:

父母亲身示范,耐心鼓励陪伴

孩子会天然地模仿父母的一些举动,家长可以先向孩子展示自己是怎么用杯子喝一口水的,然后再把杯口凑过去喂孩子,试着让他模仿大人喝水,还可以让孩子拿着杯子喂大人喝水。不要把杯子当成一个喝水的工具,而是让杯子以"玩具"的角色进入孩子的视野，多让孩子把玩、探索新杯子，与之"互动"。

照料小植物，了解喝水的重要性

选一株易种植的、外形可爱的植物宝宝，邀请孩子参与照料。鼓励孩子使用小容量的单耳水壶（以与饮水的敞口杯相似为宜）来为植物宝宝浇水。与孩子一同聆听泥土喝水时嗞嗞的声响，观察小植物喝水前和喝水后的变化，让孩子明白喝水让植物长大、开花。通过自己动手照料植物，让孩子直观地看到喝水的重要性，同时熟悉单耳杯的倾倒方式。

家中同步改用敞口杯，小步递进

爸爸妈妈可以和孩子一起去商场采购一些他喜爱的敞口杯，每次喝水时，请他来挑选自己想用的杯子，家长给孩子示范敞口杯的使用方式，陪孩子一起喝水。同时，当孩子开始使用敞口杯，起先只倒最少的水量（以孩子一口能够喝完，仰头喝也不会洒出为宜），帮助孩子积累成功的经验，建立自信。

孩子和爸妈的收获：

果汁等饮料含有丰富的天然糖分，长期喝会影响孩子的牙齿健康，增加蛀牙的风险。而长期使用吸管杯不利于孩子发展成熟的吞咽模式，舌头的灵活度、口腔运动能力得不到充足的锻炼，可能不利于孩子说话能力的发展。从孩子喜欢喝水，逐渐到学会使用敞口杯喝水，不仅能让孩子学会使用饮水工具，也能让孩子养成健康的饮水习惯。

我们的做法：

每个孩子都有其自身的生理节律，尤其是低龄的孩子，首先要安抚他们的情绪，让孩子与家长、老师之间建立互相依赖和信任的关系。其次，要在孩子的行为中捕捉他们的需求，在孩子成长的关键时刻，会通过行为向我们释放"信号"：可能是穿着尿片不舒服时不停地去挠小屁股，可能是没有午睡习惯躺在小床上时的情绪宣泄，也可能是进餐时悄悄把青菜拨到了一旁……这些都需要老师用自己的专业知识和平时细心的观察，捕捉到孩子的需求。同时，家长也需要用心地呵护，寻找其中的教育契机，让孩子更好地参与到自我的照护中，健康地成长。

1. 合作共育目标

（1）调动亲子间的多样化互动

良好的亲子互动有助于婴幼儿习得基本知识，养成良好的行为态度，是婴幼儿社会性发展的基础（Maccoby，Eleanor；1992）。亲子游戏活动是亲子互动的主要方法之一，是指家长和婴幼儿之间开展的一项带有互动性、情感性、发展性等特征的活动，如语言游戏、音律游戏、美工游戏、体育游戏、探索游戏等。不同类型的游戏有着不同的开展方式和互动方式：在语言游戏中，家长与婴幼儿主要通过对话、交谈等引导型方式互动；在美工、探索游戏中，家长与婴幼儿更主要的是通过共同完成制作、实验等合作型的互动；在体育游戏中，家长一般会运用完成任务（通过关卡）、开展运动类活动的挑战型互动；另外还有通过电子设备等信息化手段，家长与婴幼儿共同打卡、相互配合型的互动等。在合作共育中，家长通过不同的游戏活动，丰富了亲子间的互动方式，建立起良好的亲子关系。

（2）满足婴幼儿的个性化需求

婴幼儿处于生长发育的快速时期，但受营养、运动、睡眠、环境和遗传等因素影响，他们的个性化需求存在一定的差异，家长应该理解并接受这些差异，按照婴幼儿的发展规律慢慢进行引导。如婴幼儿大动作发展的需要，家长应该了解婴幼儿大动作发育的规律，耐心引导婴幼儿，陪伴婴幼儿进行各种大运动的练习，寓教于乐，在练习中加入好玩的游戏，提升婴幼儿游戏的兴趣。再比如婴幼儿语言发展的需要，家长要了解婴幼儿语言发展特点，抓住婴幼儿发展的关键期，多与婴幼儿互动沟通，通过场景语言的语音语调，促进婴幼儿听觉敏锐性发展。还可以创造机会让婴幼儿与小朋友共同游戏，如邀请熟悉的小朋友到家里做客、去公园等。游戏中，提供更多语言交流机会，促进婴幼儿模仿能力、语言能力的发展，同时慢慢培养孩子的社会交往能力。

（3）促进婴幼儿的全面性发展

游戏是婴幼儿的自然天性和基本兴趣所在，它整合了婴幼儿的各种活动，对婴幼儿的发展和成长起到了非常重要的作用。在科学的早期共育中，通过家庭游戏活动可以促进婴幼儿身体动作发展、认知发展、社会性发展以及情绪情感发展。如：在身体游戏中，婴幼儿不但可以通过基本动作和基本技能的操作和练习，如翻身、爬行等，促进骨骼和肌肉的生长和内脏器官的生理变化，同时还能通过各种游戏活动发展身体运动的协调和控制能力；在伙伴游戏中通过与同伴的相互作用，开始学会互相理解，逐渐形成对待他人的良好态度和行为，并掌握游戏规则，积累游戏经验促进自身个性与社会性发展。婴幼儿在游戏中的大声欢笑、手舞足蹈，父母的积极回应、鼓励，都可以促进婴幼儿心理发生、发展达到最佳状态，促进婴幼儿情绪发展和社会性发展。

2. 合作共育实践内容

婴幼儿的学习从出生开始贯穿一生，但不同阶段的学习内容与方式是不同的。在全日制机构模式下，根据婴幼儿的年龄特点和行为表现，将婴幼儿的发展阶段划分为适应阶段、发展阶段、衔接阶段，婴幼儿在每个阶段的行为表现具有差异性，自身的需求也不尽相同，因此在游戏活动中的合作共育实践也应随着婴幼儿的发展提供相应的支持。

（1）适应阶段的游戏活动，回应婴幼儿需求

适应阶段一般持续 1—2 个月（即入托后的 9 月—10 月），该阶段婴幼儿有着明确且具体的依恋对象，在依恋对象离开时会表现出明显的分离焦虑，产生较大的情绪波动，如哭闹、压抑、拒绝和发怒等。游戏对于婴幼儿情感的满足和稳定具有重要的价值，是婴幼儿克服情绪紧张的一种手段，在游戏过程中的体验有助于发展婴幼儿在压力应对、情绪调节等方面的恢复力。

这一阶段要在情感上与婴幼儿产生共情，帮助他们建立起良好的依恋关系，让他们感到安全和信赖。因此在适应阶段游戏活动的合作共育中，要营造一个宽松、包容的氛围，允许婴幼儿通过各种方式表达自己的情绪，积极回应婴幼儿的情感需求，包括缓解焦虑的情绪，产生积极的情感，增加安全感和归属感，给予他们心理上的安慰。

满足婴幼儿的情感需求从以下三个方面入手，即帮助婴幼儿认识自己的情绪、缓解消极的情绪和建立积极的情绪。在游戏活动中，首先以简单的情绪情感体验为主，即喜、怒、哀、惧，可以通过开展一些亲子阅读活动，如《我的情绪小怪兽》《脸，脸，各种各样的脸》，让婴幼儿了解自己的情绪，还可以一起表演故事的情节，唤起婴幼儿的情绪记忆，并有机会释放情绪。其次是缓解消极的情绪，在每日入托前，家长要给予婴幼儿积极的情绪支持与引导，让他们感受到去托育机构是一件很开心的事情，回家后，也可以多和婴幼儿聊聊在托生活,回忆当天有趣的时光,帮助婴幼儿更好地适应环境的变化。最后是建立积极的情感经验,可以通过简单的亲子聊天,用照片、图片等能够产生直观感受的物品,加深婴幼儿对托育机构的直观印象,如制作家园生活相册,感受美好生活;利用家里的冰箱做成"照片展示墙",摆放老师、好朋友及日常生活的照片;引导婴幼儿说一说在托发生的故事,老师是什么样的,都有哪些小朋友;还可以抓住在托生活、游戏的典型场景,将关键经验迁移和运用,如在公园玩滑滑梯时,与婴幼儿聊一聊托育机构里的滑滑梯,帮助婴幼儿回忆欢快的在托时光,丰富婴幼儿入托的积极情感体验。

在这一阶段开展游戏时,要尽量利用生活中常见且简单的材料,如沙水、树叶、石头、纸巾、瓶瓶罐罐等,让婴幼儿能够玩起来,在游戏中满足情感的需求。

(2) 发展阶段的游戏活动,促进婴幼儿发展

发展阶段一般是在适应阶段后,持续 6 个月左右(即 11 月—次年 4 月),该阶段的婴幼儿情绪发展相对稳定,喜欢亲近大自然,对新鲜事物特别感兴趣,会自发地使用各种感官和多种动作探索周围的世界,并表现出强烈的游戏欲望。因此在发展阶段游戏活动的合作共育中,一方面要满足婴幼儿的动作发展,包括身体大动作和精细动作的发展,提供多样化材料满足其好奇和探索等;另一方面要根据婴幼儿的兴趣或发展重点,开展针对性的游戏活动,以此调动他们参与游戏的兴趣和积极性,促进身心各方面的发展。

在游戏中,要通过各种感官体验,调动婴幼儿的游戏兴趣。这一阶段从身体活动等方面入手,营造自由、开放的环境,支持婴幼儿自主探索。首先是调动婴幼儿充分的身体活动,包括从粗大动作、精细动作等多方面的运动,如钻、藏、爬、跳、跑等。可以通过生活中丰富多样的日常用品,为婴幼儿创造运动的机会,如:利用家中生活材料,包括大纸箱、纸杯等,与婴幼儿在纸箱里躲猫猫、钻爬、越过障碍;利用生活物品,包括靠枕、毯子、塑料彩圈等,设置任务关卡,一起蹦蹦跳跳、嬉戏玩耍;还可以基于网络上的视频素材,如韵律操、悦体操和小动物模仿操等,学习运动的操节,模仿相关的动作姿势。

其次是满足婴幼儿探索的兴趣,一方面可以利用自然现象进行探索,让婴幼儿感受自然界四季的变化,如春日发芽的草地、夏天盛开的花朵、秋季多彩的落叶、冬日飘落的雪花等,婴幼儿可以在斜坡上滑草助跑,在池塘边与小花嬉戏,捡拾地上的落叶,发现雪花消融;可以感受一日中阳光与影子的变化,与影子躲猫猫,玩踩影子、做手影的游戏;可以观察周围生活的样子,发现世界的奇妙,如一起出去野餐、在家里播种植物、观察蓝天白云和星星月亮。另一方面,可以结合婴幼儿游戏的过程进行设计,创设一个好玩有趣的活动内容,如搭建积木时设计关卡,激发婴幼儿持续探索的兴趣;或在婴幼儿游戏时,改变原有的探索图示,利用旋转、链接、拆分、围合等不同的方式调整游戏的内容,使其充分体验探索的快乐。

另外,可以立足婴幼儿的个性化需求,抓住婴幼儿行为的契机,激发婴幼儿游戏的兴趣。一是利用随手可拿或随处可见的物品和现象,自然而然地开展一些游戏,引导婴幼儿根据兴趣一起认认看看、做做玩玩,如在散步时寻找周围生活的变化,一起进行科学探索小实验。二是发挥自身的优势,如"我是小能手"的游戏,让婴幼儿做力所能及的事情,增加婴幼儿的胜任感。三是创设情趣化场景,让婴幼儿对自己不擅长的地方产生兴趣,如将数的概念融入生活中,看电影时认认电影票上的座位号,感受数字的一一对应;拨几个手机上的数字就能联系到其他人;制作小小的"公寓",请小小的"快递员"根据快递订单,将指定数量的物品送到规定的门牌号码内。

(3) 衔接阶段的游戏活动,丰富共同生活体验

衔接阶段一般是在发展阶段后,持续 2 个月左右(即次年 5 月—6 月),该阶段的婴幼儿已适应了托育机构的集体生活,他们的社会性交往行为增多,喜欢与同伴一起游戏,因此在衔接阶段游戏活动的合作共育中,要为婴幼儿提供开放自由的环境,丰富婴幼儿的共同生活的体验,帮助他们进一步感受集体的生活和同伴的力量。

在丰富共同生活体验中,从增加同伴的交往和社会性场所等方面入手。首先,可以通过角色的转换,促进婴幼儿的社会性经验积累,如做一名顾客,与婴幼儿一起去理发店修剪头发,并开展一些与理发店有关的游戏;一起去朋友家做客,学习各种社会交往的礼仪和规则;做小小"服务员""值日生""清洁工",体会每个角色的不同工作内容。其次,可以发挥同伴和他人的力量,培养婴幼儿的社会交往能力,如在家附近的小区、商店、公园、游乐场,鼓励婴幼儿与同伴或行人打招呼,进行简单的交谈;或者利用儿歌、绘本、音乐游戏让婴幼儿了解一些简单的社交技能,如认识新同伴时,可以相互交换礼物等。再者,利用节气节日、饮食工艺、地域民俗等传统文化,增加婴幼儿的社会性体验,如在春节期间,利用生肖年份、新年习俗等参与做美食、办年货、逛庙会、赏花灯、看展览等活动,让婴幼儿感受体验传统文化的色彩,初步形成直观的认知,潜移默化中激发他们的文化认同感。最后,培养婴幼儿倾听和表达的能力,为幼儿园的集体生活做准备,如与婴幼儿玩"小孩、小孩真爱玩""高个子矮个子"等指令性游戏,以及

"你问我答""广播电台""说悄悄话"等交流性游戏,提供多种语言学习的机会,帮助婴幼儿在今后的集体生活中更好地交往。

在这一阶段开展游戏时,可以运用"主题"的形式,即以一个内容为主体,开展多形式、多样化的活动,且整体活动可以持续较长的时间,这样做既是让这一年龄阶段的婴幼儿能够充分地亲身感知、直接体验,更是进行一种托幼的衔接,以便更好地适应小班的学习模式。

3. 合作共育案例枚举
(1) 适应阶段的系列案例

活动一:我的生活相册

父母是孩子们最亲近的人,是孩子们缓解焦虑的安全港。亲子阅读时间总是温馨而有趣的,一起阅读关于孩子自己的生活相册,听一听相册中的家人温柔而充满爱意的话语,相信会是宝贝们最享受的亲子时刻。

教师的观察与感悟:

家庭生活相册是家园之间的"桥梁",尤其是刚进入幼儿园集体生活的孩子,他们最需要的就是与家庭生活的情感联结,在此时父母与孩子制作生活相册,能够让孩子回忆开心的事情,唤起积极的情感。

游戏材料:

装饰材料、家庭成员和家庭生活照片、自制生活照片小册子、点读笔、安静轻松的阅读环境。

家庭游戏活动玩法:

随心地装饰

将照片粘贴在纸张上,并固定在一起做成相册,孩子和爸爸妈妈一起用贴纸等各种材料装饰相册,也可以由家长进行一些记录哦。

有趣的分享

孩子和家人一起看一看、说一说照片书里的内容,照片里都有谁,在做什么有趣的事情,这是一个分享生活的好时机。

美好地倾听

鼓励孩子尝试自己使用点读笔,点击图标,跟着家人的录音说说唱唱照片中的内容,回忆美好的时刻。

家庭活动指导建议:

在观看生活相册的时候,家长可以为孩子多提供表达的机会,让孩子根据照片回忆和家人、伙伴一起发生的有趣事情,巩固生活经验,感受生活的美好。

爸妈和孩子的收获:

留出安逸的亲子互动时光,更多地关注到身边的人或事,这种自然的交流能够让孩子感受到真实的生活,缓解不良情绪,并建立积极的情感,加深与父母之间的亲密关系。

图 2-77 宝宝心情日记　图 2-78 幼儿园生活记录　图 2-79 共同阅读相册

活动二:有趣的冰箱贴

冰箱装着宝宝爱吃的牛奶、冰激凌、饮料,还有家里各种各样的蔬菜、瓜果与肉,像个"百宝箱"。爸妈花点小心思,冰箱也可以作为亲子互动的好工具哦。

教师的观察与感悟：

每个班级都会布置一个照片墙，贴满了孩子们的家庭合影、旅行照或是孩子们小时候的照片。墙上热闹，墙前也热闹，孩子们都爱围着看。看看自家的爸妈，点点说说小朋友的爸妈。有时候，某个孩子受了委屈哭闹时，老师会把他们带到照片墙前，找到自己的爸爸妈妈，鼻涕眼泪也收住了。这面照片墙不仅能缓解孩子们的分离焦虑，还是帮助他们建立友情的好帮手呢！

游戏材料：

冰箱贴，孩子的生活照片、作品等。

家庭游戏活动玩法：

照片展示

选择一些有意思的照片，贴在冰箱上作为"爱的回忆""旅行记录"等，定期更换，常和宝宝一起看一看、说一说。

作品展示

开完摄影展，再开个作品展，将宝宝的各种手作、画作贴在冰箱上展示出来，享受成就感能帮孩子建立自信。

亲子留言板

贴一张"爸爸妈妈的留言"，用图形告诉孩子某一天的安排、天气预报、想说的一句话，也可以鼓励孩子用画画的形式表达自己的心情等。

家庭活动指导建议：

无论是开心的事抑或是难过的事，都可以展示出来，这些都是有利于孩子情绪情感释放的。

冰箱贴的游戏较为简单，父母要多鼓励孩子动手操作，增加孩子的胜任感。

爸妈和孩子的收获：

3岁前的宝宝是有记忆的，孩子记忆的内容有着明显的情绪色彩。大家一起努力编织和孩子共有的美好记忆，能够让孩子的记忆里多一点安全、温暖和快乐，也让家庭生活充满爱的味道。

图 2 - 80 布置冰箱贴   图 2 - 81 回忆今日生活

活动三:玩水,快乐多多

夏天,水成了宝宝最好的玩具,能消暑,玩起来又变化无穷。海边和游泳池是宝宝扑腾嬉戏的好去处,自己家里的浴室和阳台,也能让宝宝把水玩个痛快。宝宝在玩耍中活动了身体,刺激了大脑。

你不妨脱去正装,穿上背心和短裤,放下大人的身段,和你的宝宝一起轻松自在地玩! 玩完了,你或许会从心底感谢这炎热的夏天,是它给了我们和孩子一起玩乐的机会!

教师的观察与感悟:

孩子进入幼儿园最先玩的游戏便与水有关,9 月初,暑热未消,孩子们进入陌生的幼儿园,难免有些燥热紧张,"帮娃娃洗澡""为小树浇水""打水仗"便是此时孩子们最喜爱的游戏,他们往往乐此不疲。在清凉的玩水游戏中,入园焦虑也会缓解不少。

游戏材料:

洗澡盆、戏水玩具、水枪等多种玩水工具,彩纸、剪刀等。

家庭游戏活动玩法：

宝宝的小船

过了周岁,孩子的小洗澡盆就用不上了,把它改作玩具"船",你的孩子一定欢喜! 在盆里放一些孩子喜欢的玩具和孩子边玩边交流:"小船里的乘客还有谁? 小娃娃和小熊猫呀! 要送它们到哪里去?"以此来调动孩子欢乐的情绪。

好厉害的水枪

用彩色笔在图画纸上画几只宝宝喜欢的小动物,剪下;把卫生纸一张张撕下,叠长条,把小动物图形用胶带粘贴在卫生纸上;再用胶带粘在细绳上挂起来,也可以直接贴在浴室的瓷砖墙上,这是靶。瓶盖上用烧热的针戳1~2个小孔,瓶里灌满水,盖紧盖子,这就是水枪啦! 双手挤捏瓶子,让水喷射出来,卫生纸遇水就会断裂,小动物就被水枪打下来了。看谁喷得又快又准。

喷水画

喷画笔同上述水枪的制作,但瓶盖上只能戳1个小孔。用手挤捏喷画笔(饮料瓶),将水喷洒在水泥空地上,"喷画"出自己喜欢的各种图形。

家庭活动指导建议：

尽可能让孩子一起动手,像粘贴、灌水之类。可以根据孩子的游戏情况用小玩具和小用具来代替动物做靶子等,也可以根据孩子的能力表现提出小要求,往指定的地方喷水等,能训练孩子的手眼协调能力。

爸妈和孩子的收获：

看似简单的玩水游戏,意义却很多。在一个丰富的语言环境里,孩子接触和学习了很多新鲜词语,如用手拍打、水花四溅、尽情欢乐。大人孩子一起

图2-82 戏水玩具

图2-83 宝宝的小船

玩,一起享受愉悦的亲子活动氛围,这对孩子发展良好的情绪、养成喜欢与人交往的性情非常重要。

活动四:玩树叶

和宝宝一起玩树叶,一起讨论每一片树叶的不同,在摸一摸、闻一闻中探索大自然的奥秘。

教师的观察与感悟:

大自然中,树叶到处可见。树叶的飘落是秋天最显著的特征。孩子对周围的事物往往具有强烈的好奇心和探究欲,树叶有大有小,形状和颜色也各不相同,这都能带给孩子探索和发现的空间。在玩树叶的过程中,孩子不但可以亲近大自然,还可以发展他们的观察力和动手能力。

游戏材料:

小筐、大篮子、塑料袋、糨糊、双面胶、画纸。

家庭游戏活动玩法:

捡一捡

带上一个小筐,和宝宝一起去公园散散步,带着宝宝找树叶、捡树叶,收集各种各样不同的树叶,并把捡到的树叶放进筐里。在捡树叶的过程中,鼓励宝宝注意观察树叶的颜色、形状等。可以和宝宝一起说一说树叶的不同,也可以鼓励宝宝用摸一摸、闻一闻等方式表达对树叶的喜爱,并用词汇描述树叶,比如:有的树叶滑滑的;有的树叶干干的,一碰就会碎掉;有的树叶毛糙糙的;还有的树叶软软的。

踩一踩

秋冬的落叶大多是枯黄的,爸爸妈妈可以和宝宝一起收集路边枯黄的树叶并带回家。将收集的落叶铺成一条小路,宝宝用脚踩在落叶上,聆听树叶发出的有趣声音。

撒一撒

和宝宝一起收集树叶后,家长拿起树叶边跑边将树叶从高处渐渐往下撒,让宝宝用手去接。一边玩一边让宝宝想象:落叶像什么?"黄树叶、红树叶片片飞起来像蝴蝶。"和宝宝一起聊一聊掉落下来的树叶都会飞去哪儿呢。也可以让宝宝抱起一堆落叶,快乐地撒向天空,感受落叶缤纷的美丽。在撒落树叶的过程中,带着宝宝一起唱儿歌:"秋天到,树叶飞,红叶飞,黄叶飞。飞到屋顶上,飞到滑梯上,飞到小河里,飞到草地上。"

贴一贴

和宝宝一起收集多种形状和颜色的树叶,一起讨论这些形状不同的叶子像什么。让宝宝发挥自己的想象,自由地表达。准备一张画纸,让宝宝自己将树叶摆一摆,说一说:"不同的树叶拼在一起会像什么?"还可以让宝宝看看网络上拼贴树叶的视频,在宝宝对整个制作过程有了初步的印象后,就可以和宝宝一起制作粘贴画啦。

小树叶分分类

将收集回来的树叶根据颜色、形状、大小分类。问问宝宝:"这片是什么颜色的树叶呀?这两片树叶除了颜色还有什么不一样呀?"(给宝宝示例大树叶与小树叶,选用对比较为强烈的两片树叶进行比较)给树叶宝宝找朋友,大树叶和大树叶做朋友,小树叶和小树叶做朋友,根据不同的分类要求(如颜色、形状、大小等)给宝宝提出指令并鼓励其操作。也可以在提出大树叶和大树叶交朋友这条指令后,让宝宝自主地帮树叶宝宝找朋友,并问一问:"为什么这片树叶宝宝要找它做朋友?"

家庭活动指导建议:

和宝宝一起收集树叶,可以训练宝宝小手的抓握能力和精细动作的发展。但在玩的过程中要留意,防止宝宝把小手和叶子放进嘴巴里。

在捡一捡树叶后,回到家要记得认真将手洗干净,或者用湿巾先将宝宝的手擦干净。

可以从收集的树叶中选择几片存放,留作纪念,也可以让宝宝观察树叶的变化。

在贴一贴时,记得注意糨糊和双面胶的使用安全。宝宝好奇心强,当手上沾到糨糊时,注意不要让宝宝误食。

爸妈和孩子的收获:

捡一捡树叶,能锻炼宝宝的抓握能力和精细动作的发展。

很多宝宝不太愿意自己走路,依赖推车和爸爸妈妈的怀抱。用"踩一踩"这个小游戏帮助宝宝发现自己可以用脚去"丈量"世界啦。

撒一撒落叶可以让宝宝感受秋天落叶缤纷的美丽和快乐的氛围。

贴一贴落叶锻炼了宝宝手指的精细动作,也可以让宝宝自由发挥想象,通过摆弄和拼贴,将不同的落叶变成一份自己的小作品,并从中获得满满的成就感。

通过为小树叶分分类,宝宝在和爸爸妈妈的交流中,对树叶的颜色、大小以及形状有了初步的感知与认识。之后,家长可以进一步给宝宝提供分类的主题,也可以让宝宝自主选择分类的方法。在此过程中,宝宝通过分类操作继续巩固初步的分类概念。

活动五:玩纸

小小纸张,千变万化,创意无限,乐趣多多。学龄前的孩子特别喜欢玩弄纸:撕、揉、团、卷、折、剪、贴、画……可别小瞧了这项有意义的活动哦!孩子们在折折、剪剪、贴贴、画画、撕撕、团团中,可是收获多多。

教师的观察与感悟:

说到纸,大家都太熟悉啦。它是我们生活中必不可少的物品。想想家里有哪些纸呢?A4 纸、杂志纸、报纸、书籍纸、纸巾等。就用家里的这些纸来玩创意游戏,怎么样?让这些纸统统大变身!

游戏材料:

报纸、废纸、牛皮纸、彩色手工纸、彩笔、剪刀、双面胶、颜料。

家庭游戏活动玩法:

撕纸片

尽量选用韧性稍差的纸张,让宝宝体验撕纸的奇妙感觉。伴随着"嗞嗞"的撕纸声,宝宝看到一张纸在自己两只小手的配合下慢慢分开,且声音听起来是如此悦耳,这将让宝宝感到分外新奇。

揉纸团

宝宝有一双能干的小手,可以把一张张平整的纸揉成一个个小纸团。这些可是表现宝宝小手力量的作品哦。做这个游戏时可以选择不同材质的纸，如餐巾纸质地柔软、易揉，在揉捏的过程中，也不用担心突起的尖棱角会伤害宝宝稚嫩的小手。当小纸团越堆越多时，还可以利用这些小纸团引导宝宝玩投扔纸团的亲子游戏。小纸团滚来滚去，刚会爬的宝宝会追着小纸团欢快地爬来爬去，尽情享受运动的快乐。

拼图形

选择对宝宝无毒的彩色纸，用剪刀剪出圆形、方形、三角形等各种图形。将纸片放在平面上，一边对着宝宝解说，一边动手演示，把这些不同形状的纸片拼成有趣可爱的房子、小人、山、宝塔等。在游戏中要多给宝宝鼓励，引导宝宝自己动手拼出各种图形。

传话筒

把纸卷成圆筒，就做成了一个传话筒。妈妈的声音通过传话筒传过来，宝宝是不是感觉声音比之前响了点呢？对宝宝来说，这可是个奇特的大发现。这个传话筒还可以变成"望远镜"，宝宝和妈妈通过"望远镜"能看到彼此，非常有意思吧！

撕面条

和宝宝一起将彩色纸撕成细条，就像一根一根彩色的面条似的。撕完之后，还可以和宝宝一起玩娃娃家，假装吃面条。

花瓣雨

和宝宝一起将各种颜色的纸张撕成碎片。之后，抓起碎纸片从高处往下撒，让宝宝用手去接。一边玩，一边让宝宝想象碎纸片像什么：像彩色的雨，像花瓣雨……让宝宝感受色彩的美丽。同时，撕纸对小肌肉也是很好的锻炼。

家庭活动指导建议：

家长可以用纸作为游戏的道具，也可以用纸折叠出小船、飞机、青蛙、衣服、帽子等。这些栩栩如生的纸玩具和游戏可以很好地训练宝宝小手的抓握能力并促进精细动作的发展。但在玩的过程中要留意，防止宝宝把小纸片塞到嘴巴里，所用的纸张要清洁干净，使用之前最好用干净的抹布擦拭一下，彩色纸上会有油墨，因此，玩过这些游戏后，要引导宝宝认真洗净双手。

爸妈和孩子的收获：

"撕纸片"的游戏既活动了宝宝的手指,也锻炼了双手的协调能力。由于这个阶段宝宝的力气还不够大,所以不能要求宝宝一下子把纸张撕成数条。"揉纸团"的游戏通过抓、揉、捏等动作,锻炼了宝宝的手指和手掌的肌肉。"拼图形"游戏可以让宝宝自由发挥想象,彩色的纸片拼在一起,色彩靓丽,给宝宝色彩的美感和颜色搭配的创想。"传话筒"的游戏通过纸张变化,启发宝宝 DIY 的灵感,激发宝宝无限的想象。

爱玩弄纸是孩子的天性,玩纸是一项简单易操作的手工游戏活动,孩子们往往乐在其中。我们应该满足各年龄段孩子的动手欲望,并想方设法使孩子的玩纸活动发挥更大的促进作用。

我们的做法：

适应阶段是孩子情绪情感波动最大的时期,这时我们的合作共育活动主要是满足孩子的情感需求,帮助孩子建立家庭与幼儿园的情感联结,让孩子产生积极的情感体验。因此这一时期合作共育的活动是比较简单的,能够让孩子释放内心情绪,游戏的材料也以生活中常见的生活物和自然物为主,如案例中的生活照片、水等,在这种轻松的氛围和温馨的互动中,建立归属感与安全感。

(2) 发展阶段的系列案例

活动一：小乌龟游戏

无论是在游戏还是其他活动中,我们常能见到宝宝在地上爬来爬去、乐此不疲、稚拙可爱的样子。爬是小年龄孩子主要的活动方式之一,也是大肌肉运动中必不可少的内容。

教师的观察与感悟：

宝宝喜欢模仿小动物的动作，而小乌龟是最好的锻炼爬行的模仿对象。

让孩子扮演小乌龟，爸爸扮演乌龟爸爸，一起爬、一起玩，对孩子来说是一件很有趣的事情，不仅锻炼宝宝四肢的灵活性，也能很好地促进亲子间的交流。

游戏材料：

软垫或地毯上，以及纸箱或桌下等安全的空间。

家庭游戏活动玩法：

热身运动，激发兴趣

爸爸："我是乌龟爸爸，来，小乌龟，跟我一起去做早操。"

宝宝模仿爸爸一起四肢着地，伸伸脖子，做单手抬起、单腿抬起、左手和右腿一起动等动作，以增加趣味性。

探索不同的爬行方法

爸爸："前面有个山坡，想不想去玩？小乌龟爬的本领最大了。"

让宝宝在软垫上练习，鼓励宝宝自由爬，探索爬的不同方法，如：手和膝着地爬，也可以蹲着往前移动等。

亲子互动：叠叠龟

爸爸："乌龟爸爸要驮小乌龟去探险啦，试试怎样能稳稳地不掉下来？"

引导宝宝探索小乌龟怎样爬上爸爸的身体，并尝试多种叠起来的方法。如：爸爸俯卧或仰卧，小乌龟慢慢爬过山坡（身体）。在游戏中要根据孩子的能力，调整身体的高度等。

家庭活动指导建议：

"小乌龟游戏"应充分利用家庭的自然地形（桌下、靠垫等）创设简单的游戏场景，如：将软垫垒成障碍，引导宝宝爬过山洞和软垫。

可以增加头饰等道具，提升孩子角色扮演的意识。

可逐步增加挑战性。如插入语言指令或小铃声，当听到指令后，宝宝需把四肢收起在软垫上打滚；或根据铃声的快慢爬行，铃声快爬得快，铃声慢爬得慢等。

爸妈和孩子的收获：

该活动由亲子共同完成，过程中通过增加挑战，成为家庭的一项综合性强身健体活动。活动不仅能激发宝宝积极参与的兴趣，进一步增进亲子情感，也能让宝宝更有针对性地练习多种不同的爬行方式，增强四肢的力量，提高身体协调性和平衡能力。

图 2-84　钻"山洞"练习自由爬　　　图 2-85　乌龟爸爸驮小乌龟探险

活动二：走"特别"的路

挑战走各种各样的路，对孩子来说充满着新鲜感和野趣。

教师的观察与感悟：

在室内，垫子、凳子、沙发、枕头、孩子的玩具都可以成为"特别"的路。在室外，松软的沙土路、坚硬的水泥路、凹凸不平的石子路等，不同的路也能给孩子带来不同的感官体验。快来试试与孩子一起走"特别"的路吧！

游戏材料：

室内：抱枕（靠垫）若干、沙发、小汽车玩具、长绳、凳子等。

室外：泥地、沙地、水泥地面、塑胶地面、石子路、草地等。准备时，注意场地安全，将一些尖锐的硬物进行清理，保证孩子的安全。

家庭游戏活动玩法：

室内"勇敢者道路"

家长与孩子共同利用靠垫、沙发、小汽车(作为间隔)、长绳、凳子等材料，将其组合成一条"勇敢者道路"，带领孩子一起"冒险"。

室外走"特别"的路

家长带孩子去户外或者公园，一同走不一样的路。请孩子说说走不同的路有什么不一样的感觉。家长可以用诸如"沙路软软的""水泥路很坚硬""石子路凹凸不平""塑胶路有弹性"等句子来重复或反馈孩子的回答。也可以请孩子说说自己的感受，如："走不同的路，自己的鞋子会有什么不一样的变化?"然后和孩子一起总结："鞋子会进沙子""泥路会让鞋子变脏"等。

家长可请孩子脱掉鞋子，尝试光脚走一走不同的路(如沙土路、石子路、鹅卵石路等)，让孩子感受这些路的不同之处。

家庭活动指导建议：

游戏过程中家长尽量陪同孩子共同游戏，鼓励孩子勇敢参与。

家长观察孩子对哪种路面最感兴趣，是否愿意将不同的感受表达出来，增进沟通。

爸妈和孩子的收获：

走不同的路有不同的感受。走"特别"的路不仅有利于孩子感知觉和平衡能力的发展，更能让孩子体验探索与发现的乐趣。家长在与孩子共同搭建道路的过程中，孩子的创造力也不断在发展。不妨赶快在家中来一场"特别"的冒险吧!

活动三：圆圆和方方

2—3岁的小宝宝能感知形状，能区分并用简单的语言描述物体较明显的形状特征。

教师的观察与感悟：

方方和圆圆是生活中的形状，它们既有用又有趣，还无处不在。宝宝吃的圆饼干、方形面包片、盘子、桌子、柜子、地砖、车轮等,都是孩子眼中世界的方方和圆圆。

用多种方法帮助孩子在物体和几何形体间建立联系,会发现孩子视角中的世界充满童趣。

游戏材料:

家庭生活中的一些方形和圆形物品。

家庭游戏活动玩法:

阅读绘本《方脸公公和圆脸婆婆》

一起阅读绘本《方脸公公和圆脸婆婆》,并引出"方和圆"的话题。"哪些是方脸公公的东西? 哪些是圆脸婆婆的东西呢?"

分类游戏

喂喂小动物,根据小动物嘴巴的形状,给它喂相应形状的饼干。

迁移生活经验

(1)找找生活中的物品、玩具,哪些是方形的,哪些是圆形的?

(2)看看有没有一件物品上既有方形又有圆形两种形状。

美味小制作:面包娃娃

(1)取一个方面包或圆面包,在面包上放各种蔬果、饼干,当作"娃娃脸"上的眼睛、鼻子、嘴巴等,可以用草莓酱或巧克力酱固定;

(2)鼓励宝宝按自己意愿大胆创作(图形组合)。

家庭活动指导建议:

生活中的发现:可以引导孩子运用已有的一些图形经验,区分和寻找方形和圆形。低龄阶段的孩子可能会首先关注一些体积比较大的物体,如:桌椅、电器等,家长可以引导孩子在家中、户外、游乐场等熟悉的任意环境中,用发现的眼睛寻找,仔细观察、比较与发现。

游戏中的运用:图形找家,引导孩子按图形的形状、颜色进行分类;玩橡皮泥时,引导其尝试用小工具和镂空模型制作各种各样的"饼干"等。

用上口的歌曲儿歌,尝试表达:孩子喜欢的饼干就有各种形状,在他们品尝的同时也可以积极表达,如:……圆饼干,圆溜溜,啊呜一口像月亮,啊呜一口像小船。……

爸妈和孩子的收获：

寻找方方和圆圆的过程是孩子自主寻找、观察、比较周围世界的过程，孩子会发现原来周围物体的形状是多种多样的，开始对不同的形状感兴趣，甚至发现有些物品是由不同形状组合在一起的，如：钟（外框方形、钟面圆形）、电脑（屏幕方形、按钮圆形）。这些发现都是特别有益的直接经验和感性认知，也是生活中的数学概念学习。

用图形的特征制作亲子美食"面包娃娃"，创意摆放、说说尝尝、共同分享，既发展了孩子的想象力和创造力，又营造了欢乐的亲子时光。

图 2‐86　给小动物喂食　　　　　图 2‐87　比一比方方的形状

图 2‐88　一起制作美食"面包娃娃"　　图 2‐89　圆圆的食物装盘啦

活动四:我发现的"打开打开"

"家里还有什么东西是可以打开的呢? 我们一起来找一找吧。""哇,原来家里有这么多东西可以打开呢,不过我们得等到需要用它们的时候再打开它们,好吗?"

教师的观察与感悟:

2—3岁的小宝宝对家里的各种抽屉、柜子、橱门都有着强烈的探索欲望,很喜欢去打开、翻看。你是不是会一边和宝贝说"不可以",担心他碰撞到东西受伤,一边还要忙着收拾各种"犯罪现场"。往往你越是不让他做的事情,宝宝就越想尝试,那索性就满足一下他的好奇心,一起来找一找生活中的"打开打开"。你会从宝宝的视角发现充满童趣的"打开打开",那就是孩子眼中的世界。

游戏材料:

家庭生活中一些可以打开的物品。

家庭游戏活动玩法:

一起阅读绘本《打开打开》,并引出"寻找更多的打开打开"的话题。"这是什么? 怎么打开呢? 原来有这么多装东西的盒子可以打开。"

在家中一起寻找各种能够打开的东西,可以和宝贝来一场比赛哦,看看谁发现得多。

家庭活动指导建议:

满足好奇,即时安全教育:有些东西可以打开,但是不适合宝宝玩。若是被宝宝发现了,家长可打开给他看看,满足他的好奇心,同时也告诉他打开这样东西对他来说具有一定的危险,只能由爸爸妈妈打开。

锻炼手部精细动作,尝试完整表达:如果宝宝发现的"打开"是安全的,完全可以让他自己动手打开,体验不同东西的打开方式也是不同的。有些不容易打开的东西也可以在爸爸妈妈的帮助下尝试打开,锻炼手部的精细动作。发现能打开的东西时,可以引导宝宝说说,"我发现××可以打开",引导他尝试用完整的语言表达自己的发现。

爸妈和孩子的收获：

该活动满足了孩子想要探索家中物品的好奇心，让他知道哪些东西是可以打开的，哪些东西对他来说是存在一定的危险的。比起说教式的"不可以"，还不如让宝宝直观地体验，教育效果更佳。活动中还可以让孩子学会观察、比较周围的世界，同时，还能锻炼手部的精细动作，并在游戏中体验欢乐的亲子时光。

图 2‑90　打开马桶盖

图 2‑91　打开钢琴盖

活动五：摸宝

你是不是特别想让孩子具有非常棒的想象力？是不是特别想让孩子在面对挫折的时候能够无所畏惧？

教师的观察与感悟：

"亲子摸宝"游戏对孩子的发展有着极大的促进作用，在亲子游戏的过程中，孩子会尝试用精细动作来感知物品的特征，尝试指认或者对摸到的玩具进行联想，并讲述故事。当孩子在面对不确定性的时候，除了感知玩具进一步探索之外，还可以学会如何面对挫折。当孩子猜错或者表达受挫时，应对其进行鼓励与支持,引导其继续进行尝试。在此过程中,孩子的自信心和自豪感进一步增强,在游戏中能力不知不觉地得以提高。

游戏材料:

大纸箱、能够放入纸箱的玩具。

家庭游戏活动玩法:

和孩子一起制定"亲子摸宝"的游戏规则,依次制定"猜猜猜""讲故事"两种规则。先一起制定"猜猜猜"规则:将各种玩具放进大纸箱中,伸手去感知并猜猜是什么玩具;再制定"讲故事"规则:对摸到的玩具进行故事想象和联想。

和孩子一起制作活动用的纸箱,假如纸箱比较厚,可以让孩子充当家长的小助手,多进行启发式提问,比如:"我们做这个游戏需要把箱子怎么处理?""伸手的洞在哪个位置合适?"让孩子感受思考的乐趣,提升对活动的兴趣。

引导孩子把手伸入箱子中进行探寻,一个一个拿起,并感知玩具的特点,在摸一摸的过程中感受玩具的大小、轻重、长短等特征,然后鼓励孩子说出玩具名称。

在猜对玩具的基础上,引导孩子对玩具进行故事创编,幻想玩具的功能。比如:"这个小球是保护我们地球的,当有外星人入侵的时候,小球就会变大,把我们的地球包裹住,让外星人接触不到我们。"在天马行空的想象训练中,孩子的表达能力和想象能力得到了提升。

家庭活动指导建议:

积极反馈:在活动中,孩子有可能连续猜错玩具,家长要进行积极引导,通过提问玩具的大小、形状等引导孩子进行正确猜想。

巧妙搭配:在放置玩具时,要将容易感知与较难感知的玩具一起放置。多放置简单玩具,以此让孩子保持猜想的热情。

爸妈和孩子的收获:

摸宝游戏过程中,家长和孩子可以实时互动,家长应鼓励孩子坚持探索。

摸一摸可以锻炼孩子的精细动作和感知能力。讲故事不仅能锻炼孩子的想象能力,还对其表达能力、逻辑思考能力的发展有所帮助。

活动六：光影游戏

宝宝最近喜欢上看影子、光斑和月亮。晚上，他会拿着电动玩具汽车，将汽车的彩光投到墙壁上，这样的游戏引起了他极大的兴趣。

教师的观察与感悟：

孩子对光影有着天然的兴趣，月亮、光斑、影子都会激发他们的好奇心和探索热情，设计一个充满奇趣的光影之旅，是合乎孩子的兴趣和需要的。

游戏材料：

灯或其他光源、玩具。

家庭游戏活动玩法：

小手抓大手

该游戏可以在桌面上进行。爸爸妈妈将手放在阳光或者灯光下形成影子，引导宝宝去抓大人的手影。游戏中还可以互换角色。

踩光影

活动前先让宝宝观察自己在阳光下的影子及其变化，然后进行游戏。引导宝宝思考怎样使别人踩不到自己的影子。

变大变小了

（1）请宝宝用玩具挡住光线，观察玩具影子的形状；

（2）引导宝宝探索怎样使玩具影子变大，怎样使玩具影子变小；

（3）鼓励宝宝变换灯及玩具的位置，探索和发现影子的变化，并引导宝宝了解影子既会动也会变化，光源的位置会影响影子的大小。

家庭活动指导建议：

2岁左右宝宝的探索行为与自我意识的萌芽有一定关系。宝宝一旦有了"自我"这个概念，就能开始区分"自我"和"外部世界"，并对周围环境更感兴趣，会通过不断探索来获得经验。这个时期，宝宝已经有能力随心所欲地扩大自己的探索范围，所以成人要注意保护和鼓励宝宝的好奇心和探索欲望。可以让宝宝通过一些探索游戏，促进想象、思维和语言等能力的发展。

在进行"变大变小了"游戏时,需注意光源正面照射时,光源与物体的距离越远,影子就越小;光源与物体的距离越近,影子就越大;当光源在物体正上方时,没有影子!

爸妈和孩子的收获:

通过光影游戏,发现光影的乐趣,激发宝宝探索兴趣,发展其观察能力和思维想象能力。

帮助家长在探索类活动中积累和宝宝互动的经验,并发掘一些适应孩子特点的观察指导方法。

光影游戏只要一束光、一灯或一烛,甚至是一轮明月就能开启。活动能促进宝宝的多元智能发展,激发其好奇心和探究欲望,刺激五感,启发联想思维,培养想象力与创造力。

我们的做法:

发展阶段的幼儿已经适应了幼儿园的集体生活,因此在这一时期要充分满足幼儿的身体活动需要,促进多感官的发展。幼儿往往是通过体验与感知来认识世界,促进自身能力发展的,上述案例中的家庭游戏活动,既有促进孩子大肌肉力量的钻爬类活动,也有满足孩子感知与探索的观察发现类活动;既有满足孩子好奇心与探索兴趣的艺术活动,也有引导孩子比较与发现的科学探究活动……一段美好的亲子游戏时光,家长与孩子"玩"在日常、"玩"到一起,不可避免地要互相进行观察、交流、沟通和学习,毫无疑问,孩子的成长就在其中。

(3) 衔接阶段的系列案例

活动一:"石"光中"榴"下的美好

中国从汉代就开始种植石榴了,当时的"外交家"张骞沿着丝绸之路将它从西域带回长安，从此，石榴就在中国安了家。中国人喜欢它甜美的味道和红红火火的颜色，将它视为象征繁荣喜庆的吉祥果，是大自然赐予我们的美好寓意。

教师的观察与感悟：

中国人热爱石榴，它们看似朴实、不张扬，就像我们的孩子，虽然稚嫩但充满热情和生机。石榴果粒也像我们的大家庭一样，紧密、和谐、平等、团结。孩子在祖辈的怀抱中聆听关于石榴的故事，在父母的陪伴下体验亲子制作美食的乐趣，创造出不同的家的味道，这也是一份美好的童年记忆。

游戏材料：

多个石榴、放大镜等观察工具、榨汁机等制作工具。

家庭游戏活动玩法：

石榴园初探

和孩子来一场石榴园探秘活动，在自然环境中观察认识石榴这个"红红火火"、结构特别的水果。还可以一起采摘一些带回家中，准备一个天平，和孩子一起看一看、称一称，这么多的石榴，到底哪个最重呢？

石榴"实验室"

虽然石榴树不会说话，但是神奇的大自然用自己独特的方式来告诉我们它的秘密呢。和孩子一起交流探索，准备一套可使用的工具，如：放大镜、电子显微镜等。先观察石榴的外部特征：石榴长得圆润饱满，果皮非常厚，头顶还长着一个"小皇冠"。剥开石榴皮，红彤彤的果实就像红宝石一样，里面还裹有一粒小小的石榴籽。

红石榴果冻

爸爸妈妈和孩子各有分工，孩子试着亲手剥石榴果肉，学会用各种各样的工具，例如手持榨汁机压一压、裱花袋捏一捏、木臼捣一捣、针筒挤一挤等方式，探索把石榴果粒榨出汁的方法。爸爸妈妈则可以按照食谱承担较难的食材比例调配、脱模等环节。孩子和家长可以共同品尝美味，享受悠闲的下午茶时光。

家庭活动指导建议：

天平、显微镜等工具的使用需要家长的操作和协助，托班的孩子还不能够完全理解工具的作用，在实验时家长要讲解是在做什么，目的是什么，如放大镜能够将物体变大，看到我们用眼睛看不清的东西；显微镜能够让我们有更多的新发现等。

各种食物都可以用来开展食育活动。家长从探索食物本身出发，如食物的生长、食物的特征等，再到食物的制作，其中也可以分享一些关于食物的故事，从品味美食、感知营养到感受生活与文化。

孩子和爸妈的收获：

孩子在大人指导下全程参与，剥石榴培养孩子的动手能力、手指肌肉力度、耐心和专注力。鼓励孩子学会使用一些简单的工具，用天平称物品重量、用放大镜放大物品局部、用电子显微镜观察结构、用各种工具榨汁……孩子通过认真探索、亲自动手操作之后，了解石榴的构造，品尝自己参与制作的美味红石榴果冻，满足孩子的探索欲望，增进孩子对食物的喜爱。

活动二：中国年，寻找中国龙

中国人对龙有一种特别的情结，可是"龙"是什么样儿的呢？

教师的观察与感悟：

带着对龙的美好想象，我们开展了"寻找中国龙"行动。关于龙，孩子们带着好奇心，展开了热烈的讨论，但是如何从托班幼儿的视角出发，来开展这个活动呢？如何让托班的幼儿感受中国的传统文化呢？这要从孩子们的生活经验入手。

游戏材料：

美工制作工具、关于龙的儿歌和绘本故事等。

家庭游戏活动玩法：

身边的龙

龙年哪些地方有龙呢？是在博物馆里的古代的恐龙，还是在建筑物上的形态各异的龙,抑或商场里各种龙的卡通形象?爸爸妈妈与孩子一起到周边的各处,去寻找龙的身影,边找边说一说龙的颜色、大小、样貌等特征。

龙的故事

龙究竟是什么样子的呢?爸爸妈妈可以找一找关于龙的神话传说、绘本故事、儿歌歌词等,与孩子一起读一读、说一说龙的故事,品味龙的文化,激发孩子们的好奇心。

龙的由来

龙是神话中的动物,龙的身上集中了许多动物的特点,驼头、蛇身、鹿角、龟眼等,爸爸妈妈可以与孩子到动物园探索龙的这些"近亲",将龙的知识直观化,激发孩子们的探索欲。

创意的龙

积累了丰富的有关龙的经验,爸爸妈妈可以带着孩子开动脑筋,发挥想象力,创意出自己独特的龙:可以用乐高积木搭建一条龙,可以用画笔描绘龙,可以用面粉捏一捏、搓一搓做成龙须面,可以用撕贴、敲印、拼插等方式制作一个手工龙,在做做、玩玩中激活想象力和表现力。

龙的文化

龙是具有传统文化的元素,与龙有关的传统活动也很多,爸爸妈妈可以带着孩子去逛一逛龙年灯会,看一看舞狮舞龙、划龙舟、吃龙须面等,体验中国独有的节庆氛围,浸润文化体验。

家庭活动指导建议:

家长在带领孩子寻找中国龙的过程中要多一些语言的解释,让孩子理解龙与中国传统文化之间的关系。在体验龙的文化时,要让孩子主动探索,积累相关的生活经验。

爸妈和孩子的收获:

寻找中国龙的活动需要家长与孩子在生活中不断地探索,增加亲子活动时光,在游玩中感受乐趣。寻找的过程就是孩子主动发现的过程,只有沉浸式地感知,才会有深刻的感受。

图 2‑92　寻找身边的龙　　　　图 2‑93　阅读龙的故事

活动三：理发店里的心理学

很多宝宝抗拒理发。小一点的大哭大闹，大一点的则嚷嚷，"剪刀会把我剪痛的""我舍不得我的头发""剪完头发我会变丑吧"。拒绝理发的理由有一箩筐呐。

教师的观察与感悟：

班里的好几位妈妈说，第一次带孩子去理发店很狼狈。其实，孩子害怕进理发店，怕的是那嗡嗡作响的陌生环境，穿白大褂的理发师让孩子联想到医院里的医生和打针；剪刀、电动推刀这些玩意儿从来没见过，竟然还要到头上嗡嗡嗡、咔嚓咔，能不害怕吗？

孩子们对理发这件事其实是很好奇的。娃娃家里都会有个小梳妆台，上面有假的小剪刀、梳子和吹风机，男孩女孩都爱在镜子前剪剪、吹吹、梳梳头发。消除了紧张害怕心理，孩子应该就不会吵着闹着不肯进理发店了。

游戏材料：

理发工具。

家庭游戏活动玩法：

聊聊理发这件事

选一个孩子喜欢或熟悉的人，引导孩子："你看，小姐姐多漂亮，她的头发都是理发店的叔叔剪的！你要想和她一样漂亮，也要剪头发。"

参观理发店

和孩子一起决定去哪家理发店，先不用急着进去，一起在店外的椅子上坐一会儿，看看店面门口的三色柱，念念店名，观察一下从理发店出来的人。孩子有心理准备，再进去也不迟。进了理发店的门，和理发师热情打招呼，引导孩子和理发师认识，说说话，在一旁观察一会儿，让孩子熟悉一下环境。

玩"理发游戏"

让孩子扮演理发师，大人乖乖地坐在椅子上，耐心地让孩子摆弄你的头发，折腾你的发型，虽然你的头发可能遭殃，但孩子对这个游戏充满了新奇感，他玩得兴致勃勃，下一次理发也会更加顺利。

家庭活动指导建议：

3岁左右孩子的恐惧心理，一般来说，并不是什么毛病，而是一种年龄特点，一种暂时的现象。不过，它也提醒爸妈，孩子目前有点情绪不安，需要大人给予关注。所以，爸妈要理解孩子，在游戏中要敞开心扉，尽量让孩子表达出内心的想法，再根据孩子的情况进行引导。

爸妈和孩子的收获：

主动了解孩子的内心世界而不轻易责怪孩子，才能慢慢引导缓解孩子的恐惧感。爸妈的关心和理解可以平复孩子的紧张情绪，是孩子感到安全的前提条件。孩子的勇敢，来自他内心的安全感；孩子的独立，是因为背后有爱他、支持他的父母。被关爱的孩子能够始终保持对自己充满信心，对周围环境充满好奇。

图2-94　给妈妈理发　　　　　　图2-95　理发后的装饰

活动四：一起去做客

爸妈要出门拜访朋友了，你有没有想过，可以把"带孩子去做客"变成"和孩子一起去做客"？这可是培养孩子成为"小社会人"的好机会哦。

教师的观察与感悟：

幼儿园的"娃娃家"里，孩子们经常上演"做客"的戏码。有盛装做客的爸爸妈妈、热情待客的爷爷奶奶、孩子和宠物，客人也是各种各样的，小主人有模有样，小客人彬彬有礼。那天有位"爸爸"蹦出一句"你们先吃，我去打电脑了"，一旁的老师都笑翻了，孩子漏底了：爸爸似乎是个电脑游戏迷，还有点不管不顾的孩子气！

游戏材料：

娃娃家仿真玩具。

家庭游戏活动玩法：

做好准备

将要去一个陌生的地方，设身处地地替孩子想一想，你熟悉的朋友和同事，对孩子来说却是一个个陌生人，所以，出门之前，最好和孩子说一说对方的大致情况，让孩子有个心理准备："今天我们要去小谢叔叔家，他们家有一个小哥哥，和你差不多大哦。""陈大舅家有一只小狗，叫小宝，你喜欢小狗吗？"

带个孩子喜欢的玩具去做客

"我们带上你的小熊一起去舅舅家好吗？"如果哥哥在写作业，我们不能打扰他，你可以先和小熊玩一会儿哦。你想玩哥哥的玩具吧，那要哥哥同意才能玩哦。"

把孩子当成平等的人

让他感觉自己和爸妈一样是受重视的客人，比如吃饭时问问孩子："你能吃辣吗？""你喜欢吃海鲜吗？"大人觥筹交错、相谈甚欢时，可别忘了小家伙，给他一杯饮料，大家一起来碰个杯吧。

家庭活动指导建议：

给予孩子你的关注，允许孩子表达情绪。年纪小的孩子永远不理解，大人光坐着聊天有什么好玩的。不吝啬你的鼓励和赞扬，爸妈的赞扬和肯定是修正和强化孩子良好行为的一剂良方。良好的行为都是被赞扬出来的。

孩子闯祸你别动怒，上火责骂，对主客双方都毫无益处。这时要引导孩子真诚道歉，认真仔细地收拾残局，减缓孩子的焦虑紧张。爸妈坦诚冷静的态度和处理事端的言行，将会为孩子今后正确应对过失做良好的铺垫。

爸妈和孩子的收获：

爸妈带孩子做客、在家待客，都是孩子练习社会交往能力再好不过的机会。爸妈可多做有心人，引导孩子学习观察、发现和理解他人的情绪情感，学习各种社会交往的礼仪规则，学习管理和控制自己的言行举止。待人接物是一门学问，够我们学习一辈子。爸妈的言传身教正是孩子一生研习这门学问的基础、示范和榜样。

图2-96 共享下午茶　　　　　图2-97 生日茶话会

活动五：世界那么大，常出去看看

周末，只要天气好，爸爸妈妈经常会选择一家人出游。植物园、动物园、周边的小镇，都是适合孩子的好去处。

教师的观察与感悟：

出门游玩，这是现代小家庭最常见的休闲方式——带上孩子，吃吃喝喝，东张西望。如果爸妈花一点点心思，转换一下思路，我们带孩子出门也能逛出教育的意义来。出门前的准备、乘坐交通工具、在大街小巷步行、路遇形形色色的人等，这里蕴藏着很多亲子互动的机会和早期教育的内容。

活动准备：

出门的计划和出行必备物品。

家庭游戏活动玩法：

保持好奇心

除了游山玩水、走走看看，还可以多带孩子尝一尝当地美食，和他人聊聊天，说一说自己的感受，有对比，有发现，才能让孩子从小见多识广。

学做社交达人

在公共场合，孩子会遇到不同的人，鼓励孩子跟人互动、打招呼，跟小朋友一起玩，增加人际交往的机会，锻炼与人交流的能力。跟友善的陌生人挥手说再见，向服务员、营业员表示感谢等，这些都能让孩子身临其境地学习与人交往,体会人际交往的快乐。

家庭活动指导建议:

最好预先有个心理准备,用尽可能简单易懂的语句向孩子描述在出门在外时可能见到什么和遇见什么人,告诉他路程有多远、大概需要多少时间、怎么去等。

爸妈和孩子的收获:

从琐碎的日常生活,到出门逛街旅行,都蕴含着早期教育的契机。这是一个对孩子来说非常舒适、惬意的时光,到处走走看看能够发现生活中的美好,让孩子更热爱生活。

我们的做法:

衔接阶段的幼儿即将步入小班的生活,因此这一时期的合作共育活动主要是培养幼儿的角色意识、增加社会交往等,让其更多地参与到社会的生活中。另外,活动更适合通过"主题"的活动方式开展。进行一系列的活动体验,能够帮助幼儿形成整体性的活动经验,深刻感受社会生活。

 二 合作共育实践的实施策略

(一)调动家庭共育的兴趣

1. 做好铺垫,优化活动体验感

教师应当留心婴幼儿的兴趣点和热点话题,从中找到合适的切入口,设计能吸引婴幼儿参与、家长积极配合的活动。活动前的铺垫,有助于教师和家长达成一致目标,将婴幼儿的生活感受、知识经验、兴趣爱好和能力发展作为活动设计和实施的出发点和落脚点,充分发掘婴幼儿的潜能、个性和能力,开展有效互动。教师在铺垫活动的时候,不能只是直接预告可能会有一个什么样的活动,而是要立足婴幼儿前期的经验,提高婴幼儿参与活动的体验感与成就感。

2. 保持沟通，提高共育参与度

在活动开展的准备阶段、实施阶段与反馈阶段，教师都要及时和家长沟通。在开展活动前，有的家长对婴幼儿的年龄特征并没有足够专业且详细的了解，需要教师就本次活动的主题与内容等进行详细且深入的交流与沟通。在活动实施中，教师要注重插入式地开展家长沟通。在家园共育活动中，教师要注重观察家长的亲子互动行为，发现好的做法，选择性地以适宜的方式，与家长沟通心得体会，及时给予家长充分的肯定和鼓励。察觉到不适宜的地方，选择合适的时机与沟通方式和家长展开讨论，提升家长参与的责任感。

（二）提供专业化的指导

1. 提供活动方案指导家庭教养

合作共育活动以家长为主要实施者，需要教师适当引导，从旁协助。首先，可以提供一些生动形象、朗朗上口的儿歌或者短小的歌曲，辅助家长掌握相关活动的具体方法，如整理衣物时，可以一边折叠一边念："袖子抱一抱，最后弯弯腰。小鞋子，找朋友，碰一碰……"这样的活动过程不仅形象有趣，也便于婴幼儿更好地掌握。其次，引导家长因物制宜，利用常见的活动材料在家开展活动，如在语言活动中，可以选择家庭中已有的绘本、故事或者简单的儿歌、童谣一起共读；在体育活动中，可以使用家里的垫子、靠枕、绳子、纸箱、小球、塑料圈等作为器材；在艺术活动中，可以使用常见的水彩笔、炫彩棒、花生蜡笔等涂涂画画；还可以利用现有的玩具材料，如积木、磁力片、雪花片、多米诺骨牌等，以及大自然的物品和现象，如树叶、花草、石子、沙水、光影等进行活动设计。最后，新科技载体也能很好地运用到合作共育的活动中，除了网络上很多活动资源的应用外，教师还可以利用视频、网络等媒介进行家庭实践指导，如为家长提供实践的方法、可适用的场景以及一些开展活动时的小技巧等，活动指导要站在家长的角度思考，具体可操作，让家长能够理解，对家长在进行家庭实践过程中遇到的问题和疑惑，教师也要及时地提供帮助。

2. 支持个性化合作共育实践

家园合作共育实践不是千篇一律的,每个家庭的情况各有不同,因此,我们的合作共育实践要让每个家庭能个性化实施。一方面,教师应该根据共育过程中婴幼儿的发展需要与家长的实践困惑,开展具有问题指向的、有针对性的合作共育实践。如针对有特殊需要的婴幼儿,教师应结合实际情况,制定个性化的活动方案;对于肥胖的婴幼儿,家园共育的内容可适当增加体育运动类的游戏活动与进餐习惯培养的生活活动;对于体弱的婴幼儿,在强身健体的同时还可增加食育的游戏活动,家长与婴幼儿一起进厨房,感受食物的美味,体验制作美食的乐趣,增加婴幼儿的食欲。另一方面,当前的家长是一个复杂、多元的群体,教师不能无视他们的差异而采取单一、雷同的要求。合作共育实践只是为家长开展家庭教养提供思路和载体,启发家长依据家庭实际情况进行灵活的操作。如在食育活动中,以"家的味道"为主题,启发家长思考家的内涵,并通过亲子制作的细节设计,让幼儿体会。活动结束后,我们看到了不一样的家的阐释。

(三) 搭建展示交流的平台

1. 提供婴幼儿展示机会,增加活动参与感

婴幼儿在合作共育活动中积累了很多经验,这些经验是独特的,每个婴幼儿的经验都有所不同。因此开展活动后,教师要为婴幼儿提供交流分享的时机,鼓励婴幼儿自己讲述在家里发生的趣事。由于婴幼儿是直观行动思维,需要当时的直观情景才能够讲述,教师可以收集一些婴幼儿在家活动的照片和视频,帮助他们回忆活动时的情况,发现更多分享的内容。另外还可以将婴幼儿活动时的作品在班级中进行展示,让婴幼儿看到自己的成果被重视,增加他们参与活动的动力。

2. 搭建线上线下平台,共享教养经验

互联网时代下,教师要通过聊天软件、小程序等建立与家长沟通交流的平台,实现家园双方的及时、泛在沟通。利用家园联系栏、软件程序、班级微信群等方式,在网络上进行作品展示、海报宣传、故事分享,在交流中碰撞思维,共享经验。如线上平台婴

幼儿电子成长档案,是教师与家长共同完成的婴幼儿成长观察记录。家庭与托育机构通过照片、随笔、育儿心得等观察方式,记录下婴幼儿成长的过程,让家园双方更完整地掌握婴幼儿的发展情况,促进家园同步。线下平台有家园联系栏,这是设置在班级门口墙面的家园互动环境。除了教师呈现的一周计划安排以及各个领域的科学育儿指导之外,家园联系栏还推出了家长组织主持的亲子小游戏推荐、育儿心得等栏目,帮助家长分享经验,辐射活动成效,宣传科学的教养观念,丰富家长的教养方式。

第三节

促进早期教养中的
交互参与

　　交互参与主要指家庭发挥自身的优势和资源,通过多种形式,直接或间接地参与到婴幼儿的教养实践中,以促进婴幼儿的身心健康和全面发展。在全日制机构模式下,家庭通过参与课程的实施和参与园所的管理等途径深化家校合作,形成教育合力。

一 **家长参与课程实施的实践**

　　托育机构的家长来自各行各业,从事不同工作,他们的职业、阅历与专长都是丰富宝贵的教育资源。不仅如此,当代婴幼儿家长的文化程度和素质普遍较高,且有重视婴幼儿教养的意识,能带给托育机构丰富的教养内容。托育机构要善于创造条件,让家长更多地参与课程实施,如:多样化活动中的家长支持、日常活动中的家长进课堂等。此外,每个家庭都有自己育儿的一些有益经验,如有的家长对婴幼儿的生活习惯培养很有心得,有的家长很擅长为婴幼儿创造丰富的语言发展环境等,托育机构搭建家长论坛等共享平台,将这些良好的个体资源转化为其他家庭和托育机构的共同资源,变"一家"的经验为"大家"的经验。

家长参与园所课程主要包括七个层次（虞永平，2006），其中参与到活动中主要包括两个方面：活动的参与者，一种是常规的参与，包括家长开放日、外出大活动等，另一种是个别家长作为活动的组织者；材料的提供者，即通过家长获得课程的资源，一种是普遍地提供相同的材料，另一种是为班级提供特殊的材料。

1. 参与婴幼儿活动，丰富课程的内容

（1）活动过程的参与者：多样化活动的家长支持

多样化活动是托育机构组织开展的丰富婴幼儿在托生活的教养活动，如运动会、春秋游、远足活动、游园会等。活动的组织开展遵循"婴幼儿发展优先"原则，让家长参与到婴幼儿的早期教养中，一方面为家长创设体验有效亲子互动的环节，如活动中共同打卡环节等，注重在活动中插入式地开展家长沟通和指导；另一方面为家长提供参与活动的机会，如活动中的志愿者或协助者等，在此过程中，教师引导家长关注活动中婴幼儿的兴趣、需要和体验，加深家长对婴幼儿多样化活动的认识，提高家长参与活动的积极性和有效性。

托班亲子远足活动　　案例一

活动背景：

托班开学两周左右，老师看到有孩子入托时经常需要家长抱着进班，在年级组例会中，发现各班出现这一现象的孩子有很多，还有的孩子放学出了校门也哭着闹着要家长抱。有的孩子是被抱习惯了，没有自己走的意识与经验，还有的孩子不是不愿自己走，而是家长不愿放手。在讨论过程中，我们从

婴幼儿发展需求与兴趣点、家长参与意愿、托育机构特色活动三个方面进行考虑,决定设计亲子远足活动让孩子尝试自己走,并邀请家长参与本次活动的策划与具体开展,让家长明白孩子自己走的行为不仅是动作独立的表现,更是意识独立的表现。

活动内容:

第一步:组建家长工作小组。

在活动准备阶段,老师在班级群中发布了"招募通知",组建家长活动小组。为了让活动安排、计划切实可行,老师在对本班家长充分了解的基础上,用诚恳热忱的态度和语气表达出家长支持和协助的重要性,提出了对家长参与远足活动的需求,让家长感受到自己有能力、有动力为班级贡献力量,激发家长自发自愿地参与活动,并从中感受到付出的价值和乐趣。

第二步:协商确定活动安排。

确定家长工作小组成员后,在家长的响应与支持下,老师与家长就本次活动的主要信息和安排进行详细且深入的交流与沟通,主要包括亲子远足活动的时间、地点、具体流程等。针对如何鼓励"宝宝自己走",家长们提出了自己的想法与建议,如:准备奖品、小点心、荣誉奖章,以及开展亲子游戏等,以此提高孩子的活动参与兴趣。

第三步:开展亲子远足活动。

第一站:杜鹃苑。

路线:家长带着孩子从长风公园1号门口出发,经过雷锋墙,走过钓鱼桥,到达"杜鹃苑"景点。

任务:到达站点后,家长带着孩子找到自己班级的老师,领取完成第一站的礼物。然后观赏景区,休息片刻。

第二站:充气堡。

路线：继续沿着路往前走，走过飞虹桥，到达第二站"充气堡"。

任务：各班老师会在充气堡对面等孩子，孩子在家长的带领下到达站点后可以领取一份小点心，休息片刻后再次出发。

第三站：地下少先队群雕。

路线：继续沿着这条路往前直行，经过枕流桥，再路过白鲸表演馆，来到地下少先队群雕边的大草坪，完成最后一站行程。

任务：每个班级的老师在草坪上等候，到达的孩子可以在老师处拿到完成任务的"五角星"奖章。完成后家长和孩子可以在大草坪上自由游戏和野餐。

相比于在家中家长只能聚焦于自己的孩子，亲子远足活动为家长提供了了解婴幼儿群体的机会，通过相关工作，家长可以进一步接触到更多样化的婴幼儿，并在与他们的互动中，更了解婴幼儿，积累与婴幼儿互动的经验。对孩子来说，家长参与远足活动可以让婴幼儿充分感受到父母的支持与陪伴，锻炼了自己走的能力，也进一步增进了亲子关系，让孩子更加热爱托育机构的生活。

我们的做法：

亲子远足活动引导家长通过各种途径、运用不同形式参与到婴幼儿的多样化活动中，同时通过整合各方力量，为婴幼儿拓展家庭以外健康成长的活动空间。家长工作小组参与协商活动的内容与安排，以婴幼儿的发展需求与兴趣点作为活动的切入口，体现了家长在婴幼儿教养中的主体地位，让家长感受到他们对于婴幼儿早期发展的重要性，激发了家长参与的积极性，增强了家长参加教养活动的责任感。

托班亲子食育活动

活动背景：

  随着时间的推移，托班的孩子逐渐适应了幼儿园的集体生活，也与班级中很多同伴成为了好朋友。我们发现托班的孩子经常会分享自己的生活经验：妈妈带我去看电影还买了一大桶爆米花、我在马路上看到过"砰"的一声就有爆米花了、爆米花很甜我很喜欢吃……最近我们发现孩子们在聊天中经常提到的食物都是由玉米制作而成的，玉米是孩子们小时候常吃的辅食，且含有丰富的膳食纤维，能够刺激肠胃蠕动，有助于促进低龄孩子的消化。

  正值秋季，玉米丰收，在与家长们的日常交流中，我们发现孩子们对玉米制作的食物很感兴趣，同时也了解到有一些孩子由于平时的进餐比较精细，并不喜欢玉米这种难以咀嚼的食物，因此我们认为这是一个很好的教育契机，于是家长与老师合力，开展了一场以玉米为主题的食育活动。

活动内容：

  1. 活动前的家长参与

  托班幼儿的家长刚刚凝聚在一起，彼此之间并不是十分熟悉，而且对幼儿园的活动方式、参与形式等也正处于初步了解的阶段，因此在活动前，主要的目的就是要让家长了解基本的活动情况，确定活动的大概内容。

  （1）简单介绍，家长知晓活动意义

  与家长达成一致的教养观念后，我们通过班级群告知家长接下来班级将开展一场以"玉米"为主题的食育活动，首先是介绍食育活动的价值，激发家长参与的兴趣；其次是分享一些以往相似的活动内容，让家长更直观地了解活动的情况，提高家长积极性；最后是简单介绍此次的活动内容，分成探索发现——创意制作——表达表现几个部分，引发家长思考自己可以胜任的事。

（2）征集意愿，鼓励家长踊跃报名参与

首先我们制作了活动海报，增加家长参与的仪式感；其次在班级群以接龙的方式请家长写下参与活动的意愿和自己擅长的方面，增进彼此之间的了解。老师对信息进行整理，综合考虑家长的时间、情况等组成"食育活动策划小组"，以便后续活动中整体统筹、安排各项工作。

（3）共同商讨，确定食育活动具体内容

首先我们在线上向家长征集与玉米相关的生活故事、亲子活动、家庭美食等，既是为了在众多家长的热烈讨论、头脑风暴中营造热情的活动氛围，也是在广泛收集家长的经验，选择适宜的活动。其次我们梳理了家长的发言内容，与策划小组的家长约定时间线下具体商讨，确定食育活动的具体内容及实施方案，结合托班幼儿的年龄特点，力争活动的内容简单生动，以体验乐趣为主，设计了玉米大探索、多变的玉米、玉米美术馆等几大活动内容，并整理活动所需的材料及场地。最后根据活动内容和教室的环境，我们又共同商议活动场地应如何布置，如场地由展示区、游戏区、互动区、创意区等几部分组成，这些区域布置在哪里比较合适，区域环境如何创设能够凸显活动的主题等。

其实整个商讨的过程，会发现家长的参与能够让活动更加充实和饱满，例如最开始的时候，我们打算将展台设置在教室进门的走廊区域，这里比较直观，但从家长的视角经过观察和考量后，他们建议将展台设置在教室内比较开阔的墙面处，门口的走廊比较窄，而教室内部宽敞明亮，更适合带领孩子活动。基于多方面多视角的考虑，我们的展台由原来的单一平面升级成立体多层次的展示区域，更好地满足了活动的需求。

（4）明确分工，主动参与互补互助

根据活动的流程，我们确定了各个板块中每个内容的负责人、相关人员人数、准备时间以及负责内容等，进行详细的分工合作，包括设计准备：负责设计制作活动的展板、站台；环境布置：负责搭建背景板、布置展示台以及相关环境；互动游戏：负责准备相关材料后，在约定的时间进入班级和孩子们互动游戏；组织参观：安排家长拓展亲子活动的相关事宜，如前往玉米地游玩的时间、地点、路线、注意事项等；另外提供多种参与的方式，如可以提供各种装饰物、绘本等材料，可以负责活动的记录等。

（5）根据活动内容，事先沟通演练

托班的孩子年龄较小，活动的内容应更加直观，重感官体验，家长在参与活动时，不能够较好地把控托班孩子的年龄特点，因此对于互动类的活动，家长的语言等表达方式是经过和老师的反复沟通、排练后而确定的，确保使用最简单、有趣的语言来讲述、表达，让托班的孩子能够理解。

2. 活动中的家长参与

对于托班的孩子来说，身体直接的感知是获得经验的最佳方式，也因此托班的活动我们持续的时间会较长，让孩子们可以深入体验。

（1）探索发现类活动——玉米大探索

家长带领孩子们从探索玉米出发，认识玉米的特征，寻找生活中的玉米。家长将在超市、菜场、农场等地找到玉米的过程用照片或视频的形式记录下来，上传到"家园联系栏"的共享平台中，相互分享着自己的探索发现。

孩子们将在家里发现的玉米带到幼儿园，在教室里创设的展示区中了解玉米的相关知识，如玉米的构成、生长过程，邀请有经验的家长来到幼儿园，为孩子们讲述玉米的故事、讲解食物的营养,大家现场一起剥玉米,利用多感官探索玉米的秘密。

(2)创意制作类活动——多变的玉米

家长们通过自己的方式与孩子们一起活动,有的家长为孩子们表演神奇的魔术"会跳舞的玉米",利用小苏打让玉米在水杯里"跳舞"的魔术小实验,增加孩子们对玉米的探索兴趣;有的家长与孩子们一起动手制作、品尝美味的玉米汁,直观地感受从玉米粒到玉米汁的变化过程。家长现场指导孩子们进行操作、实验,既增加亲子间的互动,更是让孩子们在轻松、熟悉的环境中提高参与活动的欲望。

玉米可以制作成很多的食物呢,经历了幼儿园的玉米探索活动,家长与孩子一起在家里制作了各种玉米的美食,如玉米鸡蛋饼、黄金玉米烙、玉米虾仁等,从准备食材到制作菜肴,孩子们可以在其中做一些力所能及的事情,剥玉米粒、洗菜、端盘子等,既能增进亲子间的感情,又能促进孩子的动手能力。家长将制作过程和成品拍照留下纪念,展示在教室中的展板上,在家庭与幼儿园之间形成了一种紧密联结。

(3)表达表现类活动——玉米美术馆

托班的孩子尚处于语言的发展阶段,美术是孩子们表达自我的另一种语言,在家长的帮助下,孩子们用玉米的叶子给玉米棒梳个漂亮的发型,玉米摇身一变成为了精美的艺术品;用玉米粒做成小树画、玉米叶做成手工花束,利用玉米的不同部分进行有趣的艺术创作,加深对玉米的认识。

我们的做法:

食育活动从幼儿们的生活需求和生活经验出发,创造了多种家长参与学校课程的途径和方式。可以看到,活动前期的准备中,结合对家长情况的调查,成立工作小组,利用线上线下相结合的方式,协商活动的主要内容,这样既增加了参与活动的途径,又彰显了家长的主体地位。值得注意的是,托班的幼儿处于各项能力的初步发展期,活动的场地需要家长亲自到班级现场研讨,既要保障幼儿的安全,又要便于幼儿操作;活动的内容需要家长与教师反复推敲,既要简单直观,又要生动有趣,因此整个活动中的家长参与的内容途径、方式方法是需要具体化、细致化的。在活动中,家长可以为活动的开展扮演多种角色:主导者,成为家长老师,为幼儿讲解相关的知识,带领幼儿开展活动;组织者,组织一些家庭亲子活动或组织大家共同参与一些相关的活动;协助者,在幼儿活动时,对于一些难以操作的工具或需要帮助的时候,从帮协助;志愿者,协助活动的开展,为活动提供保障力量,让幼儿获得良好的活动体验。

整个活动为家长提供了多种参与的机会,在相互合作中,与其他家长建立友谊,与班级教师建立信任,让家长认识到参与幼儿活动的重要性,巩固家长在教养中的主体地位,促进家校共同体的建构。

(2) 活动材料的提供者:日常活动中的家长资源

在早期教养的交互参与中,家长是课程资源开发利用的重要合作者,一方面是活动需要的物质材料资源,包括在教育环境创设上需要的材料,如营造家庭氛围的各种生活用品,如衣物、帽子、领带、背包等;激发语言互动的绘本图书、地垫、靠枕等;促进表达表现的头饰、衣物、乐器等;还包括在教育实践开展中需要的材料,如"圆圆的真好吃"活动中,在探索还有哪些东西是"圆圆的"时,提供婴幼儿在家里找到的"圆形"物品。另一方面是活动可利用的家长优势资源,家长成为婴幼儿教养活动的协作者、支持者,充分运用家长资源,将其转化为活动中的显性资源,将教养活动的价值最大化。家长资源主要指能为活动增加丰富性与专业性的家长自身的优势特长,如牙医家长为婴幼儿讲解爱护牙齿方面的知识,开展"消灭大蛀虫""观察小牙齿"等活动;交警家长更形象地告诉婴幼儿马路上的注意事项,如"红绿灯""开汽车"的活动;再如擅长制作视频的家长帮助拍摄教养指导活动;语言表演较好的家长成立"妈妈故事团",为婴幼儿带来表演故事等。这种资源的利用,不仅让家长亲身参与到婴幼儿的教养活动中,增进家园联系,更为婴幼儿提供了不同寻常的活动体验。

爱牙日活动

案例

活动背景:

　　9 月 20 日是全国爱牙日,针对小年龄的孩子们,如何根据他们的年龄特点,加深他们对牙齿健康的认识呢? 我们认为,老师的单纯讲解并不能够让孩子们真正地认识如何"爱牙",孩子们需要用更简单、直观且专业的方式理解牙齿健康的重要性。班级里的牙医爸爸结合多年的工作经验,步入校园,为孩子们带来了一堂别开生面的爱牙知识小讲堂。

活动内容:

　　第一步:利用家长优势开展教养活动。

　　"牙齿上的小黑点点是怎么来的?""如果吃很多很多糖果还不刷牙,你们猜猜会发生什么事情?""怎么才能保护我们的牙齿不被坏细菌吃掉?"通过一个简单易懂的绘本和一系列生动有趣的小问题,牙医爸爸激发孩子们关于爱牙护牙的思考,以深入浅出的形式向孩子们科普了保护牙齿的小知识。除此之外,牙医爸爸还为孩子们带来了牙齿模型,邀请大家一起看一看、摸一摸洁白光亮的牙齿宝宝,初步认识牙齿的外观造型,进一步激发爱护牙齿的愿望。

　　接下来,牙医爸爸与孩子们玩起来了"我是小牙医"和"爱牙知识我知道"的小游戏。孩子们通过角色扮演的方式变成小牙医,穿上牙医的衣服,拿着牙医的小工具,互相检查小牙齿有没有蛀牙,左瞧瞧、右看看,谁的牙齿最健康。小牙医们还帮助小动物进行了口腔卫生检查,为小动物们治疗牙齿疾病,为大家科普保护牙齿小知识,如"饭后漱口""定期检查"是好习惯,"喝含糖饮料""吃冰淇淋"是坏习惯等。活动还通过抢答游戏调动孩子们的参与兴趣,加深孩子们的感受和体验。

第二步:带动班级家长提供相关材料。

在牙医爸爸参与到爱牙日的活动后,我们的音乐家妈妈也加入进来,将"小牙刷"的儿歌改编成歌词,为之编写旋律,制作成一部"牙齿小秘密"的动画宣传片。在动画中,造型可爱的卡通角色边唱边跳做刷牙操,节奏欢快活泼,歌词朗朗上口,内容简单易懂,孩子们不由自主地跟着音乐手舞足蹈,多感官共同参与,很快就掌握了刷牙的本领。

此次活动后,孩子们的游戏兴趣依然不减,还时不时会念叨:"什么时候牙医爸爸能再来一次,陪我们一起做游戏呢?""什么时候还有好玩的动画呢?"家长们的热情也被调动起来,在班级群里分享了自己对活动的感想,并提出也要参与到活动中。牙医爸爸还将医院相关服饰、工具等材料提供给班级,用到游戏环境的创设中,促进孩子们经验的延续。

我们的做法:

从案例中可以看到,教育需要家园携手同心,共同促进发展。家长资源的有效发挥和利用能够调动家长的积极性,同时家长的亲身经历也更具有说服力,引发更多家长的共情。爱牙日的活动是一个教育的契机,这个活动充分发挥了老师和家长各自的专长,一方面牙医爸爸的专业度更高让孩子们认识了正确的"爱牙"知识,音乐家妈妈擅长改编制作刷牙儿歌,使教育更为专业;另一方面老师从旁协助参与指导,使教育更适宜。活动的最后牙医家长提供了跟活动相关的物质材料,其他的家长们也将家里有的材料带来放在班级中,用不同方式参与到孩子的教养活动中。

2. 开展家长论坛，促进课程的实践

家长论坛是班级中具备丰富教养经验的家长，聚焦某一个教养主题，在班级、年级组内或整个托育机构开展的分享活动。家长论坛作为家园共育中的重要组成部分，其开展目标是为了能够用一种更加平等且高效的方式搭建家长参与平台。家长论坛主题更为明确，相关主题的受众群体通常覆盖同年龄段婴幼儿的所有家长，交流的内容更专业且案例也更加具体典型，能够引起家庭间的共鸣。

全日制模式下家长论坛的内容更多的是教师和家长共同发现的婴幼儿的问题，主要包括以下四个方面：

（1）以培养"动作与习惯"为内容的论坛

婴幼儿动作与习惯的发展通常包括了婴幼儿生理性的生长和肢体动作的变化，及与自理能力息息相关的生活习惯培养。在这一领域中最常见，并且可能问题持续时间最长的一般集中在婴幼儿生活习惯的培养和指导方面。良好的生活习惯是婴幼儿顺利适应集体生活的基础。婴幼儿的动作发展与生活习惯问题具有普遍性，例如在集体生活中他们需要面对的"戒尿片""自主进餐""独立入睡""走楼梯""完成精细的手指动作"等。以此为内容的家长论坛更适合在婴幼儿集体生活的前中期开展，在论坛中讲解婴幼儿的身体动作发展和生活习惯培养的细节，不仅要聚焦于教养的视角，更要依托医学营养学的视角进行分析，让经验行之有效且具有科学性。

（2）以发展"情感与社会"为内容的论坛

情感与社会性的发展适应一直是婴幼儿进入集体生活面临的第一大挑战，对于大部分的婴幼儿来说，第一次离开熟悉的家庭环境进入集体生活，有哭闹的表现和抗拒的心理都是不可避免的，集体生活中的适应问题也一直是家长心头的一大顾虑。婴幼儿情绪的大幅波动性是受其年龄及生理因素影响的，但家长们，尤其是一胎的家长，看到婴幼儿的哭闹，可能会不自觉地与婴幼儿共情，开始担心婴幼儿在园内的情绪状态和与他人的交往。以此为内容的家长论坛更适合贯穿婴幼儿的整个集体生活，在前中期论坛可更关注"情绪安抚""社会适应"相关的内容，帮助家长了解婴幼儿的心理状况，从而建立安全的心理环境。值得注意的是，婴幼儿的"情感与社会"发展是比较敏感细腻的，在案例分享中，不仅仅要包括家长的经验，更要关注到在此经验下教师与之相呼应的策略。

另外，情绪的调节与社会性适应问题虽然在入园初期较为明显，但是伴随婴幼儿心理的快速发展，每个阶段都会有婴幼儿需要面对的情绪和行为问题，如生气、懊恼、

退缩、破坏等,因此在集体生活的中后期,家长论坛的内容重点应放在"情绪调节""社会性发展"上,如婴幼儿性格、情绪与行为表现之间关系,分享一些可持续使用,且负面影响及依赖性都比较小的方法。

(3) 以促进"认知与探索"为内容的论坛

婴幼儿认知探索的发展水平同样受到生理和心理因素的限制,不同的婴幼儿发展差异性很大。比较普遍的观点是婴幼儿思维与认知的发展并不在于知识面的广和深,也并不用急于进行信息的灌输,好奇和探索心理的培养是婴幼儿思维认知发展的重点。以此为内容的家长论坛更适合在婴幼儿集体生活的中后期开展,在论坛中以婴幼儿自身的兴趣点为主要内容,分享在相关的环境、材料、互动等方面所提供的支持,重点是启发家长进行头脑风暴,学习各种不同的方式和策略,积累多种教养经验。值得注意的是,在论坛中所提及的内容,不论婴幼儿表现出怎样的发展水平和能力,家长都不需要产生攀比心理和焦虑的心态,讨论的重点也应当放在家长是如何发现婴幼儿的兴趣,如何利用已有的资源达成支持,而不是婴幼儿最终收获的结果,要立足于过程性学习,确保家长能够在婴幼儿已有的水平范围内进行正向帮助和引导。

(4) 以丰富"语言与沟通"为内容的论坛

语言是婴幼儿思维发展的一种具象表现形式,同时也是辅助婴幼儿进行社会交往的有效工具,尤其对于初入园的婴幼儿来说,在不熟悉的环境很容易让本就不流利的表达变得更加困难,家长也会因此担心婴幼儿无法准确表达自己诉求从而被忽视。以此为内容的家长论坛更适合在婴幼儿集体生活的前中期开展,在调动婴幼儿开口说话的主动性后,他们就会自然而然地进行交流表达。论坛以婴幼儿日常沟通表现和阅读能力为主要内容,如阅读时的用语指导、感知故事的有效途径等,注重婴幼儿愿意倾听、表达能力的培养方面的教养实践,增加家长在与婴幼儿语言沟通中的互动性和参与性,使其能学习到行之有效的方法。

家长论坛——"相伴成长 育见未来"

案例

活动背景:

在决定开展中托家长论坛前,家长们参加了一场轻松的线下交流会。会议主要围绕两块内容进行:一是了解现在家长对早期教养的需求与困惑,二是让家长了解婴幼儿的年龄特点和行为特征,帮助家长更好地观察孩子的行为。根据家长们的多方反馈,结合实践中教师观察到的教养需求,我们关注到本次讨论中,孩子的社会适应能力培养是家长关注度较高的话题。社会适应能力,是孩子逐渐融入社会、适应环境、成长为独立个体所必需的能力之一。通过集中商议,首届家长论坛的主题确定为:"相伴成长 育见未来"。论坛共有两场,上半场聚焦婴幼儿社会适应性发展中的普遍问题,下半场则着眼于家庭成员如何协作,共同助力孩子的发展。

活动内容:

上半场——聚焦儿童个体发展

关于规则与自由的建立:

面对自由与规则,这一对看似矛盾的关系,金芮妈妈提出:生活中,是充分让孩子自己做决定要吃什么,穿什么,还是妈妈一把抓,全部自己拿主意做决定? 在这两件最基本却又和生活息息相关的事情上,她感悟到自由与规则,是矛盾,但并不一定会冲突。事实上,我们只有给予孩子应该享有的自由,才能要求他遵守应该遵守的规则。接着,针对低龄婴幼儿使用电子产品日渐增加的现象,她分享了和孩子之间的小约定,规定什么时候能看ipad,看多久。在这个过程中,她和大家分享:成人和孩子一样,都要不断学习和修炼彼此沟通、协商妥协、自我控制和合理释放。

关于两岁男宝逆反心理的应对:

无理取闹、习惯性反对、大哭大闹……两岁的孩子真的是"小天使的面孔、小魔王的性格",让人又爱又气。但是我们是否真的静下心来思考过孩子行为背后的原因呢? 针对孩子喜欢说"不"的现象,乐乐妈妈从她和孩子的日常故事出发,就如何尊重孩子自己的选择、给孩子适当的选择空间、用说出自身感受替代单纯地讲道理以及多倾听、多理解、多交流等方面进行了分享。两岁这一阶段是孩子成长过程中第一次的"独立宣言",提醒我们成人要正视儿童,接纳完整的他们,包括他们的身体和思想,包括他们的顺从与叛逆,包括他们的美好与不完美。

下半场——聚焦家庭成员合力

孩子的成长和教育离不开每一位家庭成员的智慧、用心和付出。论坛下半场,着眼家庭成员如何协作,共同助力孩子的发展,如入托适应小锦囊、祖辈教养中的代际沟通、多孩家庭的烦恼与快乐。推动家园携手,共同交流、探讨孩子的社会适应能力培养。

关于入托适应小锦囊:

入托,是孩子离开父母的第一步。孩子会不会哭?能不能自己吃饭?是不是听得懂老师的话?有没有交到好朋友?如何帮助孩子更快、更好地进入状态,适应托儿所的生活?对此,宛儿爸爸就"托班入园适应三步走"为我们做分享交流。第一步:定期上早教班,培养孩子的专注力和适应集体活动的能力。第二步:在开学面谈中,把自己的担忧,如换尿布、饮食方面的注意点等与老师进行详细沟通。第三步,送孩子入托后,要开心地和孩子告别,接孩子的时候也要多聊聊开心的事情。家长心里有谱、不急不躁、预先准备、积极配合,才能帮助孩子顺利度过适应期。

关于多孩家庭的烦恼与快乐:

随着政策的开放,二宝家庭,甚至是三宝家庭越来越多。多子多福,多宝多欢乐,但很多作为独生子女成长起来的父母,不知道如何平衡和处理孩子们之间的纠纷和争吵。对此,天天妈妈分享了他们家"让孩子间建立亲密感情"的好方法:一方面,父母不能培养"大让小"的教育观念,要做到公正、不偏袒;另一方面,在日常生活中,家长要多多创造孩子之间合作的机会,抓住教育契机,让孩子感受有兄弟姐妹的好处。

社会性适应能力的发展不仅仅停留在入托初期,伴随婴幼儿心理的快速发展,每个阶段都会有新的挑战需要面对。而家庭,这一作为教育生态系统的重要组成部分,对孩子的成长、社会适应能力的发展起着至关重要的作用。在本次论坛中,台上的家长们积极分享了他们的教养经验,台下的家长们认真聆听,就自己孩子在社会适应方面的问题开展互动、深入探讨,托育机构作为论坛平台的提供者、参与者,鼓励大家一起凝聚教育智慧,分享教育经验。

我们的做法:

家长论坛作为家园交互参与的重要组成部分,其开展目标是用一种更加平等且高效的方式为教师群体及家长群体搭建参与平台。本次"相伴成长　育见未来"论坛主题明确,讨论重心多放在家长们普遍关注、普遍存在疑虑的社会适应能力上,交流的案例具体典型,能够引起家长间及教师的共鸣,成功的案例分享背后所需要的不仅仅是家长们教养上的巧思,同时也应配合婴幼儿自身性格特点、家庭教养的氛围及条件等多方面因素进行探讨。家长们相互分享教养故事,遇到相关问题选择适合自己孩子的解决方法及经验心得,共同探索出能够适应每一位婴幼儿发展的教养之路。

(二)促进家长参与的策略

1. 促进家庭交流,分享活动经验

家长间以家庭故事的形式为载体,以叙述讲述的方式进行呈现,针对课程的内容开展教养经验和感受体会的分享,有利于将优质的教养实践辐射到广大家庭中。家庭

故事的结构具有直观、易懂的特点,易于家长的接受和理解,同时还能够体现出家长教养实践的生活性和婴幼儿发展过程的全面性。例如,一些二孩家庭中"争宠"问题的呈现,一定是在生活中的方方面面有所体现,教师指导家长多挖掘家庭故事中的教养氛围、相处方式、行为表现等方面的细节,让其他家长感同身受,以此为戒,并找到适合自己的教养方法。另一方面,家长在参与课程实施的过程中,会遇到很多问题,也是比较典型的、经常会发生的事件,如家长在参与婴幼儿的多样化活动中,不清楚自己的角色定位;在进课堂前,不知道如何组织,不了解如何以"老师"的角度开展活动等,此时教师收集筛选家长们普遍关注的问题,选定一些典型的事件,让更多的家庭参与讨论、参考和比较,促进家庭交流。

2. 提供专业反馈,理论实践结合

家长亲身参与到课程实施中,就会发现很多教养问题,家庭间的分享交流能够迸发出很多的策略和方法,也有一些育儿的"小妙招"。但是在实际中,婴幼儿年龄和能力的差异较大,很多家长缺少对婴幼儿成长过程和规律的了解,他们未必能够对自己的孩子有非常客观的认知,进而对于问题产生的原因和解决办法的思考也有失偏颇,如在多样化活动完成任务中,孩子没有完成,以至于情绪产生了波动,有的家长会觉得是婴幼儿性格固执,比较倔强,但观察家长的参与过程,会发现家长有许多"宠溺"的细节,但这并没有引起家长的重视。因此教师需要以更加专业的眼光和思维对家长交流分享的内容进行分析指导,将理论与实践相联系,对家庭育儿起到真正的专业化支持。

 ## 二　家长参与园所管理的实践

(一) 参与内容

1. 参与园所计划制定,落实教养融合理念

家长是托育机构课程建设的重要伙伴,家长参与到托育机构课程的管理中,能够为婴幼儿的学习和发展创造良好的环境。园所的发展规划主要有三个方面,包括班级

层面上,如课程的实施计划、家园共育计划等;年级层面上,如年级组的大活动计划、家长参与丰富性活动计划等;园级层面上,包括家委会工作计划、园务工作计划等。在新的三年、五年发展规划制定之际,我们的家长入托,开展规划商讨交流会,园部倾听他们的想法与建议,接受家长监督,为托育机构新的发展规划进真言、献良策。在广泛征求家长意见的基础上,分析托育机构现有发展现状,凝聚智慧、用足心劲,制定目标、规划路径。

2. 监督园所日常工作,加强园所规范管理

家长的监督管理能够鞭策和激励教师遵守纪律与相关制度,还能实现健康管理相关工作程序的规范化、岗位责任的法规化、管理方法的科学化。其中,家委会作为托育机构与家庭沟通的重要纽带,更好地促进和帮助实现托育机构与家庭的交互参与,实现同心、同行、同成长。开学前,托育机构将向各班家委会代表介绍上学期重点工作和成绩,使家委会成员们对托育机构的各项工作有更深入、细致的了解。同时结合家长建议,与家委会成员共同商定本学期的主要活动安排,并对本学期工作的开展进行监督,保障婴幼儿身体健康与发展发育。

"味"爱而来,伙委会里的家长监督　　案例

第一步:了解伙委会职责。

为了加强托育机构的民主化管理,促进托育机构膳食管理工作,加大婴幼儿就餐安全的监督力度,托育机构定期召开伙委会会议,介绍伙委会的工作职责,伙委会主要是监督婴幼儿的膳食和相关食品安全,如人员结构与资质要求、厨房卫生基本要求与标准、食材采购基本要求与标准,还有食品储存基本要求与标准等。

第二步:监督营养室工作。

委员会的成员们会定期佩戴口罩有序进入营养室,观摩营养室的各道操作工序。管理人员对食堂卫生管理制度、食品留样、进货渠道以及物品存放等方面进行了详细的介绍。全方位了解食堂精细化的管理,让家长更加了解

托育机构对婴幼儿食品卫生的重视。

第三步：提出改善意见。

伙委会成员在检查营养室膳食工作后，将发现的问题——汇总，与园部进行交流改善。此外，合理均衡的膳食是婴幼儿健康成长的前提，婴幼儿食谱制定既要营养搭配，又要色香味俱全，更要不断创新。伙委会成员还会定期翻阅大量食谱，了解婴幼儿营养餐食配比，丰富菜品种类，与营养室进行探讨，并为科学的食谱制定提出建议。

（二）促进家长参与的策略

1. 确保家长参与，优化园所建设

家长参与园所管理是托育机构发展的内在需要，也是托育机构工作章程的必然要求。托育机构激发家长参与园所管理的内在动力，结合家长群体的独特力量，提升园所的建设质量。

一方面在于落实参与园所管理的制度，保障参与的深度。落实好制度，才不会让家长参与园所管理流于形式，制度完善，才能真正发挥出家庭在实践上的价值，有效促进园所管理的系统性运作。为保证组织网络的完整，制度的制定可划分为班级、年级、园级三个层面，班级制度针对微观层面上具体的个别性问题，年级制度解决中观层面上普遍出现的共性问题，园级制度着眼于宏观层面上长远发展的本质问题。需要注意的是，有些制度既可以是班级层面的，也可以是年级或园级层面的，例如日常的家园联系制度应当涵盖对日常双方联系内容的界定、日常联系的形式、日常联系要求（频次、行为规范）、联系记录等；家长开放日制度的内容应包含家长开放日的目的和内容、家长开放日的开展要求、家长开放日的形式、活动方案和活动总结记录等；家长委员会制度的内容应包含家长委员会成员要求、组织架构、工作职责、进入退出机制等，家长委员会制度可进行分级精细管理，从宏观到微观，形成园级、年级、班级三级家委会制度，完善组织网络。另外在相关制度的评估中要考虑制度的健全程度、家长成员组织或参

与活动的积极性、家长开展活动的次数、开展活动的类型等。同时，通过采用平等、轻松的方式引导家长和园所参与制度完善的监督和评价，如以积分的形式推动家长和托育机构间的互评，对互评的优秀结果公开表彰，增强家庭和托育机构之间的互相信任和信心，化解家长对托育机构照护能力的怀疑、误解，促进家长参与园所管理制度的规范化。

另一方面在于拓展园所管理的内容和渠道，保障参与的广度。在网络科技迅速发展的时代，托育机构创新家长参与园所管理的内容和渠道，让家长在多个方面都能够参与到园所管理中。从家长参与园所管理的内容上看，包括园所的事务、班级的事务等。从家长参与园所管理的渠道上看，托育机构打造专项的平台，如家园互动平台、园务管理平台、安全管理平台等，将知情权、建议权、决策权、评价权、监督权落实到每个家庭中。

2. 加大宣传力度，定期组织培训

托育机构加大对外宣传，家长将获得参与园所管理应有的社会认同感，以此激励更多家长参与其中，更多更好地为园所的发展出谋献策。托育机构利用其自身的宣传工具，如托育机构的官网、微博、微信公众号、各种讲座等，进行常规化的宣传。再者，托育机构有其自身的资源优势，如邀请有相关管理经验的家长开展讲座、论坛等，将家长的"主人翁"的意识深入人心。

另外，家长间具有一定差异性，管理的观念和相应技能对于园所管理工作的高效运行也起着不可忽视的作用。因此托育机构要针对参与管理的家长定期提供系统化的培训，有利于提升家长参与园所管理的能力。

培训内容主要可以分为几个部分：其一为加强家长对园所管理作用的认识，使其对相关工作有正确的理解；其二是要求参与管理的家长明确自己的权利及义务，保障其相关工作的顺利开展；其三为指导家长掌握管理工作的方法和技巧，介绍一些较好的实践案例，使其吸取有益的工作经验，让家长在实际工作中有所依据。

第三编

家校共同体
实践的成效

家庭与托育机构之间的合作共赢一直是我们倡导与重视的。在我们的实践探索中，从早期教养家校共同体机制的构建，到早期教养中两种常见模式的探索，再到活动内容的设计与开发……1—3岁早期教养的家校共同体已经渐渐成型。无论是托育机构还是家庭，家校共同体及科学育儿的理念日益根植于心，彼此之间的沟通更为密切，家校资源整合优化得更为紧密，相关的实践活动也更适宜婴幼儿的发展。家校共同体正朝着齐心、协力、共成长的方向，为1—3岁婴幼儿共筑相伴成长的生命场。*

---

* 参与第三编撰写的老师有：高黎亚、张晶、王慧。

第一章

齐心:确立家校共同体的一致方向

第一节

科学育儿理念
趋于一致

伴随着我园家校共同体实践的深入,家庭和托育机构双方在多年实践和持续探索中逐渐树立起一系列科学育儿的理念,包括:遵循婴幼儿发展的规律、尊重婴幼儿发展的个体差异、把握婴幼儿发展关键期、重视教养融合、注重早期教养中的亲子关系。

一 遵循婴幼儿发展的规律

婴幼儿的早期发展与脑、神经系统和身体各个部分的成熟度息息相关,可谓拥有一张与生俱来的成熟时间表。在家校共同体的理念驱使下,家庭与托育机构双方在育儿过程中更加注重婴幼儿发展的自然顺序,在充分了解的基础上遵循婴幼儿成长的科学规律。

比如,曾经有一位家长给我们分享了她的孩子学会穿鞋的过程。这个孩子每天出门前,家长都会留出一段时间,等待她自己坐在台阶上动手尝试穿脱鞋。由于婴幼儿动作发展遵循从大肌肉到小肌肉的发展顺序,小肌肉群发育较慢,无法很好地驾驭手指和手腕的灵巧动作。在这种情况下,家长没有一味催促、急于求成,而是能够把握婴幼儿动作成熟的规律,敏感地关注孩子的成熟时间,给予她更多时间和耐心,即使在孩子做得不够好,甚至尝试了很久也不一定有结果的情况下,也能够允许孩子慢慢来。

在家长反馈给老师的一段孩子换鞋的视频中,孩子尝试换鞋的过程持续了 2 分 48 秒,家长一直在旁边耐心等待,用简练明确、充满鼓励的语言支持孩子尝试自己换鞋。正是在家长的耐心陪伴下,孩子从完全不会到慢慢愿意尝试,越做越好,1 岁半的时候,已经可以主动穿脱带搭扣的小鞋子了。

通过开展诸如此类的家长沙龙和案例分析,托育机构为父母等教养者提供婴幼儿发育成熟的科学参照,而家庭中的教养者则能够基于对孩子身心发展水平的了解,共同描画出属于不同婴幼儿个体的成熟时间表。更为关键的是,在我园与家庭所开展的一系列科学养育指导活动中,充分尊重婴幼儿身心发展规律的观念深入人心。家长认识到对婴幼儿的成熟时间表的配合,并不意味着对其发展采取听之任之的消极态度。无论是托育机构的教师还是家长,都应配合孩子自身的生长轨迹,积极地创设符合其发展内容和发展顺序的条件,支持他们在一点一滴的日积月累中不断进步。

 ## 尊重婴幼儿发展的个体差异

年龄越小的幼儿,越是以自然的差异为基础,用自身特有的方式同化和吸纳外界(华爱华,2004)。因此,在我园家校共同体的教养实践中,教师始终注重甄别和察觉婴幼儿之间的差异,在与家长充分沟通协商的基础上,施行针对性、个别化的教养。

比如,刚进入托班的孩子分离焦虑现象比较严重,往往与家人分开后哭闹不止。我们曾遇到一个名叫朱朱的孩子,他是班级中年纪最小的婴幼儿。平日里,朱朱无论走到哪里都会随身提着一个白色布袋,即使吃饭、睡觉、如厕时也绝不撒手。虽说此种行为增加了教师的工作量,但教师却没有简单将朱朱定义为"能力弱"或是"发展慢",而是及时与家长沟通,了解造成朱朱这种表现背后的原因。

对婴幼儿而言,携带一两样熟悉的物品有助于缓解其情绪上的不安,帮助他们在陌生的环境中寻求安全感,而朱朱的白色布袋正扮演着这一角色。因此,教师对于朱朱寸步不离布袋的行为应当采取宽容的态度,采取"逐步戒掉依恋物"的策略,不强制要求他和依恋物分离。教师与朱朱的家人同步合作,鼓励婴幼儿循序渐进地脱离对物品的依赖,今天放手 5 分钟,明天放手 10 分钟,慢慢地摆脱对物品的依赖。

在家校双方的共同努力下,朱朱在进入小班后,各方面的表现相较于同龄婴幼儿已没有明显差异,也不再对布袋显示出强烈的依赖态度,取得了可喜的进步。在托育机构的每个班级中,可能都有这样几位"朱朱"的存在,其认知、情感或身体发育上的表现略滞后于同龄人,家校共同体的构建不仅能够有效缓解家长对于婴幼儿发展差异的焦虑,更能够促使家庭与托育机构互相配合,针对孩子的具体情况采取因材施教的策略。

 把握婴幼儿发展关键期

家校共同体的实践使家校双方对婴幼儿的观察和了解互为补充,更加全面充分,因此能更好地把握其发展敏感期,为婴幼儿创设有利于获得经验的教养环境。

比如,笑笑的妈妈在一次家长沙龙中提到,笑笑有一个阶段喜欢模仿巧虎的语气,"用怪腔怪调念诗"。面对笑笑的怪腔怪调,家长并没有急于批评和制止婴幼儿,而是深入思考其背后的原因:婴幼儿能够对诗歌内容作出变调处理,是因为她对正常语调的诗歌已经完全掌握,才能在此基础之上衍生出新的念法。基于这一发现,妈妈敏锐地意识到此时的笑笑正处于语言飞速发展的爆发期,为她提供了丰富的动画片和古诗词素材,鼓励婴幼儿进一步模仿和使用语言。

笑笑的妈妈之所以能够捕捉到笑笑语言发展的关键期,与对婴幼儿"成熟时间表"的了解和对婴幼儿的仔细观察关注密不可分。以父母为首的家人作为陪伴婴幼儿时间最久的教养者,往往能够第一时间捕捉到婴幼儿处于发展关键期的征兆,却不一定能够有针对性地抓住发展的契机,采取能促进婴幼儿经验发展的教养策略。也有的父母能够意识到婴幼儿发展关键期的存在,却会误将其视作拼命训练、伺机拔高的时机,试图实现孩子的跳跃式发展。

因此,对于如何适当地把握婴幼儿发展关键期,家校之间的合作显得尤为关键。我园力图通过家校共育的桥梁,引导家长树立婴幼儿可持续性发展的意识,厘清婴幼儿早期经验与未来发展的关系,注意经验的延续性、发展的潜在性,以积极的态度应对婴幼儿发展关键期。对婴幼儿的一举一动都保持敏锐性,从看似平淡的日常琐事中识别出婴幼儿能力发展的迹象,从而把握提供刺激、促进发展的最佳时机,使其最终稳定在个体的心理结构中。

 重视教养融合

0—3岁婴幼儿的生活本身蕴含了影响其发展的各种因素,婴幼儿在生活中汲取的各类经验,包括各种感官、动作、语言等,为其后续的长远发展奠定了良好的基础。在家校共同体实践下,家长和教师以饮食、盥洗、穿脱衣服等生活环节为载体开展了丰富的婴幼儿早期教养实践。比如我园的系列食育活动以"保障生命最初的1000天营养,奠定宝宝一生的健康基底"为目标,旨在"从娃娃抓起",养成良好饮食习惯,推动健康生活方式,促进人与自然的和谐发展。南瓜、鸡蛋、番茄、苹果……这些生活中随处可见的寻常食材被赋予了全新的意义,摇身一变成为餐桌上令人垂涎的美食。通过亲子共同探索食材的奥秘、参与食物的制作、品尝美味的食物,婴幼儿不仅接触到了食物的魅力及饮食的知识,化解了挑食、偏食的毛病,更是激发了对食物的好奇心,培养了热爱劳动的优秀品质,建立了对生活的积极情感,思维品质和动手能力均得到了提升。

与此同时,通过与婴幼儿共同参与食育活动,家长也掌握了正确喂养的方法和制作各种辅食的技能,并能尝试将科学教养理念以及对饮食文化内涵的理解应用到对婴幼儿的日常生活教养中去。由此一来,婴幼儿的喂养问题迎刃而解,亲子之间的情感纽带联系更为紧密。食育的对象不仅仅局限于父母,更是进一步扩大到所有家庭成员,我园与家庭携手,共同营造出一个能够科学合理喂养婴幼儿的支持环境。在孩子与家庭成员共同劳作和享受美食的过程中,其作为家庭一员的责任感、归属感、安全感和幸福感均在潜移默化中得到了提升。

图 3-1 亲子共同参与食育活动

五 注重早期教养中的亲子关系

作为家庭中最基本、最重要的一种关系,亲子关系具有极强的情感亲密性,它直接影响儿童的身心发展,并将影响他们以后形成的各层次的人际关系(叶一舵、白丽英,2002)。我园在婴幼儿时期所提倡的亲子教育突破了传统意义上所惯用的"教育"范畴,不在于"有目的、有计划、有组织地对受教养者施加影响",而在于为家庭提供一起游戏、一起活动的机会,帮助父母更好地了解孩子的天性,增强情感的联结,促进婴幼

图 3-2 亲子教养指导《生活，处处是早教》

儿的身心发展。我园推出的《生活 处处是早教》一书，主张"3 岁前，父母对孩子做的每件事都是教育"。

亲子关系的重要性尽人皆知，但并非每对父母都深谙良好亲子关系背后的秘诀：关系先于教养，关系大于教养。我们出版的《生活，处处是早教》，提供了 25 个亲子互动方案，将生活中的睡觉、购物、洗澡、理发等日常环节化作亲子教养的宝贵契机，在生活细节中赋予了满满的趣味和温情，也为家长提供情绪上的支持、工具性帮助（包括咨询、建议等）和社会期望（即提供什么是适当行为、什么是不适当行为的指引），帮助家长更恰当地了解婴幼儿、陪伴婴幼儿、回应婴幼儿、支持婴幼儿，在看似不起眼的生活细节中"喂饱"孩子的大脑，充实婴幼儿的心灵。

我园在基于家校共同体理念的亲子教养指导中，重视"生命中的前三年"亲情教育功能的发挥，着眼于"父母的有效陪伴"，帮助家长在良好的互动中构建健康的亲子关系，促进婴幼儿身心健康。通过我园的亲子教养活动，家长得以顺应婴幼儿与生俱来的气质，主动养成和优化自己的教养方式，开展各种符合婴幼儿年龄特征的活动，给婴幼儿的心理打上亲情性的温暖底色，为婴幼儿未来的社会体验奠定丰实愉悦的情感基础。

家校教养
有机整合

　　随着家校双方在婴幼儿早期教养中的合作日益加深,我们对各自教养职能的认知也随之变化,家庭教养和托育机构教养有机整合,具体表现为:在实践中不断调整,去除以某一方为主的中心化,打破家庭教养和托育机构教养功能的异化,消除共建双方对于早期教养目标的一些不合理的想法。

 ## 双方教养功能彼此交融

　　2020 年刚开始筹备家校共同体实践的时候,我们发现部分家长对于家庭教养及托育机构教养功能的认识存在着各种误区:有的家长将托育机构视作教养的专业者,而家长只是托育机构教养的辅助者和配合者;有的家长处于主导者和消费者的地位,让托育机构来扮演服务者的角色⋯⋯长久以来,这种双方地位的不对等就导致了心理上的隔阂和话语权的失衡。

　　随着我园家校共同体实践的落地,家庭和托育机构对双方教养功能的认识在原有基础上逐步完善。家校合作不再是"一方主动组织,一方被动参加",由教师针对家长单方面的专业教育,而是在各自观念和利益表达的基础上进行充分的沟通和协商。家长工作的目的不是我园单方面"一厢情愿"地让家长配合托育机构,将教师眼中的科学教养观念和教养知识"灌输"给家长,而是将家长视作开展亲子互动的主角。

以我园的早教中心为例,家长逐渐摆脱了以往"甩手掌柜"的刻板印象,而是对孩子在园的一举一动予以细心观察,悉心学习早教中心的育儿新理念、新知识。在接触和吸收科学的养育知识后,家长还能够在家庭育儿中付诸实践,家园携手、步调一致地培养婴幼儿的良好习惯。

具体来说,在入学之初的家长会上,教师会分析婴幼儿的年龄阶段特点和发展规律,指导家长怎么在一日生活中培养孩子良好的习惯,强调家校同步的重要性。在早教中心多元化教养流程的潜移默化的影响下,绝大部分婴幼儿都能养成良好的生活习惯,例如回家后先换鞋,洗手后再玩耍,饭前要洗手,饭后将自己的饭碗送到厨房指定的位置,离开时将椅子归位,玩好玩具后要整理并归位,吃东西前自觉去洗手,需要帮助时说"请帮忙",与熟人见面打招呼,等等。在家长们的眼中,这正是早教中心将亲子教养理念具体流程化,使孩子在重复练习的过程中养成了良好的基本生活习惯。

除了在一日常规中培养婴幼儿良好的生活习惯之外,家校共同体还为家长提供了共同策划、组织、参与活动的丰富契机。秉持着"让父母成为最好的食育老师"的理念,我园基于自身营养特色,由婴幼儿、教师、家长共同生成活动内容。在亲子食育理念的推动下,父母陪伴孩子一起采购材料、切配食材、烹饪美食、品尝成品,潜移默化之中使孩子形成健全人格,获取健康生活方式,形成热爱生活的积极情感。

 早期教养目标与时俱进

通过前期的现状调查,我们发现不同时期家庭和托育机构的早期教养目标本质上是一致的,但却没有跟随时代的变化而调整。比如家庭和托育机构都认为婴幼儿年龄较小,需要更多的身体照顾,早期教养的目标停留在一些易于观察的外在行为表现和及时目标的关注,注重婴幼儿的"吃喝拉撒睡",没有意识到3岁以前的早期教养是启蒙性的。随着家校共同体实践的不断推进,家庭与托育机构的早期教养目标产生了变化,双方都更注重婴幼儿良好行为习惯、学习品质、积极情绪情感的培养,关注婴幼儿的长远发展。

比如我园的营养膳食研究,不仅让家长们了解如何吃得健康、吃得科学,也注重通过系统食育活动助力婴幼儿从小养成良好饮食习惯和生活方式,更在亲子美食制作和品尝的过程中,与孩子形成充满互亲互爱的良好亲子关系,形成热爱美食、热爱劳动、热爱生活的积极态度。另外，我园比以往更强调亲子陪伴，我园男教师开发了一系列简单易懂好操作、符合低龄婴幼儿年龄特点的游戏，让家长在日常生活中，利用零星时间和寻常物品与孩子开展游戏，给予婴幼儿充分运动锻炼的机会，也进一步加固了孩子和家长之间的亲情纽带。

在我园的家校共同体实践中，家长与托育机构将教养目标统一于确保婴幼儿健康幸福地成长，不将目光局限于立竿见影地掌握某些知识技能，而是更为关注婴幼儿行为习惯、亲子情感、社会交往等各方面的综合性和可持续发展，为婴幼儿后续学习和终身发展奠定良好的素质基础。家长对婴幼儿教养的诉求能够得到充分尊重，其合理性也在相互协商中得到确认，教师也能够通过科学的婴幼儿教养观念和方法引导家长，改变部分家长急功近利的教养期望。

第二章

协力:促进家校
共同体的平等合作

第一节

家校双向
良性交互

　　家庭和托育机构是对婴幼儿发展最有影响力的两个环境,家校的信息交互,有助于双方协调一致形成交叠影响,更好地促进婴幼儿成长,取得协同育人的效果。在家校共同体构建的过程中,协商沟通机制推动了共同体双方的沟通,使得原来以一方为主导的家校沟通,变得更具双向性,也产生了一些显著的影响效果。

一　家校双方的联系更为紧密

　　诚如本研究前文所述,在协商沟通机制的运作下,我园在各个年龄段有针对性地开展了各类家园沟通实践:针对不同的家长、不同的婴幼儿、不同的教养事件,有目的、有策略地细致沟通;采用线上线下相结合的沟通方式拉近与家长的距离;在婴幼儿入园的不同阶段,开展各不相同的家园互动,提供相关的教养建议;固定频次、固定时间、点面结合、更公平地兼顾所有婴幼儿的沟通模式……家校共同体正悄然地改变着家庭和托育机构之间的联系。

　　这些年来,常态化、规范化的沟通无疑成为了家校共同体中的"润滑剂",使得家校之间相互理解、相互尊重、相互信任,彼此之间关系更和谐。比如开学初期,班级婴幼儿及家长出现了不同程度的"分离焦虑",为帮助缓解家长的"焦虑"心态,与家长建立初步的联系,增加家长对于"App软件"平台的熟悉,在婴幼儿的适应阶段,教师结合个体与集体呈现的方式,在App上不定时地分享婴幼儿在一日生活不同环节中的图片与视频。个体照片满足了家长较为迫切地想要了解婴幼儿在园生活实态的心理需求,使家长安心,而集体照片、视频的分享则向家长直观地展示了婴幼儿在班级大环境中的融入情况,两者互补,全方位地展现班级生活,使家长能够更有针对性地提出疑问,教师也能够及时为家长答疑解惑,帮助家长释疑。这一举措使得家校之间从陌生渐渐走向熟悉。

我们对不同人群做了不同分析,并形成相应的策略,这些细致入微的策略性沟通成为了家校共同体中的"强心剂",使得每个婴幼儿、每一个家庭都得到了符合他们特点的回应,这样家长对于教师的教养工作就更有信心,而教师则在处理家校沟通问题上更为顺心。和年龄较大的家长的沟通,从被动的"被问"为主动的"反馈";面对年轻家长,因为他们具有十分宽松开放的教养观,与他们交流时,更多地将自己看作是合作者、支持者,以平等、专业及友好的姿态来协商;在面对二胎家长时,除了更多的共情之外,建立二胎家长交流的平台,让家长们相互帮助。总之,教师根据每个家庭不同的情况,形成个性化的沟通方案,不同的家长也会及时主动向教师反馈婴幼儿发展的不同侧面,帮助每个婴幼儿健康快乐地成长。

长效的、积极的沟通也使得家校之间更了解彼此,更能发挥彼此在家校共同体中的作用,成为婴幼儿发展的"助力剂"。尤其是在一些家园共育活动中,长期、健康、稳定的沟通使得家长和教师形成了共育默契,也养成教养的大智慧。教师会在婴幼儿的一日生活中留心婴幼儿的兴趣点和热点话题,从中找到合适的切入口,设计能吸引婴幼儿参与、家长积极配合的活动。不仅如此,家长和教师在相互沟通的过程中,彼此学习、优势互补。渐渐地,家长学会了更多的科学育儿方法,而教师的专业素养也得以提升,使得家校共建这股合力变得更聚焦、更强劲。

 婴幼儿的个性化发展得到支持

家校共同体实践过程中,双向平等的家校沟通加强了彼此之间的信任,更融洽了家庭和托育机构之间的关系。这不仅解决了很多婴幼儿发展过程的普遍问题,面对一些有特殊需要的婴幼儿的个性化发展需求,家庭与托育机构也能倾力合作,一起助力婴幼儿的健康成长。

如针对目前托育机构比较多发的单纯性肥胖婴幼儿,在医教结合理念下,联合家庭为肥胖儿定制专属菜单和专属运动处方,即便假期婴幼儿不在园时,我们也不忘为家长提供专门的食物摄入和运动量记录表(如图3-3)。利用目前的信息技术手段实

假期食物摄入记录表　　班级　　姓名　　2019.7.1—2019.8.31

种类	蔬菜类				水果类				海产类				禽畜肉类				奶制品				甜品饮料类				膨化食品			
日期	第一周	第二周	第三周	第四周	第一周	第二周	第三周	第四周	第一周	第二周	第三周	第四周	第一周	第二周	第三周	第四周	第一周	第二周	第三周	第四周	第一周	第二周	第三周	第四周	第一周	第二周	第三周	第四周
周一																												
周二																												
周三																												
周四																												
周五																												
周六																												
周日																												

　　合理的膳食搭配,平衡的营养结构,不仅能帮助婴幼儿养成良好的饮食习惯,更有利于婴幼儿身心健康发展。为此我们建议学龄前儿童每日平衡膳食的摄入尽量达到:蔬菜类200~250g,水果类150~300g,海产类40~50g,禽畜肉类30~40g,奶制品200~300g。在炎炎夏日里,也是体重增长过快的小朋友控制饮食的好时机。这次我们为小朋友准备了"假期食物摄入记录表"。

　　如果一天中小朋友蔬菜类水果类吃到量的在空格中打个✓,海产类禽畜肉类奶制品吃到量的在空格中打个✓,超过量的打个✗,吃过甜品饮料类膨化食品类的在空格中打个✗。我们开学的时候会看看小朋友们哪个吃得最健康,体重控制得最好。我们还有健康小礼物带给大家‼(记得开学时要带来哦!)☺

中国福利会托儿所 保健室

假期运动量记录表　　班级　　姓名　　2019.7.1—2019.8.31

作息时间	午睡时间(具体时间) 				看电视、iPad电子产品(具体时间) 				看书、学习等安静活动(具体时间) 				每天有一小时的运动时间 				运动的具体项目 
日期	第一周	第二周	第三周	第四周	第一周	第二周	第三周	第四周	第一周	第二周	第三周	第四周	第一周	第二周	第三周	第四周	
周一																	
周二																	
周三																	
周四																	
周五																	
周六																	
周日																	

　　每日保证婴幼儿适量的运动,不仅有助于加强婴幼儿身体的灵活性,促进婴幼儿脑发育,更能全面激发婴幼儿的潜能。为了更有效地帮助婴幼儿控制体重,配合婴幼儿"假期食物摄入记录表"外,我们还为婴幼儿准备了这张"假期运动量记录表"。请记录小朋友每日午睡的时间、看电子产品的时间以及学习等安静活动的时间(单位为小时)。如果没有做请在空格中打个✗。能保证每天运动一小时在空格中打个✓。在"运动的具体项目"栏请填写孩子经常和喜欢参与的运动(如:骑自行车、拍球、跑步、轮滑等)。我们开学的时候会看看小朋友们哪个作息安排得最合理,体重控制得最好。我们还有健康小礼物带给大家‼(记得开学时要带来哦!)☺

中国福利会托儿所 保健室

图3-3　为有特殊需要儿童提供的假期专属菜单和运动处方

时检测婴幼儿的各项生理指标,实施体重管理计划,并及时让家长知晓,从而达到家校合力干预的最优效果。在这样的家校沟通努力之下,我园肥胖率明显下降,以托班婴幼儿为例,2020 年 6 月时肥胖率为 5%,截至 2023 年,肥胖率已经降为 1.75%。

再如面对一些患有慢性病的婴幼儿,我们从优化班级管理、关注心理需求两个方面来帮助他们度过宝贵的童年期。我园接收了一例糖尿病婴幼儿,在实践的过程中,我们做到有特殊需要婴幼儿的特殊护理,责任到人,保证落实到位,避免责任扩散;做好多方协作,当有特殊需要婴幼儿在园突发状况时,保证班级教师都知晓应急处理办法,做到及时联络,有序应对;关注有特殊需要婴幼儿的心理需求,并通过多样化的手段,给予平等对待。在糖尿病婴幼儿个案中,有很多饮食禁忌和要求(如图 3-4),他难以理解"为什么我和他们不一样",因此引发了情绪问题,最后在家长、厨房、营养室、医务室和班级教师的多方协商下,从食材的选择、餐食的色泽、烹饪的方式,尽量做到相似与一致,满足其心理需求。

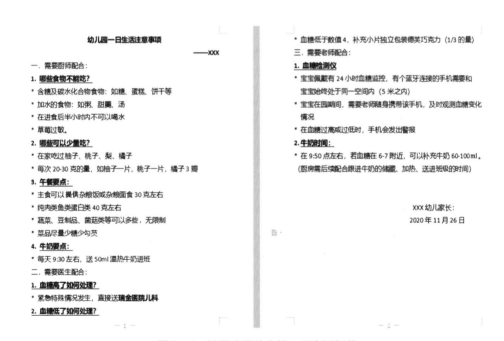

图 3-4　糖尿病婴幼儿的一日生活细节

在过程中,家长慢慢消除了戒备心理,改变了极端心理,缓解了焦虑。我们巩固了家长在婴幼儿心理与行为问题专业知识上的掌握,帮助家长一步一步地、客观地厘清婴幼儿的问题,同时也让家长明白托育机构不仅提供专业的资源和帮助,也愿意为婴幼儿提供专业的、贴心的、个性化的支持。在该种既专业又温暖的个性化沟通模式下，家长能够更冷静、更理性地直面婴幼儿生长发展过程中的问题，他们也对托育机构的各项支持与帮助充满了感激之情（如图3-5）。

图3-5　有特殊需要婴幼儿家长的感谢信

第二节

家校资源
优化整合

托育机构和家庭作为不同的教养主体,拥有不同的教养资源。在家校共同体实践的过程中,两大资源的整合和优化促进了家校共同体的平等合作。

一　家校资源全方位联动

家校共同体的实践使家庭和托育机构的教养不再是相互孤立的教养"孤岛",而是彼此联系、互相补充的"环岛"。在家校共同体的教养磁场中,双方基于各自角色定位和职责,积极共享各自的资源,让家校资源得以有效地全方位联动。

首先,托育机构作为专业的教养机构,拥有丰富的专业教养资源,将这些专业资源有效传递到家庭,将更有助于家长开展科学的家庭教养。比如我园早教中心每月会牵头各个领域的专家或者讲师,开设面向所有家长的父母课堂活动,活动的内容涉及婴幼儿教养的各个方面,其中有特定节气类的营养膳食讲座,也有入托前情绪情感的分享会,更有专业医师的健康预防宣教等,丰富的资源内容有效地支持家长科学育儿知识和能力的提升。

其次,每一个家庭都拥有丰富的个性化教养经验。托育机构应充分挖掘不同家庭的优质教养资源,通过搭建平台支持家长间的相互分享和交流,促进家庭成为共享资源的主体,进一步扩大婴幼儿早期教养共同体。比如在1—2岁婴幼儿的成长过程中,培养其自主如厕的能力是家长头疼的事情之一。怎么能让他们顺利地摆脱尿片呢?教师以此为话题,鼓励有经验的家长献计献策,开展了一场家长沙龙,家长们的信息资源不断碰撞出火花,集思广益出系列妙招。

图3-6　家长有关婴幼儿戒尿片的分享

另外,我园家校共同体的资源联动充分利用了网络的优势。利用官方的公众号宣传及一些软件的线上共享功能,及时地进行家校分享和交流,不仅使联动覆盖面更广,而且使时间和空间的限制也大大地缩小了。

二　家校资源优势互补

婴幼儿的早期教养中,家庭教养和托育机构教养各有不同。在家庭中开展的教养活动属于私人领域,并与日常生活相融合,具有依托个体经验、注重代际传承、采取言传身教等特点,目的性也不需要十分明确;托育机构教养活动则在公共空间开展,有明确的指向性,由专业化的团队通过系统知识的传授,按照固定的时间表,采用班级授课制组织日常的教养教学活动,在通常情况下,也具有与日常生活相隔离的局限性。但是家校共同体将这"两股绳"拧在了一起。在家校共同体的助力下,我们邀请家长走进托育机构,利用"爸爸妈妈做老师"的活动让家长走进课堂,将原先在家庭中的私人优质资源融合到托育机构的教养活动中去,形成更具个性化的早期教养内容。

第三节

家校共育
实践丰富

随着家校共同体体系的日渐完备,共同体中双方都对婴幼儿早期教养有了全新的理解,并达成了诸多共识,这使得家校双方在共同养育婴幼儿的过程中形成了各种有益于婴幼儿健康成长的共育活动。同时,随着活动的增多,共育的经验越来越丰富,各类共育活动流程也日益细致,渐渐形成规范。日常活动与园本特色活动兼而有之,全方位地丰富了家校共育实践。

一 日常活动有条不紊地开展

在我园,常见的婴幼儿早期教养的家园共育活动有整合家长资源开展的"家长老师"活动,有积极吸纳家长参与托育机构管理的"家长志愿者"活动,有促进家长了解婴幼儿早期教养举措的"亲子活动",还有针对有特殊需要婴幼儿的"个性化合作育儿活动"。虽然活动各有不同,但是由于抓住了活动的共通之处,使得活动避免了之前"东一榔头,西一棒槌"的窘境,从全局、活动要素方面规范活动流程,使日常活动变得有条不紊。

每学期制定家校共同体工作计划,并以此为依据,逐步落实到年级家校共同体工作计划、班级家委工作计划的制定工作中去。同时,将块状的家长工作细化到点,从纵向的园级安排到横向的不同年级组别安排，逐步开展家校共育活动，充分发挥每一位家长、每一位教师参与的积极性，避免家长被动参与和教师没有计划与头绪地组织活动。

具体到每个班级的家校共同体，我们成立家校共育活动小组。在传递共育活动的主要信息和安排的同时，用诚恳热忱的态度和语气表达家长支持和协助的重要性，从而让家长群体能够自发自愿地参与活动，并从中感受到付出的价值和乐趣。比如，我们前期通过类似"倡议书"的形式调动家校双方活动的积极性；而后，家校双方梳理各种有益于婴幼儿发展的教养资源，设计规划各类家校共育活动；另外，在活动中，家校双方明确各自工作内容和任务，促进彼此更投入地参与早期教养活动。再如，我园对2岁幼儿采取的是插入式早教指导。插入式早教指导是指在家园共育活动中，家长尽可能地按照自己平时教养孩子的方式去做，教师要注重观察家长的亲子互动行为，发现好的做法，选择性地以适宜的方式与家长沟通心得体会。若察觉到不适宜的地方，如果是共性的问题，还可以在活动结束后，选择适宜的方式及时和家长展开讨论，比如利用家园联系栏、班级交流群等，如果是个性的问题，则可以单独和家长进行协商。

 ## 二　园本特色活动雨后春笋般展开

这些年，得益于家校共同体中家校双方智慧的迸发，我园家园共育活动日渐丰富。在此过程中，也形成了一些园本特色活动，如亲子嘉年华、木偶戏剧活动、亲子有效陪伴系列活动、美食节活动。这些活动或是对以往园本特色活动的继承与发扬，或是在家园共建过程中的"奇思妙想"。针对婴幼儿发展的不同方面，带着家校双方对于婴幼儿成长的期许，园本特色活动如雨后春笋般展开。

亲子嘉年华是我园在探索以"健康和谐的全程化优质教育"为取向的健康特色课程实践中的又一成果，围绕婴幼儿的生理、心理和社会适应性发展开展积极的实践探索，促进婴幼儿形成发育良好的身体、愉快的情绪、强健的体质、协调的动作以及终身受益的运动能力和运动品质。我们为托班婴幼儿提供丰富多样化的运动材料，创设好玩有趣的运动情境，帮助婴幼儿感受运动的趣味与魅力。

美食节活动从"平衡膳食供给"到"多元营养教育"，从"同伴食育"到"家园食育"，从"项目化食育"到"体验式食育"，婴幼儿深入了解了食材，与食物发生了各种精彩的互动，挑食、偏食的不良习惯也自然化解了，对参加劳动、跟他人分享、感受大自然的美等都有了具体而真切的体会。

图 3-7 园本特色"美食节"活动硕果累累

上百个亲子有效陪伴游戏在上千户家庭中传播开展。"玩"是婴幼儿探索世界、认识自我的最好方式。一届届的婴幼儿激发潜能、自主学习、收获成长，从小就建立了影响其终生的自信心和自主意识。一批批教师成为"有心人"，收集自己在活动中、在平时跟孩子相处时灵机一动创造发明的游戏，并启发家长在跟婴幼儿相处相伴时创造属于自己的、独有的亲子游戏。一户户家庭也从自己的一点"好玩之心""顽皮之意"中信手拈来地创造出好多好玩的游戏，让婴幼儿从中体验到乐趣，也享受了亲子之间的"天伦之乐"。

第三章

共成长:形成相伴
成长的生命场

第一节

婴幼儿身心健康发展

苏霍姆林斯基曾说过,婴幼儿"只有在这样的条件下才能实现和谐、全面的发展:两个教育者——学校和家庭,不仅要一致行动,向儿童提出同样的要求,而且要志同道合,抱着一致的信念,始终从同样的原则出发,无论在教育的目的上、过程上,还是手段上,都不要发生分歧"。在家校共同建构的过程中,家校之间的同频共振,协同教养,可以让婴幼儿度过三年高质量、充满温暖与爱的托幼时光。

我们惊喜地发现,我园婴幼儿身心都得到了健康的发展。在身体发展、社会情绪方面都有显著的提高,儿童问题行为的发生率也明显下降,这更坚定了我们继续走家校共同体促进婴幼儿健康发展的早期教育之路。

一 促进了婴幼儿身体健康发展

在婴幼儿时期,"长身体"是孩子成长的榜首要务。科学的育儿方式能够促进孩子肌体和神经系统的有效发展,避免日后幼儿近视、驼背、消瘦等不良状况的发生。在这三年的时间内,我们通过专业的营养团队,助力家长让婴幼儿"吃得好,长得好";我们通过各类专家讲座,与家长共同探讨增强婴幼儿体质的方式方法;我们通过育儿实践的切磋共研,慢慢地丰富婴幼儿的健康知识,传递婴幼儿促进和保持健康的方法行为,从而使其养成良好的生活习惯、卫生习惯和体育锻炼习惯。比如，在我们的早教中心，经过一个学期的活动，孩子们已经能够独立地坐在换鞋凳上，尝试自己更换鞋子；当感到口渴时，他们也能够自主前往饮水台，使用自己的小杯子进行饮水；他们中的大多数孩子在家长的陪伴下，拿着勺子一口饭一口菜，学着自己吃饭。可以看到，孩子们很多良好的生活习惯在早教中心的时候就已经奠定了基础。

这三年，学校与家庭高频互动，协商共育，孩子们的身体素质得到了增强。根据上海市妇幼保健所有关营养不良评价的诊断标准，我园婴幼儿较少发生"蛋白质-能量营养不良"的情况。由于大多数婴幼儿家庭在我园早教的时候就已接受相关的营养健康的指导，因此到托班时，肥胖儿童，低体重、消瘦儿童也只是零星存在。以我园闵行园区2023年的特殊儿童的个数为例，9月时消瘦儿童5人，到12月的时候，相关数据减低到2人。家校之间亲密无间地合作，为家庭对这些特殊婴幼儿照护提供了更多的办法，而托育机构也通过家庭的反馈制定出更为行之有效的办法，实现了双向协作，齐头并进。

家校频密的合作也使得婴幼儿出勤率大大提高。众所周知，1—3岁的婴幼儿相较于3—6岁的幼儿，年龄较小，较容易因为生病或身体不适而缺勤。出勤率从侧面能够反映托育机构婴幼儿的健康状态。我园的早教中心、托班的婴幼儿的出勤率常年接近八成，远远高于同类型的托育机构。出勤率的提高其实是由于家长越来越多地"卷入"到了托育机构的生活与活动中，他们更明白坚持让幼儿来园的重要性。另外，也正是因为家校之间高频、高质量的互动，婴幼儿的养育变得越来越科学，婴幼儿的传染病发病率、视力不良率、龋齿发病率都明显地降低了。比如在牙齿保护这个方面，我们联合家庭做了大量的活动：牙科医生进课堂、"爱牙日"的宣讲活动、婴幼儿饭后漱口的打卡活动……在这样一步一步的引导下，孩子们越来越注意口腔卫生。再比如婴幼儿视力保护方面，为了重视学龄前幼儿眼睛保健，让孩子们了解更多的护眼知识，进一步养成良好的用眼习惯，营造良好的视力保护氛围，我们联合家长开展了一系列教养融合、家园共育的"爱眼护眼"主题活动；早教中心、托班的孩子在中大班哥哥姐姐的爱眼宣讲下，懵懵懂懂地了解了眼睛的重要性；营养师老师们的爱眼小课堂和爱眼食物的介绍，让幼小的孩子知道了保护眼睛的方法；幼儿眼保健操的普及更是让孩子们实实在在地掌握护眼技能。这些年来，孩子们的近视发生率得到了有效的控制。

提高了婴幼儿社会情绪情感能力

对于1—3岁的婴幼儿,家庭和托育机构是个体最初的生活环境,是个体接受"人之初"教育的场所。因而家校之间的协同教养方式对婴幼儿身心发展的影响是尤为深刻的、长远的。这些年,我们家校双方密切沟通,统一教养目标,整合教养资源,为婴幼儿的发展营造了健康、和谐、温馨的氛围。在这样的氛围中,家庭和托幼机构在其中的作用相当于是催化剂,促使婴幼儿与社会发生联系,婴幼儿有了更多与不同身份的人交往的机会,在交往中学会解决问题,提高交往能力,同时家长与学校的和谐沟通也为婴幼儿提供了学习模仿的榜样。在家长与老师的帮助和引导下,婴幼儿更快地掌握了社会交往的技巧,他们能够有礼有节地与熟悉的大人、孩子说话和玩耍;会使用不同的策略表达许多情绪,会对他人的情绪情感积极地进行反馈;在寻求帮助之前,先尝试自己解决;等等。

另外,游戏是对现实生活的模拟。在我们的托班和早教中心,总能看到一群"很会玩"的孩子。在家校的共同影响下,他们能够将现实生活中习得的一些交往技巧、礼仪习惯都带入到游戏中,不断地试错、调整、练习。积极的游戏体验也使孩子在园有着更为稳定的情绪。从后续的追踪来看,这些孩子进入中大班后,依然能够延续托班时候良好的情绪情感调节能力,在面对各种挑战时,不惧困难,积极乐观。

 降低了婴幼儿行为问题发生率

婴幼儿内外向行为及社会适应问题能从侧面反映婴幼儿的心理与行为发展状态。我们选用了由美国心理学家阿肯巴克(Achenbach)等人修订的儿童行为量表(Child Behavior Check List,CBCL)对婴幼儿进行评估,该量表由99个行为问题项目组成,分为6个行为症状因子(简称行为因子),即社交退缩(如"害怕尝试新事物")、抑郁(如"跟别的孩子不能和睦相处")、睡眠问题(如"入睡困难")、躯体诉述(如"查不出原因的恶心,觉得有病")、攻击行为(如"总是惹事")和破坏行为(如"吃喝那些不能吃喝的东西")。每个行为因子包括若干个项目,分为"无此行为、偶尔有、经常有"三个等级,按"0、1、2"予以计分,量表由教师报告。量表的信效度良好。采用配对样本t检验探索婴幼儿的内外向行为及社会适应问题在前后测上是否有显著差异。结果表明,我园婴幼儿的社交退缩、抑郁、攻击行为、破坏行为、睡眠问题、躯体诉求在前后测上均存在显著差异,且后测均值低于其前测均值,表明我园家校共同体的建构有助于婴幼儿的内外向行为及社会适应问题的降低。

另外,我园也有少量的插班生,据老师们反映,在我园经过早教、托班的孩子更容易适应幼儿的生活,发生各种行为问题的概率也更低,反而是没有经过早教托班、直接来我园上小班、中班的孩子出现问题的概率会更大一些。这也反映了家校共同体越早建立,对于婴幼儿的成长就越早发挥作用。

多年的实践经验告诉我们,婴幼儿的行为问题除了一些先天的遗传因素以外,很大一部分都取决于婴幼儿与周围环境的关系。1—3岁是婴幼儿开始适应社会的关键期,他们开始逐步从家庭步入社会,学习如何适应周围的新环境、与身边的成人或同伴相处。婴幼儿社会性的发展首先是从家庭与托幼机构开始的,家庭、托幼机构的环境直接影响着婴幼儿发展的质量,这种影响主要通过亲子之间、师生之间的互动来实现。我们家校共同体的建构使得亲子关系、师生关系、家园关系都得到了极大的促进,有力地支持了婴幼儿的社会适应性发展,极大地减少了婴幼儿行为问题的发生。

总之,家校共同体帮助家长和教师更好地理解婴幼儿身体和心理发展。在这个共同体中,家庭和学校可以为婴幼儿提供安全、健康和谐的家庭环境,让婴幼儿感到温暖、舒适和安心。学校通过多种方式来引导家长重视家庭教育,提高家庭教育的质量。而家长在日常生活中更为科学地照料孩子,多与孩子交流,引导他们表达自己的情感和想法,培养他们的自信心和独立能力,两者相互配合,共同促进婴幼儿的健康发展。

第二节

教师专业
素养提升

家校共同体实践的过程中，教师作为两者衔接的中间者，肩负着义不容辞的责任。家校共同体互动的不断深入和完善，也促使着教师自身专业素养的不断提升。体现在以下两个方面。

 唤醒教师自主寻求专业成长

我园教师都是经过高等学府专业学科领域培养，具备一定婴幼儿专业领域知识储备的人员。但是当面对那些在各行业中学识、学历、职位"三高"的翘楚家长人群时，如何更好地传递托育机构的教养理念，以及结合已有的实践经验对不同的家庭进行教养指导，从而获得认可和肯定，对教师来说都是不小的挑战。于是在实践的过程中，教师原本的理论知识因家校沟通需要而不断地被唤醒，并终将带给自己新的专业蜕变和成长的动力。在与托班任教的王老师访谈中，以上事实得以印证：

随着早期阅读对于婴幼儿成长的重要作用被越来越多的家长重视后，亲子共读绘本成为亲子间不可或缺的温馨时刻。但是家长也常会存有这样的疑虑：怎样选择一本适合托班孩子阅读的绘本呢？曾经有位家长就此问题来寻求我的建议。在当时的交谈过程中我马上想起的是在婴幼儿教研活动中对托班孩子阅读特点的描述，随即向家长给出建议，即托班孩子喜欢情节简单、篇幅短小、重复语句的故事，并同时提供给家长一些适合托班孩子的优秀读物书目。过了不久，这位家长通过微信交流的方式又找到了我，文字中感谢了我的建议，说自己依据这些原则顺利找到了许多合适的绘本。在和孩子共同阅读了这些绘本后，孩子爱不释手，有时还会自己去翻阅讲述。这次沟通让我收获了被家长认同的喜悦感，从而触发了我进一步了解和深入研究低幼读物的兴趣。之后我开始利用空闲时间去书店和网站预览、购买各种优秀的低幼绘本，也会更多地关注并学习关于低幼阅读研究的文献，平日的教学中还会向有着丰富低幼教养经验的老教师"取经"等。通过自身不断地努力，我渐渐地在低幼阅读教学上小有成就。近几年我曾多次执教低幼阅读活动，并向同行教师进行展示，撰写的各类有关低幼阅读的论文也在《上海托幼》《学前教育》等核心教育杂志上刊登。

 ## 二　拓宽教师不同的育儿经验

在家校共同体中家长和教师既各自独立，又相互影响，并相互学习成长。前文提及我园在对 287 名北京、上海、南京、深圳等地的教师发放的问卷中，高达 93％的教师都认为家长和教师在家校共同体之中的关系是"教养孩子的合作伙伴"。因此可以看出教师已意识到自身不再只是一个单向输出的教养者，而更应该成为一个善于发现家长教养亮点的合作者，这样才能突破自己固有的思考模式，不断积累完善，拓展自己的教养教学经验。而这些教养教学经验正是汲取于所建立的家校共同体。在共同体中，教师可以通过直观地观察亲子互动或者日常和家长一对一的个别交流来获得宝贵经验。

我园的教师就曾以随笔的形式记录下了拓展育儿经验获得的感悟。比如小陈老师曾记录：

有一次在早教看到一个孩子不小心摔倒，大哭了起来。这时基于已有的教养经验，我本能的第一反应就是去抱起孩子，想安抚其情绪。但是当时孩子爸爸拦住了我。随后孩子爸爸用一系列的问题开始和孩子对话："宝宝你摔倒在哪里了？""是你撞到它，还是它撞了你？"看到孩子略有所思，接着又问道："是你走路不小心，撞到了它对吗？那和它说对不起吧，下次我们小心点就好了。"整个过程这位孩子爸爸不哄不抱，孩子却在不断和爸爸的对话中停止了哭闹。这一特殊的"止哭"方式让我眼前一亮。因为在面对孩子哭闹情绪时，教师的普遍做法就是哄抱，或者利用其他事物来转移孩子的负面情绪，但是这个孩子爸爸却用自己独到的做法进行处理，他的转移法不是把孩子的关注点从 A 转移到 B，而是用几个简单又相关的小问题，帮助孩子一层层思考，从自身出发找寻原因，而不是一味地用哭闹发脾气来解决，从而成功缓解了孩子哭闹的情绪。

小陈老师感叹道"果然高手在民间"。这一成功经验举措让其在之后处理婴幼儿哭闹情绪时又多了一味"良药"和"可能"。

由此可见，在家校共同体的创建中，教师早已不采用"一言堂""听我的"这一武断的教导模式，而是采用和家长互相协商的探讨模式。家长在家校共同体中也可以成为"老师"，许多实践中鲜活的教养经验不断充实着教师原本的经验。

家长育儿
能力提高

家校共同体实践更好地确定了托育机构教养和家庭教养在其中各司其职的责任边界。家长不再只认为婴幼儿的早期教养应该是托育机构的事情,而是挖掘出家庭教养的优势,明晰自身在婴幼儿早期教养中的重要作用,并在与我园合作育儿的过程中,提高了自身科学育儿的能力。

 参与早期教养的积极性提高

在家校共同体的不断互动中,家长不断接受到新的教养能量,就能积极应用延伸到自己的家庭教养中。例如,让婴幼儿爱上吃饭,怎么吃得好又健康,是每个家庭的头等大事。于是我园举办了一次关于婴幼儿营养膳食的制作交流会,其间我园大厨向家长展示了婴幼儿鱼面的做法。参会的家长在事后反馈说,他们从中得到了启示,纷纷在家中效仿做法,有些有创意的家长还融会贯通地制作了虾面等其他美食。

另外,为了调动更多父母参与早期教养,而不仅仅由祖辈或保姆阿姨来代替,我园的早教中心每月收集家庭教养中的热点话题,选择工作日中午或双休日进行线上的家长沙龙活动。这样一来解决了父母因工作繁忙而不能直接来园所参与的问题,他们可以在线上自由选择合适的时间和感兴趣的内容参加。在这个过程中家长可以畅谈自己家庭教养的好方法,互相交流学习。经常会听到家长们反馈说:"××妈妈的方法我试过了,很不错呢!""原来可以这么做。"特别值得一提的是许多运动游戏类的话题还引起了爸爸们的共鸣,让原本较为缺失的男性角色也加入到婴幼儿早期教养中。

 ## 实施科学育儿方法日益多样化

在家庭教养中,家长普遍会以说教方式进行婴幼儿的教养。一些长篇大论的教导输出后,婴幼儿也并没有任何的改观。但当家校共同体实践后,家庭可以从托育机构获得更多科学育儿方式的启发。我园家校共同体的教养资源会通过多样化的方式辐射到每个家庭,有线下的讲座、沙龙、各类家长参与的活动等。另外由于疫情的原因,我园也充分利用线上的网络平台及视频软件等多媒体手段面向家长分享教养资源。这就给不少家长带来新教养方式的变革,促使他们的教养方式逐渐开始多样化。渐渐地,家长不再只是说教式地对婴幼儿传输,而是在日常生活中融入教养。

例如,我园通过"育之有道"App栏目中的"童谣唱游"板块来分享许多与婴幼儿生活相关的唱念童谣。这些童谣的影音不是机械式地要求孩子跟读或者记忆,而是利用各种生活中的亲子互动游戏来诠释。如:用亲子之间玩"小手造型变变变"的游戏来念读儿歌《小手》;亲子在户外玩"你学我做"的游戏时,感受儿歌《照镜子》中镜面成像的内涵等。这样的视频分享像是一种"抛砖引玉"的引领,让更多家庭能通过点击观看尝试模仿,并逐渐变为自己在家中的"举一反三",最终协助更多家庭打开教养思路,让育儿手段变得更加多样化。

又如,家长在早教家长沙龙参与了家校共育的食育课程后意识到原本孩子恼人的挑食问题,不能仅靠打骂或者放任来处理,有时也可以巧妙地利用对餐食呈现形式的调整和绘本故事来激发孩子对食物的兴趣,从而达到培养孩子良好饮食习惯的目的。来自早教家长沙龙的令令妈妈就曾用文字记录过这样真实的案例:

原本令令对红色食物十分抗拒,基本拒绝食用,但是发现孩子在早教参加阅读草莓的绘本、制作草莓酱等一系列关于草莓的食育活动后,居然开始品尝红色的草莓了。孩子如此意料之外的行为让妈妈意识到原来呈现在孩子面前的食物不仅仅只有一种形态,还可以变化出不同的造型来激发孩子的食欲。于是她回家后亲自进行了尝试,选用红色的火龙果制作出了一辆孩子最爱的"小汽车",果然孩子在看见后毫不犹豫地吃了起来!

图 3-8　家长通过绘本故事来激发孩子对食物的兴趣

　　在家校共同体中，家长通过积极的参与，开始审视自身家庭教养的短板，将从托育机构中获取的更为优化的教养经验在自己的家庭中进行借鉴、尝试和调整，并加以延续。最终家长的育儿方式逐渐多样化，育儿能力也逐步得到提升。

参考文献

［1］外国教育丛书编辑组.业余教育的制度和措施［M］.北京：人民教育出版社，1979.

［2］［法］保尔·朗格朗.终身教育引论［M］.周南照，等，译.北京：中国对外翻译出版公司，1985：60-88.

［3］吴遵民.新版现代国际终身教育论［M］.北京：中国人民大学出版社，2007.

［4］徐莉.服务全民终身学习的教育体系：中国教育现代化的里程碑［J］.宁波大学学报（教育科学版），2021（05）.

［5］侯怀银，王晓丹.终身教育理论在中国的引进及其影响［J］.教育科学，2021（05）.

［6］厉以贤.终身学习视野中的社区教育［J］.中国远程教育，2007（05）.

［7］刘晖，汤晓蒙.试论各级各类教育融入终身教育体系的时序［J］.教育研究，2013，34（09）.

［8］吴遵民，法洪萍.终身教育背景下基础教育的改革现状与发展路径［J］.人民教育，2021（12）：40-43.

［9］李国强.保罗·朗格朗与终身教育理论——兼论西方终身教育理论对我国教育现代化的启示［J］.教育研究，2017（06）.

［10］刘世斌.终身教育的理论与实践初探［J］.继续教育研究，2001（02）.

［11］续润华.终身教育理论对我国中小学课程与教学改革的影响［J］.河北师范大学学报（教育科学版），2009，11（10）：19-23.

［12］杨籽榭.朗格朗终身教育思想研究［D］.南昌：江西科技师范大学，2018.

［13］联合国教科文组织国际教育发展委员会.学会生存——教育世界的今天和明天［M］.北京：教育科学出版社，1996.

［14］Daffertshofer A.，Haken H.．A new approach to recognition of deformed patterns［J］.Pattern Recognition，1994，27（12）：1697-1705.

［15］杨睿.基于协同学理论的思想政治教育方法创新研究［D］.桂林：广西师范大学，2014.

［16］［德］赫尔曼·哈肯.大自然成功的奥秘：协同学［M］.凌复华，译.上海：上海译文出版社，2018.

［17］谭萍.协同理论下小学生"家、校、社"一体化防溺水安全教育研究［D］.天津：天津体育学院，2022.

［18］Hobin B.Collaborative program planning：principles，practices，and strategies［J］.Canadian Journal of University Continuing Education，1999，25（2）：155.

[19] Thomson A M, Perry J L. Collaboration Processes: Inside the Black Box [J]. Public Administration Review, 2006, 66(s1).

[20] Hardy C, Phillips N. Strategies of Engagement: Lessons from the Critical Examination of Collaboration and Conflict in an Interorganizational Domain [J]. Organization ence, 1998, 9(2).

[21] Gray B. Collaborating: Finding Common Ground For Multiparty Problems [J]. The Academy of Management Review, 1989, 15(3).

[22] 陈明非. 基于协同理论的物流系统多式联运优化问题研究[D]. 沈阳:沈阳工业大学, 2020.

[23] 任晶惠, 余雅风. 论推进新时代家校协同育人的关键节点[J]. 当代青年研究, 2021(02): 20-26.

[24] 吴重涵, 王梅雾, 张俊. 家校合作:理论、经验与行动[M]. 南昌:江西教育出版社, 2013.

[25] 苏成建, 孙燕. 重叠影响阈理论对中国家校社协同育人的启示[J]. 宁波教育学院学报, 2022 (01).

[26] 杨启光. 重叠影响阈:美国学校与家庭伙伴关系的一种理论解释框架[J]. 外国教育研究, 2006(02).

[27] 吴重涵, 王梅雾, 张俊. 国际视野与本土行动:家校合作的经验和行动指南[M]. 南昌:江西教育出版社, 2012.

[28] 万谊. 重叠影响阈理论在特殊儿童家校合作中的应用[J]. 早期教育(教科研版), 2014(03): 45-47.

[29] Epstein, J. L.. School/family/community partnerships:Caring for the children we share [M]. Phi Delta Kappan, 1995, 76(9):701-712.

[30] 宋阿沛. 重叠影响阈:家校关系对教育期望的影响过程——基于2015年中国教育追踪调查数据的实证分析[J]. 河北科技师范学院学报(社会科学版), 2020(02).

[31] 张雪. 基于重叠影响阈理论对我国家校合作的启示[J]. 基础教育研究, 2017(21).

[32] 蔡东晟. 生态系统理论视角下高校教师参与社会工作实务建设的路径研究——以广州市社会工作行业发展历程为例[D]. 广州:华南理工大学, 2019.

[33] Bronfenbrenner U, Morris P A. The Bioecological Model of Human Development [M]. Handbook of Child Psychology, 2006:793-828.

[34] 赵嘉玲. 生态系统理论视角下Z村3—6岁幼儿防疫常态化知信行现状研究[D]. 石家庄:河北师范大学, 2021.

[35] 刘杰, 孟会敏. 关于布郎芬布伦纳发展心理学生态系统理论[J]. 中国健康心理学杂志, 2009 (02).

[36] 李燕, 赵燕, 许批. 学前儿童发展[M]. 上海:华东师范大学出版社, 2016.

[37] Bronfenbrenner U. Ecology of the family as a context for human development: Research perspectives [J]. Developmental psychology, 1986.

[38] 何建双. 生态系统理论视角下怒江州幼小衔接的现状调查[D]. 大理:大理大学, 2021.

[39] 李艳. 0—3岁早期教育共同体的实践研究——基于幼儿园主体的运行模式[D]. 西安:陕西

师范大学,2013.

[40] 张民生.0—3岁婴幼儿早期关心与发展的研究[M].上海:上海科技教育出版社,2007.

[41] 陈丹凤.联合国儿童基金会支持家庭早期教养的政策研究[D].上海:上海师范大学,2017.

[42] 何慧华,曹未蔚,于真.美国入户指导形式的家庭早期教养支持项目分析及其借鉴[J].学前教育研究,2017(08).

[43] 张民生.婴幼儿的早期科学教养对终身发展影响重大[J].上海教育科研,2009(07).

[44] 华爱华.婴幼儿发展的连续性和早期教养的阶段性——试论0—3岁婴幼儿教养阶段划分的依据[J].幼儿教育(教育科学版),2006(Z1):3-6.

[45] 张琨.城市家庭早期教养需求差异及有效供给研究[D].大连:辽宁师范大学,2021.

[46] [德]斐迪南·滕尼斯.共同体与社会[M].林荣远,译.北京:商务印书馆,1999.

[47] 魏同玉,李祥文.家校共同体的内涵、特征及建设[J].教学与管理,2017(19).

[48] 汪丁丁.教养何以缺失[J].IT经理世界,2010(19).

[49] 华爱华.论婴幼儿早期发展中"教"与"养"关系[J].华东师范大学学报(教育科学版),2009(02).

[50] 方红.三岁前儿童教养的原则和方法[J].教育导刊(幼儿教育),2005(10).

[51] 杨元花.儿童发展中的天性和教养[J].四川教育学院学报,2004(04).

[52] 范元涛.0—3岁婴幼儿家庭教养的现状与对策分析——以四川省东北部农村地区为例[J].教育导刊(下半月),2016(10):86-91.

[53] 孙彦.城市父亲参与幼儿教养的现状研究——以陕西省宝鸡市为例[D].重庆:西南大学,2011.

[54] 李欣.母亲对3—6岁幼儿教养行为的现状调查[D].石家庄:河北师范大学,2015.

[55] 刘海华.0—3岁儿童隔代教养现状与对策研究[D].长春:东北师范大学,2006.

[56] 高向东,牟宇峰.大城市社区0—3岁婴幼儿教养现状及对策思考——以上海市闵行区为例[J].上海教育科研,2009(07).

[57] 王宝珠,潘建平,郑萍.早期教育对不同气质类型幼儿发育商的影响研究[J].中国全科医学,2007(21).

[58] 裴菊英,闫承生,马敏,等.早期教育对婴幼儿社会适应能力影响的研究[J].中国儿童保健杂志,2004(04).

[59] 兰岚.早期教育与人的发展研究[D].延安:延安大学,2015.

[60] [日]铃木镇一.早期教育与能力培养[M].刘孟州,张锁柱,编译.石家庄:河北人民出版社,1997.

[61] Catherine Hands. Including all families in education: school district-level efforts to promote parent engagement in Ontario, Canada [J]. Teaching Education, 2013,24(2):134-149.

[62] 王玉飞.家园共育视角下幼儿奖励存在的问题及对策研究[D].贵阳:贵州师范大学,2022.

[63] 晏红.幼儿教师与家长沟通之道[M].北京:中国轻工业出版社,2012.

[64] [美]爱普斯坦,等.学校、家庭和社区合作伙伴:行动手册(第三版)[M].吴重涵,薛惠娟,译.南昌:江西教育出版社,2012.

［65］ 基础教育教学研究课题组.幼儿园家园共育指导［M］.北京:高等教育出版社,2014.

［66］ 冯静静.家园合作促进幼儿园生活常规教育的行动研究［D］.开封:河南大学,2021.

［67］ 刘力.家长参与学校教育的功能及方式［J］.教育研究与实验,1992(01).

［68］ 胡惠闵.德国的家园合作实践［J］.幼儿教育,2002(06).

［69］ 刘明.英国家园合作的特点及启示［J］.当代学前教育,2008(02):44 - 48.

［70］ 金凡.幼儿教育中家园合作对其独立性与自信心的影响研究［M］.成都:四川大学出版社,2018.

［71］ 侯丽.幼儿园与家庭合作关系的重构［J］.学前教育研究,2020(10).

［72］ 吴甜甜.小学家校共同体构建与提升策略探究——以胜利东小学为例［D］.锦州:渤海大学,2019.

［73］ 刘映含.城市地区 0—3 岁婴幼儿早期教育共同体发展的现状研究［J］.科技风,2021(34).

［74］ 王颖萍,刘慧敏,王辉洪.0—3 岁婴幼儿早期教育共同体的建构与保障研究［J］.财富时代,2021(07).

［75］ 边玉芳,梁丽婵,张颖.充分重视家庭对儿童心理发展的重要作用［J］.北京师范大学学报(社会科学版),2016(05).

［76］ 陈红梅.0—3 岁婴幼儿早期教育共同体的建构与保障［J］.学前教育研究,2011(08):21 - 24.

［77］ 王霞.构建家、园、社区教育共同体的实践研究［D］.成都:四川师范大学,2016.

［78］ 林杰.家校合作构建学习共同体的策略研究［D］.重庆:西南大学,2009.

［79］ 王林.家园共育模式在幼儿教育中的应用——以山东省诸城市为例［D］.烟台:鲁东大学,2015.

［80］ ［美］卡伦·荷妮.我们时代的病态人格［M］.陈收,译.北京:国际文化出版公司,2007.

［81］ 林崇德.发展心理学(第三版)［M］.北京:人民教育出版社,2018.

［82］ 黄琼."发展不成熟"的价值与"发展关键期"的意义［J］.幼儿教育,2001(01).

［83］ Towe-Goodman N R, Willoughby M, Blair C, et al. Fathers' sensitive parenting and the development of early executive functioning ［J］. Journal of Family Psychology, 2014, 28(6):867 - 876.

［84］ 赵茂矩,徐秀莲,赵萍,等.母亲因素对婴儿早期教养影响的观察［J］.中国妇幼保健,2005(22).

［85］ 裴菊英,闫承生,张英奎,等.早期教育对婴幼儿智能发育的影响［J］.中国妇幼保健,2004(08).

［86］ Vernon-Feagans L, Willoughby M, Garrett-Peters P. Predictors of behavioral regulation in kindergarten: Household chaos, parenting, and early executive functions ［J］. Developmental psychology, 2016,52(3):430 - 441.

［87］ 王成刚.脑科学视野中的儿童早期教育［D］.上海:上海师范大学,2005.

［88］ 宋改敏,赵建斌.儿童心理发展的关键期与早期教养［J］.兵团教育学院学报,1999(01).

［89］ ［德］卡尔·H·G·威特.3 岁决定孩子的一生 3:卡尔·威特的天才教育［M］.张兵,编译.北京:朝华出版社,2008.

［90］黄宸,李玲."三孩"政策下2022—2050年城乡托育服务适龄人口与资源供给［J］.教育研究,2022(09).

［91］庞丽娟,王红蕾,冀东莹,等.有效构建我国0—3岁婴幼儿教保服务体系的政策思考［J］.北京师范大学学报(社会科学版),2019(06).

［92］王瑾.家园共同体构建的策略研究［J］.家长,2021(29).

［93］李飞,张桂春.中美两国家校合作机制差异之比较［J］.教育探索,2006(03).

［94］贺春梅,郭效琛.祖辈家长介入3—6岁幼儿成长教育的研究［J］.教育理论与实践,2021,41(26):22-25.

［95］王艳玲.英国家校合作的新形式——家长担任"教学助手"现象述评［J］.比较教育研究,2004(07):52-57.

［96］苏霍姆林斯基.把整个心灵献给孩子［M］.唐其慈,毕淑芝,赵玮,译.天津:天津人民出版社,1981:34+23.

［97］邓林园,许睿,赵鑫钰,等.中国高中阶段家校合作的现状以及与高中生发展的关系［J］.教育学报,2016,12(06):78-87.

［98］Maccoby, Eleanor E. The role of parents in the socialization of children: An historical overview ［J］. Developmental Psychology, 1992,28(6):1006-1017.

［99］虞永平.托育机构课程中的家长参与和家长发展［J］.2006(06):56-58.

［100］华爱华."早期关心与发展"的内涵与0—3岁婴幼儿教养理念［J］.学前教育研究,2004(11):5-8.

［101］叶一舵,白丽英.国内外关于亲子关系及其对儿童心理发展影响的研究［J］.福建师范大学学报(哲学社会科学版),2002(02):130-136.

［102］王玲,杨飞龙.0～3岁婴幼儿早期教育国内外研究现状［J］.西部素质教育,2016,2(6):14.

［103］王振宇.早期教育宣传中的几个心理学问题［J］.心理科学通讯,1983(02):30-35+67.

［104］鲍秀兰.促进智力发育预防智力低下重在早期教育［J］.中国儿童保健杂志,2001,9(1):32-34.

［105］鲍秀兰.0～3岁儿童教育的重要性［J］.实用儿科临床杂志,2003(4):243-244.

附录

1—3 岁婴幼儿托育机构家校共同体实践现状调查问卷
（家长卷）

亲爱的家长：

　　您好！首先非常感谢您抽出宝贵时间填写本问卷。本问卷的目的是了解目前全国 1—3 岁婴幼儿早期教养托育机构（包括托育中心、早教中心、托儿所、幼儿园托班）和家庭合作育儿的现状。问卷不记名，答案无对错之分，请您认真如实填写，再次感谢您的支持与合作。

　1. 孩子的月龄：_____〔填空题〕
　2. 孩子的性别：〔单选题〕
　　a. 男
　　b. 女
　3. 母亲年龄：〔单选题〕
　　a. 20—31 岁
　　b. 32—41 岁
　　c. 42—51 岁
　　d. 52—61 岁
　4. 母亲学历：〔单选题〕
　　a. 初中
　　b. 高中或中专
　　c. 大专

d. 本科

e. 硕士研究生

f. 博士研究生

5. 母亲职业：[单选题]

a. 公务员

b. 教师

c. 企业高管

d. 普通职员

e. 专业技术人员

f. 自由职业者

g. 全职在家

6. 父亲年龄：[单选题]

a. 20—31 岁

b. 32—41 岁

c. 42—51 岁

d. 52—61 岁

7. 父亲学历：[单选题]

a. 初中

b. 高中或中专

c. 大专

d. 本科

e. 硕士研究生

f. 博士研究生

8. 父亲职业：[单选题]

a. 公务员

b. 教师

c. 企业高管

d. 普通职员

e. 专业技术人员

f. 自由职业者

g. 全职在家

9. 和孩子相处时间最多的是：[单选题]

　　a. 妈妈

　　b. 爸爸

　　c. 爷爷、外公

　　d. 奶奶、外婆

　　e. 保姆

　　f. 其他

10. 母亲一般每天参与孩子教养的时间大约有几小时：_____[填空题]

11. 父亲一般每天参与孩子教养的时间大约有几小时：_____[填空题]

12. 家庭经济状况（平均月收入）：[单选题]

　　a. 5 000—10 000 元

　　b. 10 000—20 000 元

　　c. 20 000—30 000 元

　　d. 30 000—40 000 元

　　e. 40 000—50 000 元

　　f. 50 000 元以上

13. 孩子目前参与的托育机构是：[单选题]

　　a. 公办托育中心或托儿所

　　b. 公办早教中心

　　c. 公办幼儿园托班

　　d. 私立托育中心或托儿所

　　e. 私立早教中心

　　f. 私立幼儿园托班

　　g. 其他

14. 孩子目前参与的托育机构的活动形式：[单选题]

　　a. 亲子共同来托育机构参与活动

　　b. 孩子和家长分别来托育机构参与活动

　　c. 只有孩子单独来托育机构参与活动

　　d. 其他

15. 孩子目前参与的托育机构的活动模式：[单选题]

    a. 全日制

    b. 半日制

    c. 计时制

    d. 其他

16. 您觉得 3 岁前的孩子的最佳教养场所应当是：[单选题]

    a. 家庭

    b. 全日制幼儿园或托儿所

    c. 家庭教养，定期带孩子去托育机构

    d. 不清楚

17. 您送孩子到托育机构最主要的目的是：[单选题]

    a. 给孩子找一个玩耍的地方，减轻家庭带娃负担

    b. 家长可以获得专业教师的指导

    c. 孩子可以接受科学的早期教育

    d. 孩子在这里可以有更多的小伙伴

    e. 可以和更多的家长相互交流，确保自己的育儿没有落后

    f. 家长和孩子共同成长

    g. 其他

18. 在教养孩子方面，您认为托育机构和家庭的关系是怎样的？[多选题]

    a. 托育机构是专业的部门，承担主要教养责任

    b. 家庭是孩子的第一课堂，对孩子的教育影响最大

    c. 家庭教养与机构托育教养在孩子成长中相互补充，相辅相成

    d. 托育机构有专业的师资，有丰富的早期教养经验，可以为家长的家庭教养提供
       指导

    e. 家庭与托育机构需要相互了解，协商育儿

    f. 教师主要负责孩子在托育机构期间的教育，而家长主要负责家庭中的养育

19. 您认为家长和托育机构教师之间是一种什么样的关系？[单选题]

    a. 专家与普通家长的关系

    b. 服务与被服务的关系

    c. 教养孩子的合作伙伴关系

d. 其他

20. 您认为家长如何配合早教机构实施早教课程？〔多选题〕

　　a. 积极参与托育机构的亲子活动

　　b. 树立正确的早期教养理念，学习早期教养知识

　　c. 尊重托育机构教师的育儿意见

　　d. 主动和托育机构老师沟通自己的育儿想法

　　e. 其他

21. 3 岁前的孩子的早期教养，您比较注重：〔多选题〕

　　a. 身体健康发育

　　b. 早期智力开发

　　c. 培养积极向上的性格

　　d. 培养社会交往能力

　　e. 良好习惯的养成

　　f. 培养锻炼自理自立的能力

　　g. 与孩子建立良好的亲子关系

22. 您对参与托育机构的活动的态度比较符合以下哪种状态？〔单选题〕

　　a. 非常乐意参与，每次都有收获

　　b. 有时间的话，就会参与

　　c. 不参与也问题不大，孩子发展都很好

23. 您认为和托育机构教师进行沟通，主要收获是：〔多选题〕

　　a. 教师的指导，帮助自己解决了孩子在发展过程中的问题

　　b. 与教师建立了良好的关系

　　c. 与教师的教育理念逐渐达成共识，提高了孩子教育的有效性

　　d. 了解了孩子在托育机构的表现，对自己的孩子有更多的认识

　　e. 能让教师更多地了解自己的孩子，更有利于孩子的发展

　　f. 其他

24. 您会在什么情况下与老师主动进行一对一交流和沟通？〔单选题〕

　　a. 想了解孩子在托育机构表现

　　b. 孩子在身心发展过程中出现问题或进步

　　c. 想了解托育机构教养活动安排

d. 与教师的教养理念和行为处理出现分歧

e. 其他

25. 您本人主动一对一联系老师并沟通的频率是：[单选题]

a. 每天

b. 一周一次

c. 一月一次

d. 一学期一次

e. 觉得有必要的时候会沟通

f. 从来没有

26. 在家园共育过程中,您喜欢哪种互动渠道？[多选题]

a. 电话

b. 微信或微信群

c. 家园联系栏、晓黑板等专业 App

d. 家委会通知

e. 家长会

f. 来离园时直接沟通

g. 其他

27. 您参与了孩子所在托育机构中的哪些生活与学习活动？满意度如何？

(1) 您是否参与了孩子所在托育机构中的生活照护？[单选题]

a. 是

b. 否

(2) 您对托育机构为孩子提供的生活照护的满意程度是：[单选题]

a. 非常满意

b. 满意

c. 一般

d. 不满意

e. 非常不满意

(3) 您是否参与了孩子所在托育机构中的安全照护？[单选题]

a. 是

b. 否

（4）您对托育机构为孩子提供的安全照护的满意程度是：[单选题]

    a. 非常满意

    b. 满意

    c. 一般

    d. 不满意

    e. 非常不满意

（5）您是否参与了孩子所在托育机构中的家长进课堂活动？[单选题]

    a. 是

    b. 否

（6）您对家长进课堂活动的满意程度是：[单选题]

    a. 非常满意

    b. 满意

    c. 一般

    d. 不满意

    e. 非常不满意

（7）您是否参与了孩子所在托育机构中的亲子活动？[单选题]

    a. 是

    b. 否

（8）您对亲子活动的满意程度是：[单选题]

    a. 非常满意

    b. 满意

    c. 一般

    d. 不满意

    e. 非常不满意

（9）您是否参与了孩子所在托育机构中的家长开放观摩活动？[单选题]

    a. 是

    b. 否

（10）您对家长开放观摩活动的满意程度是：[单选题]

    a. 非常满意

    b. 满意

c. 一般

d. 不满意

e. 非常不满意

(11) 您是否参与了孩子所在托育机构中的家长育儿沙龙？[单选题]

　　a. 是

　　b. 否

(12) 您对家长育儿沙龙的满意程度是：[单选题]

　　a. 非常满意

　　b. 满意

　　c. 一般

　　d. 不满意

　　e. 非常不满意

28. 您通过参与上述活动，在以下哪些方面有所提高？[多选题]

a. 家园合作理念发生了变化

b. 对学校的早教理念和实践有了更深的了解

c. 积累了有关婴幼儿教养方面的经验和知识

d. 能更好地应对孩子在家庭教养中出现的问题

e. 更好地和孩子进行互动，亲子关系更融洽

f. 其他

29. 您认为和教师合作育儿过程中，存在的最大的问题是什么？[单选题]

a. 对家庭的育儿帮助不大

b. 在家庭内部落实中遇到困难

c. 没有时间参与

d. 和老师沟通不顺畅

e. 老师与自己的教育理念不一致

f. 自己的早期教养知识和技能不高

g. 其他

30. 您怎么理解家校共同体？_____[填空题]

1—3岁婴幼儿托育机构家校共同体实践现状调查问卷
（教师卷）

亲爱的老师：

　　您好！首先非常感谢您抽出宝贵时间填写本问卷。本问卷的目的是了解目前全国1—3岁婴幼儿早期教养托育机构（包括托育中心、早教中心、托儿所、幼儿园托班）和家庭合作育儿的现状。问卷不记名，答案无对错之分，请您认真如实填写，再次感谢您的支持与合作。

1. 性别：[单选题]

　　a. 女

　　b. 男

2. 年龄：[单选题]

　　a. 20—31岁

　　b. 32—41岁

　　c. 42—51岁

　　d. 52—62岁

3. 学历：[单选题]

　　a. 初中

　　b. 高中或中专

　　c. 大专

　　d. 本科

　　e. 硕士研究生

　　f. 博士研究生

4. 专业：[填空题]

5. 您从事1—3岁学前教育工作的年限：_____年[填空题]

6. 您从事3—6岁学前教育工作的年限：_____年[填空题]

7. 您所在的单位属于：[单选题]

　　a. 公办托育中心或托儿所

b. 公办早教中心

c. 公办幼儿园托班

d. 私立托育中心或托儿所

e. 私立早教中心

f. 私立幼儿园托班

g. 其他

8. 目前您所在托育机构的活动形式：［单选题］

a. 亲子共同来托育机构参与活动

b. 孩子和家长分别来托育机构参与活动

c. 只有孩子单独来托育机构参与活动

d. 其他

9. 目前您所在托育机构的活动模式：［单选题］

a. 全日制

b. 半日制

c. 计时制

d. 其他

10. 您觉得 3 岁前的孩子的最佳教养场所应当是：［单选题］

a. 家庭

b. 全日制幼儿园或托儿所

c. 家庭教养，定期带孩子去托育机构

d. 不清楚

11. 在教养孩子方面，您认为托育机构和家庭的关系是怎样的？［多选题］

a. 托育机构是专业的部门，承担主要教养责任

b. 家庭是孩子的第一课堂，对孩子的教育影响最大

c. 家庭教养与机构早期教养在孩子成长中相互补充，相辅相成

d. 托育机构有专业的师资，有丰富的早期教养经验，可以为家长的家庭教养提供指导

e. 每个家庭有各自不同的教育理念，托育机构需要了解家庭的教养方式和教育意向，协商育儿

f. 教师主要负责孩子在托育机构期间的教育，而家长主要负责家庭中的养育

12. 您认为家长和托育机构教师之间是一种什么样的关系？〔单选题〕

    a. 专家与普通家长的关系

    b. 服务与被服务的关系

    c. 教养孩子的合作伙伴关系

    d. 其他

13. 您认为家长如何配合早教机构实施早教课程？〔多选题〕

    a. 积极参与托育机构的亲子活动

    b. 树立正确的早期教养理念,学习早期教养知识

    c. 尊重托育机构教师的育儿意见

    d. 主动和托育机构老师沟通自己的育儿想法

    e. 其他

14. 您认为和家长的沟通,最主要的目的是:〔单选题〕

    a. 让家长知晓托育机构的活动和孩子在园情况,让家长安心

    b. 合理使用家长资源,丰富托育机构的教养活动

    c. 促进家庭和托育机构间的相互了解,达成育儿共识

    d. 其他

15. 您认为和家长的沟通应该包含哪些内容:〔多选题〕

    a. 家园配合事项

    b. 活动预告与开展活动的情况

    c. 孩子在园的表现

    d. 孩子在家的表现

    e. 家长的育儿想法和做法

    f. 其他

16. 3 岁前的孩子的早期教养,您比较注重:〔多选题〕

    a. 身体健康发育

    b. 早期智力开发

    c. 培养积极向上的性格

    d. 培养社会交往能力

    e. 良好习惯的养成

    f. 培养锻炼自理自立的能力

g. 与孩子建立良好的师幼关系

17. 您认为和家长进行沟通,有哪些收获:［多选题］

   a. 更全面地了解孩子

   b. 争取到家长的配合

   c. 从家长的育儿经验中得到启发

   d. 其他

18. 您会在什么情况下与家长主动进行一对一交流和沟通?［单选题］

   a. 推进家园共育活动

   b. 孩子在身心发展过程中出现问题或进步

   c. 了解家长的育儿理念和做法

   d. 其他

19. 平均到每位幼儿,您主动一对一联系家长并沟通的频率是?［单选题］

   a. 每天

   b. 一周一次

   c. 一月一次

   d. 一学期一次

   e. 觉得有必要的时候会沟通

   f. 从来没有

20. 在家园共育过程中,您喜欢哪种互动渠道?［多选题］

   a. 电话

   b. 微信或微信群

   c. 家园联系栏、晓黑板等专业 App

   d. 家委会通知

   e. 家长会

   f. 来园、离园时直接沟通

   g. 其他

21. 您所在的托育机构中,家长在孩子的一日生活和学习中参与了哪些内容?［多选题］

   a. 生活照护

   b. 安全照护

   c. 家长进课堂

d. 亲子活动

e. 家长观摩开放

f. 家长育儿沙龙

g. 其他

22. 通过参与上述活动,您在以下哪些方面有所提高?［多选题］

a. 家园合作理念发生了变化

b. 对家庭育儿理念和做法有了更深的了解

c. 更好地和孩子进行互动,师幼关系更融洽

d. 家长工作开展得更顺利

e. 更好地发现家长和孩子的闪光点

f. 其他

23. 您认为和家长合作育儿过程中,存在的问题是什么?［多选题］

a. 家长参与活动的积极性不高

b. 家长与自己的教育理念不一致

c. 家长的早期教养知识和技能不高

d. 和家长沟通不顺畅

e. 自身促进家长参与的能力不足

f. 合作育儿的内容和形式有限

g. 已有活动的落实流于形式

h. 在班级内部落实中遇到困难

i. 其他

24. 您怎么理解家校共同体? _____［填空题］